5万円から始める

日経225先物

稼ぎ方入門

堀川秀樹
［監修］

standards

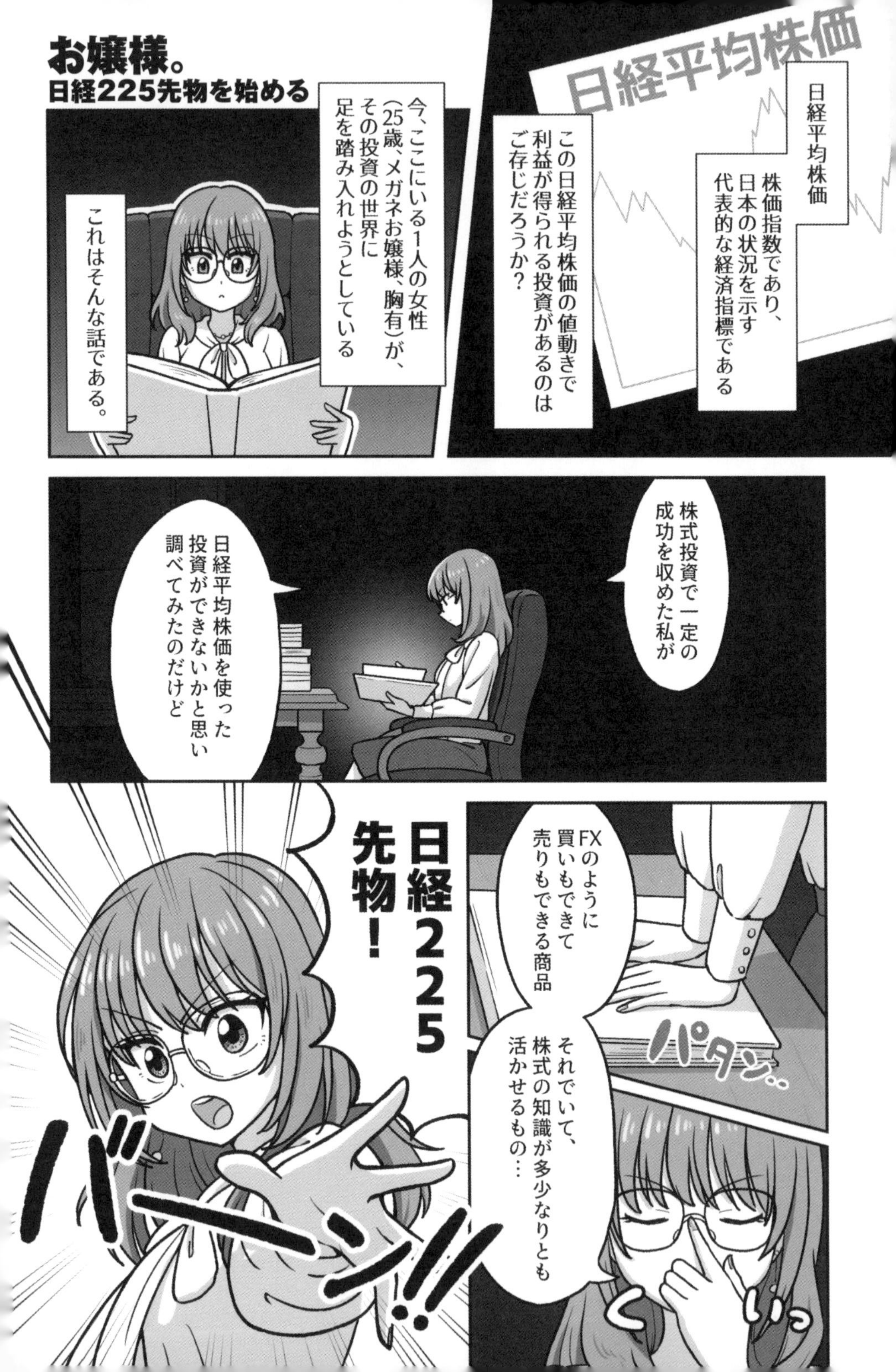
お嬢様。
日経225先物を始める
日経平均株価
日経平均株価
株価指数であり、日本の状況を示す代表的な経済指標である
この日経平均株価の値動きで利益が得られる投資があるのはご存じだろうか？
今、ここにいる1人の女性（25歳、メガネお嬢様、胸有）が、その投資の世界に足を踏み入れようとしている
これはそんな話である。
株式投資で一定の成功を収めた私が
日経平均株価を使った投資ができないかと思い調べてみたのだけど
FXのように買いもできて売りもできる商品
パタン…
それでいて、株式の知識が多少なりとも活かせるもの…
くいっ
日経225先物！
バーーン!!

だけど、先物自体、私ははじめて…
なら、知っている人に教えを請う、それがセオリーね！
パッ
つまり、それが私の役目と…？
そうよ、ミス・ダンディ…
先物・オプション界の名トレーダー、ミスター・デリバティブの薫陶を受けたあなたを呼んだのはそのためよ
くるっ
ふふ、私は、日経225など指標の先物投資の普及に努めているただのトレーナー。買い被り過ぎです
※ミス・ダンディは女のダンディである
………
……
私は知ってるわ！
くわっ
あなたの教えの下で幾人もの先物トレーダーが成功してきたってことを！

……
あなたのために全力を尽くしましょう
受講料はXX万円でございます
…よろしくね
ニコッ
ちょっと高いわね
それで最初は何を知るべきかしら？
利食い千人力
お嬢様は日経225先物のメリットはご存じですか？
そうね
日本人投資家になじみやすい日経平均株価を使った取引、売りも買いもできる。レバレッジを効かすことで資金以上の金額で取引ができる
…と言ったところかしら？
ふーふん♪
残念
それでは30点…といったところでしょうか
ムムッ!?

どういうことかしら…説明して頂戴
はい 日経225先物のメリット、それは
差金決済できるため資金効率が高い点、限月があることで取引に区切りが付けられる点、株式市場以上に取引時間が長く取れる点、
そして…
株式投資の知識が活用できる点にあります
ふふっ
私が選んだ理由がそこにあったのに…つい忘れていたわ
失礼な物言い
配慮が足りませんで
「基本を知る」
あなたを呼んだ理由はそこにあるのだから
よろしくて？
ス

株式取引の相場判断で、ＦＸのように売買できる！

なぜ日経225先物取引なの？

その1

日経平均株価を対象にした売買ができる！

日経225先物取引は、株式取引ではなじみのある株価指数「日経平均株価」が売買の対象です。それだけに値動きの相関性が高く、価格に対しての相場の判断がしやすいのです！
株価指数なので、もう株式でひとつひとつ銘柄を確認して選んぶわずわらしさはありません。

日経平均の動きがわかればOK!

その2

昼も夜も売買できる！

通常の株式市場が、昼間までなのに対し、日経225先物取引は、昼間だけでなく、夕方から深夜にかけても売買することができます！
もし、経済の中心アメリカで日経平均株価に影響をあたえる出来事があっても対応することができるのです！

海外の出来事にもすぐ対応できる!

お読みください

日経 225 先物は損失のリスクがあります。

日経225先物はレバレッジを利用した証拠金取引です。取引規模が一番小さいマイクロでも10倍の規模になり、資金状況によっては資金を超える損失が発生するリスクを伴います。実際の投資においては、ご自身の判断のもと、無理な取引を行わないようにしてください。

さあ、日経225先物
取引を始めましょう！

その3

5万円あればOK!
少額の証拠金で
大きな運用ができる!

日経225先物取引は、取引規模によってラージ、ミニ、マイクロの3つにわかれています。FXと同じ証拠金取引なので、マイクロを筆頭に少額から取引を始めることができます！
マイクロなら１枚2万円ほど（24年3月時点）で売買でき、日経平均株価の10倍の規模で取引することができるので、5万円もあれば取引をラクに始めることができるのです！

5万円でも成果は大きい!

その4

下がっても利益を
得られるチャンスがある!

日経225先物は、買うだけでなく、FXのように売りから取引をはじめることができます。日経平均株価が下がった場合でも利益を狙うチャンスがあるのです！
売ることもできるので株やFXのリスクにも対応することができるのです！

下落局面でも利益になる!

目次

第3章 日経225先物の注文の仕方 57

第4章 日経225先物の相場の見方

第1章

日経225先物の基礎知識

01-01

先物取引の基本を知る

将来の値上がり、値下がりを予想する取引

指数などを対象に値動きを予想

先物取引とは、ある商品を取引対象として、将来の決められた日に、あらかじめ決められた価格で取引し、期日までにその価格の値動きで利益をあげる金融手法です。

例えば、ある商品を1カ月後の期日（先物ではこれをSQ日といいます）に1万円で買う約束をします。期日の価格が1万2000円になっていた場合、1万円で買う約束をしているので2000円が利益になります。一方で、価格が8000円になっていた場合、約束通り1万円で買わなければならず、2000円の損失です。

先物の取引対象には、株価指数（日経平均株価やNYダウなど）、商品（原油や大豆や金など）、債券、金利、不動産（REIT）といった指数などが多様にあり、先物取引ではこれらを原資産とよびます。

先物取引とは

先物取引は将来「○万円で買う」という約束で取引し、その差額で損益をだす契約で取引する金融手法です。下記のイメージは原則になりますが、期日までの途中売買が認められています。

原則としての先物取引

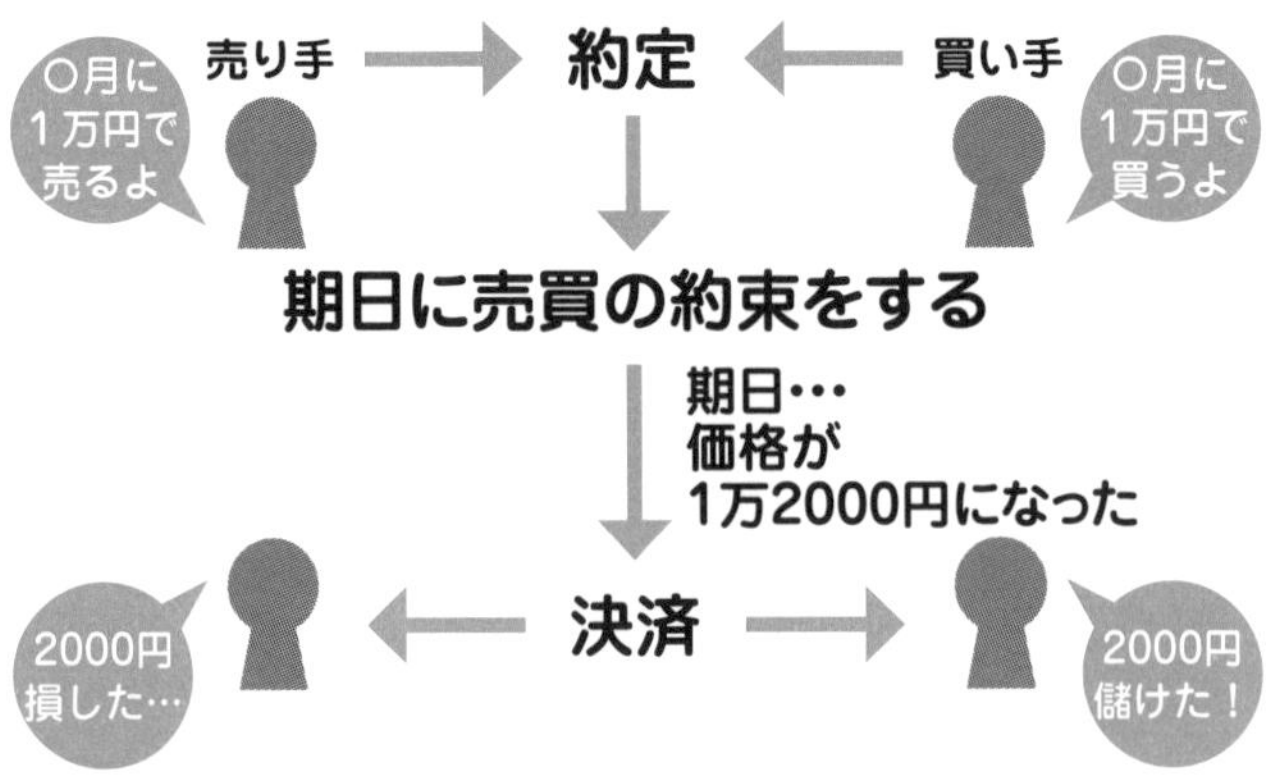

○月に1万円で売るよ
売り手
約定
買い手
○月に1万円で買うよ
期日に売買の約束をする
期日…
価格が
1万2000円になった
決済
2000円損した…
2000円儲けた！

先物は期日の決まった取引よ！

株価指数

取引所全体や特定の業種の株価の動きを表す指標。日経平均株価のほか、新興株、外国株、各セクターの指数があり、投資判断の材料として使われる。投資信託の投資対象としても使われる。

先物取引は現物を受け渡ししない

先物取引は株式投資（現物取引）と違い、原資産である日経225などの指数が現物として存在するわけではありません。

先物取引は将来、売買することを約束する取引ですので、株式投資のように現物の受け渡しはありません。また、**期日までの価格と売買したときの約定価格との差額で決済を行います**。この仕組みを差金決済といいます。

例えば、1カ月後のある期日までに日経平均株価が今よりも上がっていると予測できる場合、現時点の価格で日経225先物を買います。期日になり価格が上がっていたときには購入価格との差が利益になり、下がっていたときには差額が損失になり、その差額のみを授受して決済していきます。

先物取引は価格変動リスクに対応できる

現物取引での売買は、値上がりが見込める株を買い、その後、売却することで利益を狙います。つまり取引の始まりは買いから始まるため、相場全体が値下がり傾向にあるときは取引の機会が減ります。一方の先物取引は、原資産の価格の下落を狙って利益を出す、売りの取引も始めることができます。そのため、先物としての日経平均株価の値下がりが予測できるときも取引の機会があります。

例えば相場全体が下落した時、日経225先物を売り、利益を得ることで、手持ちの資産の損を緩和することができます。このように**価格変動リスクを回避することをヘッジ**といいます。ヘッジは回避という意味の言葉で、先物取

ワンポイント 先物取引の対象となる指数・商品

先物取引は、様々な指数や商品を原資産として扱っており、その種類は豊富です（142ページ参照）。日経225、TOPIX、NYダウなどの株価指数、REIT指数・国債などの有価証券、金やパラジウムなどの貴金属、大豆やとうもろこしなどの農産物、石油・電気・LNGなどのエネルギー、ゴムや金利なども先物取引の対象になります。

引はヘッジの手段としても使われています（138ページ参照）。

また、株式投資と違い先物取引は、ひとつの商品に対して取引の期日が決まっていることです。株はいつまでも保有できるため、中長期投資ができます。先物取引は期日の手前であれば市場で売買することができますが、期日になると決済され、それ以降に持ち越すことはできません。

先物取引は資金効率がいい

先物取引では、原資産を売買するために多額の資金を用意する必要はありません。

例えば2024年3月現在で、日経225先物を取引するのに必要な資金は最低2万円が必要ですが、それを証拠金として取引を行います

先物取引は証券会社の先物口座に預ける（差し入れる）証拠金を担保にして、証拠金よりも大きな取引を行うことができます。これをレバレッジ取引といいます。

株式投資の信用取引やFXもレバレッジ取引です。信用取引は、手持ちの現金と株を担保として、最大で証拠金の約3倍の売買ができる一方で、日経225先物は証拠金の

上げと下げ（買いと売り）のイメージ

現物取引は買いによる利益だけですが、先物取引は買いだけでなく、売りからでも利益を出すことができます。このことから、原資産の価格が下がる局面においても利益をだすチャンスがあります。

売りもできる！

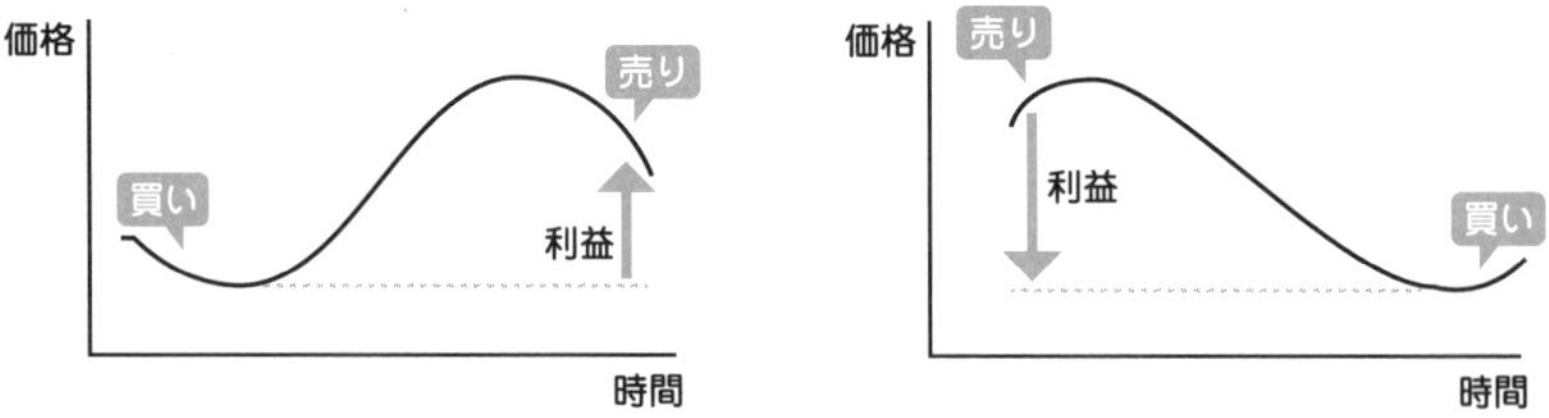

20倍前後の取引ができます。この倍率だけでも、信用取引よりも資金効率がよいのです。レバレッジ取引については30ページで解説します。

利益も損失も大きいダイナミックな取引

レバレッジ取引は少額の資金で大きな取引ができるため、株式投資の現物取引よりも短期間で大きな利益を得られる可能性がありますが、逆に大きな損失も出る可能性も高くなります。

株式投資では、その株を発行している企業が倒産や上場廃止になったりしない限り株価は0円にはなりません。しかし、先物取引では現物そのものの価格ではなく取引の結果である損益を決済します。大きな損が出た場合には証拠金も大きく減り、0円になることもあります。

レバレッジ取引とは

少ないお金で数倍の取引が行えることをレバレッジ取引といいます。
日経225先物の場合、最大20倍前後の品物を買うことができます。
(2024年3月時点での日経225先物マイクロを２万円で買った場合のイメージ)

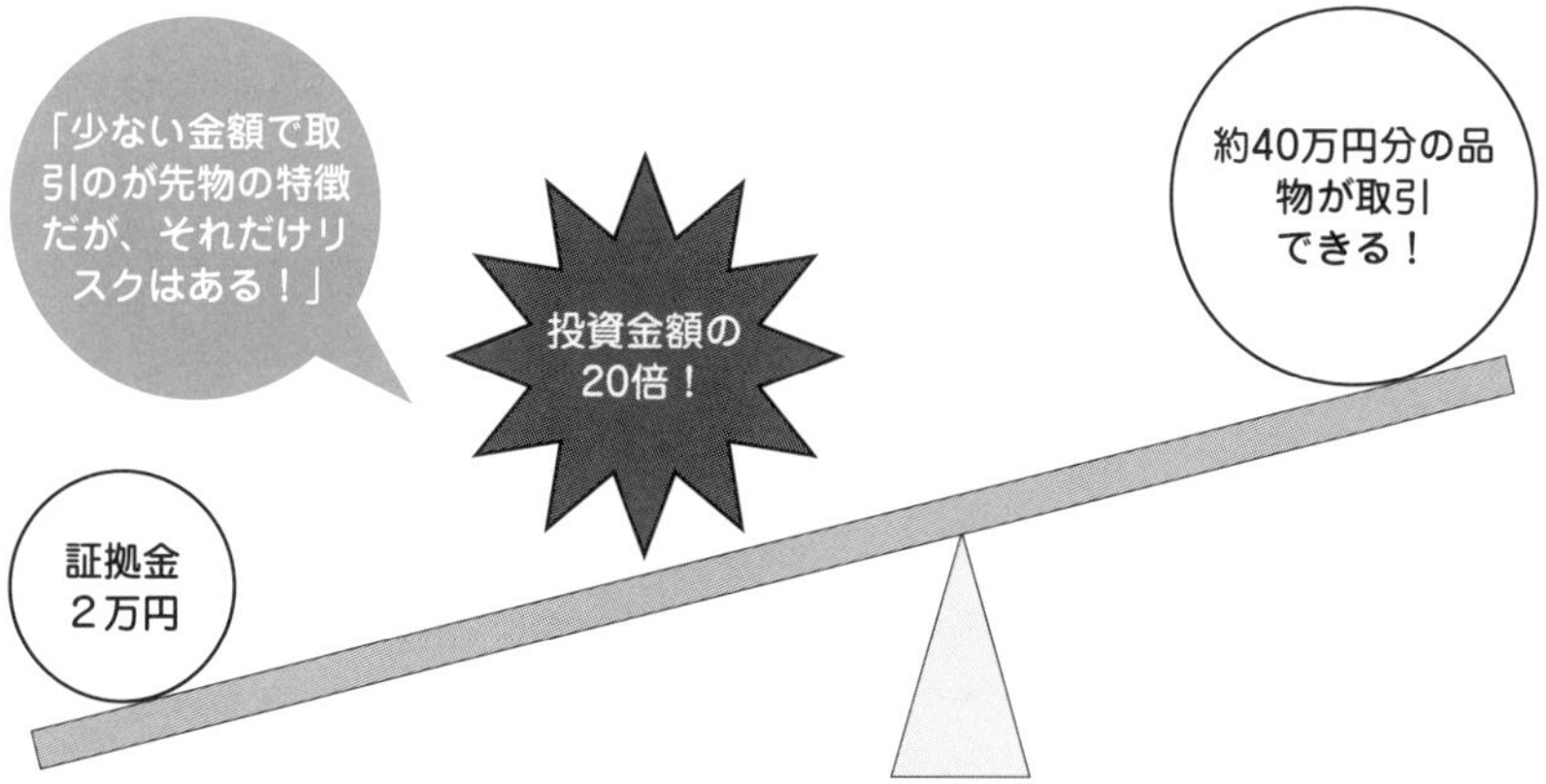
「少ない金額で取引のが先物の特徴だが、それだけリスクはある！」
投資金額の20倍！
約40万円分の品物が取引できる！
証拠金２万円

※必要証拠金と有効証拠金が同じ場合（26ページ参照）
※2024年3月

01-02 日経２２５先物とは？

海外の投資家も注目される指数で夜間も取引できる

将来の価格を予想する日経２２５先物

ここからは日経２２５先物を軸に解説していきます。

日経２２５先物は、日経平均株価を原資産とする先物取引です。

日経平均株価は、ＴＯＰＩＸ（東証株価指数）と並ぶ日本市場を代表する株価指数で、日本経済新聞社が選定した東京証券取引所（東証）プライム市場に上場する２２５銘柄で構成されています。日本市場の動向を把握する重要な指標として国内の投資家はもちろん、海外の投資家にも注目されています。

日経平均株価の特徴は、株価が高い銘柄の影響を受けることです。例えば、１０００円の株が10円上がった時と、１万円の株が１００円上がった時も上昇率はともに１％です。しかし、日経平均株価は２２５銘柄の平均株価を計算するため、同じ１％の上昇でも値上がりの金額が大きいほうが日経平均

日経平均株価の算出方法

日経平均株価は、東証のプライム市場に上場する日本を代表する企業225社の銘柄で構成されています。富士フィルム、武田薬品工業、三菱UFJフィナンシャル・グループなど古くから知られている企業から、サイバーエージェント、楽天グループなどIT分野で成長している企業などで構成され、定期的に入れ替えがされています。

選抜された225銘柄の株価の総計÷225
＝日経平均株価

この計算方法は株価が安い銘柄の1％より、株価が高い銘柄の1％の影響を受けるので、東京エレクトロンやレーザーテックなど株価が高い銘柄の影響を受けやすい

TOPIX

Tokyo Stock Price Indexの略で、東証株価指数とも呼ぶ。東証に上場する2000銘柄以上の時価総額を計算した指数。先物市場ではTOPIX先物が取引されている。TOPIXは時価総額が大きい銘柄の影響を受けやすい。

大阪取引所

大阪の北浜にある国内最大規模のデリバティブ特化型の取引所。旧大阪証券取引所。2013年からの日本取引所グループとの統合により、東証のデリバティブ市場が大阪取引所に統合された。

株価への影響が強いのです。

夜間も取引できる

日経平均株価に含まれる株(現物)は東証で取引されますが、国内で売買できる日経225先物は大阪取引所で取引されます。また、日経225の動きは海外の投資家も注目しているため、米国のシカゴ・マーカンタイル取引所（CME）とシンガポールにあるシンガポール取引所（SGX）でも取引されています。

日経225先物の取引時間は、8時45分から15時15分までですが、株式取引のような昼休みはなく取引されます。

また、日経225先物は夜間取引も行え、16時30分から翌朝6時まで取引できます。

昼間の取引を日中立会と呼ぶのに対し、夕方以降の取引は夜間立会もしくはナイトセッションといいます。

日中立合は株式市場も動いているため、日経225先物の取引価格がリアルタイムで変動していますが、株式市場の閉場後に大きな経済ニュースが報道されたり、海外市場で大きな値動きがあったときは、夜間立会の日経225先物の値動きも大きくなる傾向があります。

先物取引の口座と取引の流れ

日経225先物は、証券会社の先物口座を通じて取引します。ですので、先物用の口座を開く必要があります（第2章参照)。

口座を開設したら、取引するための資金として証拠金を入金し、売買の準備をします。注文は、株と同様に証券会社のサイトやアプリを通して注文することができます（40ページ参照)。

後述で詳しく解説しますが、先物の注文では「限月」を選んで売買を行います（第3章参照)。

例えば、3月を期日とする場合は、「日経225先物（3月限)」という表記になり、期日までに売買を行うことができます。

先物取引ではポジションごとに損益がある

先物取引では、売買することを「ポジションを持つ」、もしくは玉を建てる「建玉」といいます。買いの取引は買いポジション、買い建玉、売りの取引は売りポジション、売り建玉となり

日経225先物の取引時間と取引できる期間

日経225先物の取引時間は大きく分けて、昼の部と夜の部に分かれます。また、その取引は「限月」という期限が決められた金融商品を売買します。

① 日経225先物の取引時間

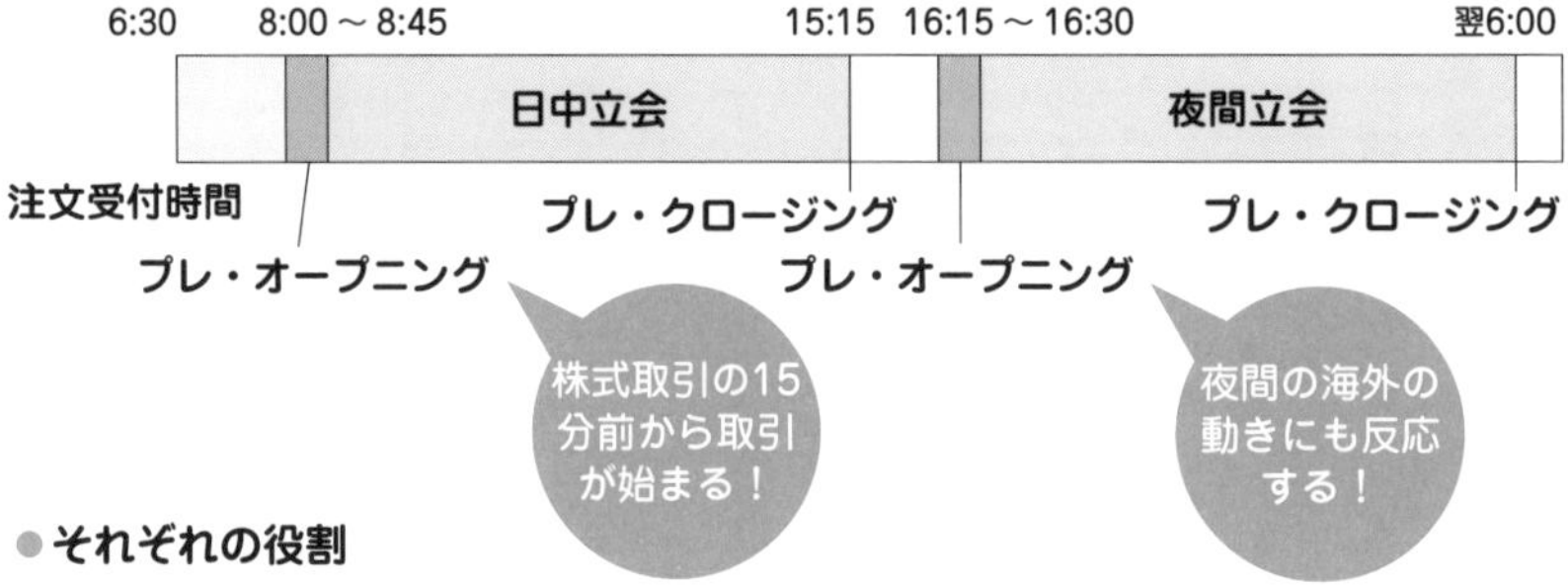

● それぞれの役割

日中立合	取引時間
夜間立合	取引時間
プレ・オープニング	板寄せのための注文受付時間
オープニング・セクション	プレ・オープニング後の日中立会と夜間立会開始時の板寄せ
プレ・クロージング	板寄せのための注文受付時間。各立会時間終了の5分間。この時間は約定が成立しないため、実質、5時55分まで。
クロージング・オークション	プレ・クロージング後の日中立会と夜間立会終了後の板寄せ

② 先物の期日までの流れ

● 日経225先物（3月限）

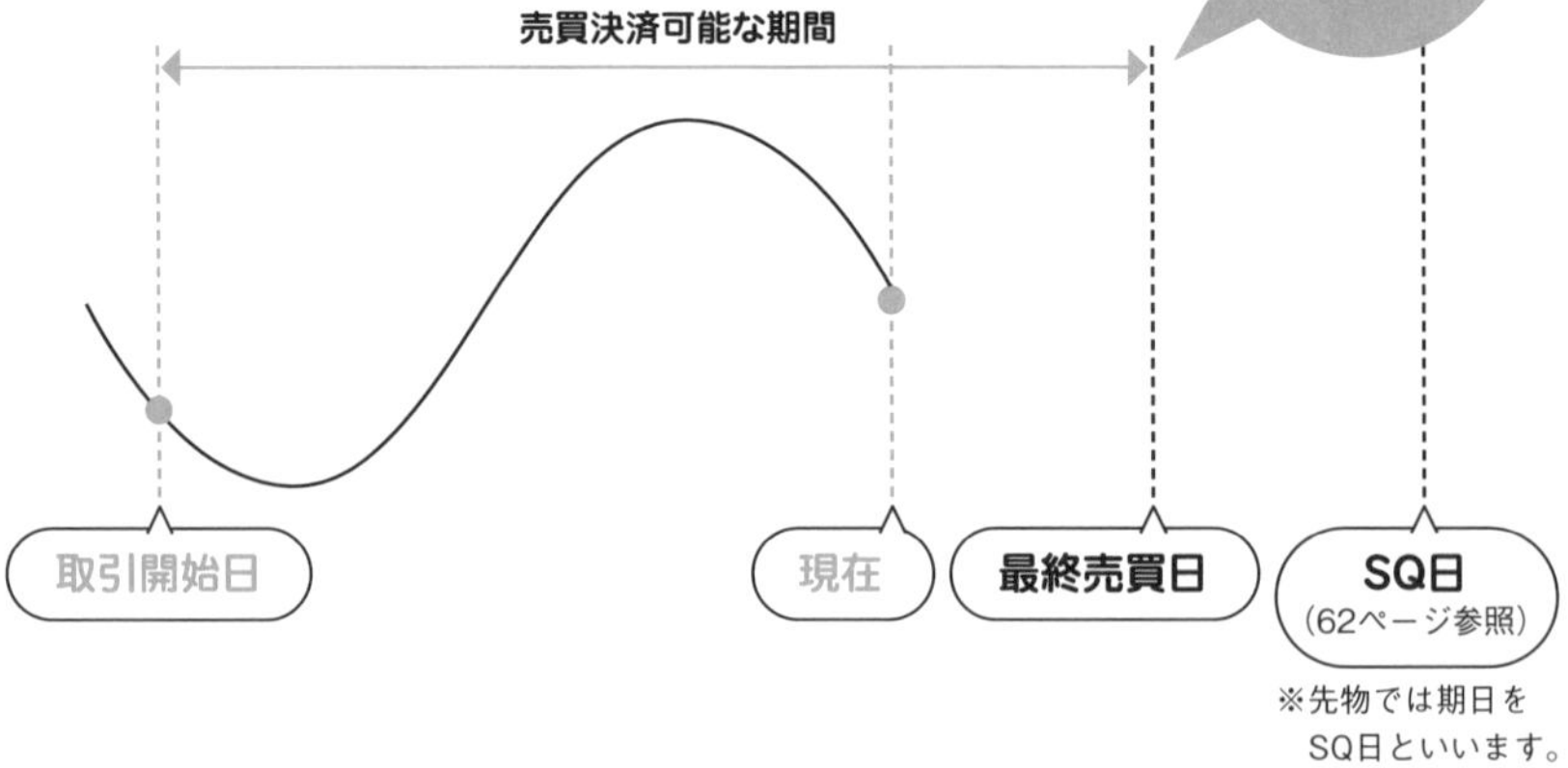

ます。また、ポジションについては、買いを「ロング」、売りを「ショート」ということもあります。

損益の見方は、株式投資の現物取引で複数の株を買った場合、それらは合算されて買値が平均化され、損益も平均買値である550円に対して増減しますが、一方の先物では合算されて総合損益が表示されますが、それとは別にポジションごとに利益と損失を見ることができます。

決済するときはそれぞれポジションを指定して注文を出すことが基本になります。これを「反対売買」といい、反対売買を行って決済することではじめてひとつの取引が終了します。

ちなみに株は100株、1000株と数えますが、先物は「枚」を単位として、1枚、10枚と数えます。

③ 先物のポジションの考え方

先物ではポジションごとに損益がでるのがデフォルトです。

●株式投資の現物取引のの場合

500円100株と600円100株

↓

550円200株で合算され、
損益も平均をもとに出される

※同一口座において平均される

●日経225先物の場合

3万6000円のポジションと3万6500円のポジションを持ち、価格が3万7000円になった

↓

3万6250円で合算されて損益をまとめてみることもできるが、個別での損益をみることができる

総計

3万6250円 → **3万6000円（+1000）** / **3万6500円（+500）**

●個別の損益で決済できる

マイクロ日経225先物

銘柄	市場／売買	建日／SQ日	建単価／現在値	建数量／決済中数量	手数料／消費税	評価損益	清算値／当日未精算額	決済
マイクロ225先物 24年04月限	大阪	--	38,535.00	2	20	278	--	一括決済
	売	24/04/12	38,520	0	2		300	
	大阪	24/03/11	38,540.00	1	10	189	--	指定決済
	売	24/04/12	38,520	0	1		200	
	大阪	24/03/11	38,530.00	1	10	89	--	指定決済
	売	24/04/12	38,520	0	1		100	

先物取引では、一括で決済することも、ポジションごとに決済することもできる

01-03

マイクロなら2万円で取引可能

日経225先物の3つのコース

日経先物225のラージとミニ、マイクロ

日経225先物には、1枚あたりの取引金額と、取引に必要な証拠金が異なる日経225先物ラージ（ラージ）、日経225先物ミニ（ミニ）、日経225先物マイクロ（マイクロ）の3種類があります。

ラージが最も取引額が大きく、1枚の取引で日経平均株価の1000倍規模の取引を行うことができます。

つまり日経平均株価が3万9000円だとすると、ラージ1枚の取引金額は3万9000円×1000=3900万円です。また、そのために必要な証拠金（必要証拠金）は、200万円前後になります（2024年3月現在）。

つまり、**ラージは3900万円分の取引を200万円前後の証拠金で取引できるということです。**取引金額と必要証拠金が大きいため、ラージは機関投資家や大口の投資家向きです。

ミニは、ラージの取引金額と必要証拠金を小さくしたものです。個人でも参加しやすいように2006年7月からミニがスタートしました。

ミニで取引できる額は100倍、必要証拠金はラージの10分の1になります。つまりミニ1枚での取引金額は3万9000円×100=390万円です。取引額が10分の1になるため、1枚あたりの必要証拠金もラージの10分の1の20万円になります。

ミニがスタートした当時の日経平均株価は、1万5000円程でしたので、必要な証拠金も10万円以下でしたが、2024年3月時点は4万円前後となり、必要な証拠金も大きくなり20万円前後です。

そこで、新たに作られたのが「日経225先物マイクロ（マイクロ）」という先物です。

はじめてならより少額のマイクロから始める

マイクロは、日経225先物の取引をさらに身近に、かつ

日経225先物には、ラージ・ミニ・マイクロの3種類がある

日経225先物には、取引できる規模によって、ラージ・ミニ・マイクロの3種類に分かれています。初めてならば必要証拠金が最も少ないマイクロがよいでしょう。

❶ ラージ・ミニ・マイクロの違い

	ラージ	ミニ	マイクロ
取引金額	1000倍	100倍	10倍
証拠金	170万～220万	17万～22万	2万前後
呼び値	10円	5円	5円
限月	3月6月9月12月	毎月	毎月

※2024年３月時点

マイクロは２０２３年５月から新たに作られた先物！

❸ 取引できる金額が違う

ラージ・ミニ・マイクロは同じ１枚の取引で、注文方法は同じですが、取引額と必要な資金（証拠金）が変わります。

日経平均株価が3万9000円のとき、1枚買ったとき…
ラージ：3万9000円×1000倍=3900万円分の取引
ミニ：3万9000円×100倍=390万円分の取引
マイクロ1：3万9000円×10倍=39万円分の取引

それぞれ必要な証拠金はラージ200万円、ミニ20万円、マイクロ2万円

（26ページ参照）

呼値

売買する際の値幅。刻み値ともいう。

細やかな取引ができるようにするために2023年5月に取り扱いがスタートしました。

マイクロの取引額と必要証拠金はミニの10分の1（ラージの100分の1）です。取引額は日経平均株価の10倍で、マイクロ1枚の取引金額は3万9000円×10＝39万円となり、1枚あたりの必要証拠金は約2万円です。

基本的に注文方法はどれも同じ

ラージ、ミニ、マイクロは、取引金額と必要証拠金が異なりますが、注文方法は同じです。いずれも証券会社の先物トレードのサイトやアプリから、取引する限月を選び、売買する枚数と価格を指定して注文を出します（第3章参照）。

また、日経225先物では一度に保有できるポジションに上限が決められています。証券会社ごとにことなりますが、おおむねポジションの上限枚数は、買いポジション、売りポジションともにラージ換算で200枚までです。ミニはラージの10分の1、マイクロはラージの100分の1であることから、ミニ1枚は0.1枚、マイクロ1枚は0.01枚として計算します。

また、ラージの注文の最小単位（呼値）は10円単位ですが、ミニとマイクロは5円単位です。

ポジションの上限

証券会社によって建てられるポジションに上限があります。

● **先物取引口座で取り扱っている主な金融商品（SBI証券）。**

	ラージ	mini	マイクロ
松井証券	200枚	2000枚	5000枚
マネックス証券	200枚	2000枚	20000枚
楽天証券	200枚	2000枚	20000枚
auカブコム証券	200枚	2000枚	20000枚
SBI証券※2	100枚	1000枚	20000枚
フィリップ証券	200枚	1000枚	1000枚

※2024年3月時点

※買いポジションもしくは売りポジションの最大枚数、買いで200枚建てられる一方で売りで200枚までポジションが取れる
※2 HYPER先物コース選択時は売買合わせて合計500枚
(ラージの場合)

ワンポイント　オプション取引って何?

日経225先物と似た取引で同じ先物口座として取引できる日経225オプションがあります。オプション取引は、先物取引と同様、期日までに、あらかじめ決められた価格で取引をします。

ただし、先物が日経225などの原資産を取引するのに対し、オプション取引では期日までに売買する日経225先物の権利を取引します。

オプション取引では、買う権利をコールオプション（コール）、売る権利をプットオプション（プット）といい、それぞれに買い手と売り手が存在します。

日経225オプションの特徴は、株や先物では、買値よりも価格が下がったときに下がった分だけ損失が発生しますが、日経225オプションは損失額の上限を限定した取引ができることです。

オプション取引の流れは、日経平均株価が上がると予想し、コールを買った買い手が自分の有利なときにだけ買う権利を行使できます。これは価格が下がって損失が発生する場合は、買う権利を放棄できるということです。そして、放棄した際はコールの買い手はプレミアムと呼ばれるオプション料を売り手に支払います。

見方を変えると、コールは日経225先物の下落に対する保険のようなものです。日経225先物が大きく下がっても、コールの買い手はコールを放棄すればプレミアム以上の損は生まれません。

一方のコールの売り手は、買い手側が権利を行使した際には応じる義務を負い、買い手が放棄した場合にはプレミアム分の損失が得られます。

先物取引はリスクが大きい取引であるため、大きな損を避けるためのオプション取引の活用も有効です。

●オプション取引では4つの立場から入る

	コール（買う権利）	プット（売る権利）
買い手	コールの買い 買う権利を保有する （期日までに行使か放棄を選択できる）	プットの買い 売る権利を保有する （期日までに行使か放棄を選択できる）
売り手	コールの売り 買い手の権利に応じる義務がある （売る義務を負う）	プットの売り 買い手の権利に応じる義務がある （買う義務を負う）

●オプションの損失

	利益	損失
コールオプションの買い手	無限大	プレミアムに限定
コールオプションの売り手	プレミアムに限定	無限大
プットオプションの買い手	原資産の価値がゼロになるまで増大	プレミアムに限定
プットオプションの売り手	プレミアムに限定	原資産の価値がゼロになるまで増大

プレミアム

オプションの価格。買う権利、売る権利に対して付けられる価値のこと。期日までの期間や価格変動、市場における原資産との差額などによって価格は変わる。

01-04

取引の原資は証拠金！減ると取引できなくなることも

有効、必要・・・証拠金を覚えよう

取引の損益は証拠金で決済する

日経２２５先物は、証券会社に差し入れる証拠金で売買します。**日経２２５先物の取引による利益と損失は証拠金の増減として反映され、利益が出た場合は証拠金が増え、損失が出た場合は証拠金が減ります。**

取引の結果を証拠金の増減で決済する取引を「証拠金取引」といいます。先物取引は証拠金取引の一種で、株の信用取引やＦＸも証拠金取引に含まれます。

証拠金が必要となる理由は、日経２２５先物では、株式投資のように現物による取引はなく、買い手と売り手の間で渡すものがありません。渡すものないのでどちらかの損失が大きくなった場合は、取引が成立しなくなります。それを避けるため、先物取引では取引の当事者が一定の資金を証拠金として差し入れることになっているのです。

必要証拠金分の売買ができる

証拠金は取引をする人の信用性を担保する役割を持ち、証拠金が多いほど大きな金額の取引も可能になります。

例えば、マイクロ1枚を取引するためには約2万円の証拠金が必要です（２０２４年3月現在）。2万円の証拠金を先物口座に入金すればマイクロ1枚の取引ができ、6万円入金するとマイクロ3枚の取引ができるようになります。

仮にマイクロの取引で1万円の損が出た場合、その損失は証拠金で決済され、証拠金の残額は5万円に減ります。この場合、次に取引できる枚数は2枚に減ります。

さらに損が膨らみ1枚の取引に**必要な証拠金額（2万円）を下回ると、追加で証拠金を入金しないとポジションを維持することができなくなります**（34ページ参照）。

また、証券会社によっては、追証による決済以外に、ポジションを建てた状態のまま証券会社が定めた証拠金の水

日経225先物では証拠金を必ず収めなくてはならない

❶ 証拠金の種類

日経225先物では、口座に入金した証拠金をもとに売買されます。その証拠金が必要な額を満たさないと、売買はできません。証拠金としては現金以外に株式などの有価証券も差し入れることができます。

●証拠金の名称と証拠金維持率

●必要証拠金

取引に必要な証拠金、この金額を満たさないと取引自体ができない。

●有効証拠金

まだ決済していない損益も加えた証拠金の残高。

●追加証拠金

略称は「追証」。証拠金が足りずに追加で差し入れる証拠金（34ページ参照）。

●証拠金維持率

必要証拠金に対して占める資産総額の割合。維持率が高いほどレバレッジを低く設定でき（30ページ参照）、低いと強制ロスカットや追証が発生する。それを金額化したのが維持証拠金で、必要証拠金と同義になる。

証拠金維持率＝有効証拠金÷必要証拠金×100

有効証拠金が5万円、必要証拠金が4万円だとすると証拠金維持率は125％となる。

❷ 強制ロスカット

証拠金維持率が100％を下回ると追加で資金を差し入れる追証（34ページ参照）が発生し、追加で証拠金の入金が必要になります。そして、期日までに入金できないと強制的にポジションがロスカットされます。また、証券会社が用意するサービスによっては、追証が発生しないためのセーフティ機能が用意されていることがあります（下記参照）。

●SBI証券が提供しているHYPER先物でのロスカットルール

SBI証券のHYPER先物では、立会時間中、保有するポジションや注文に対して、一定時間（30秒）ごとに、ロスカット判定証拠金（有効証拠金から先物評価損を加味した証拠金）がロスカット基準額（30～80％を任意で設定）を下回るかの判定を行う。判定に掛かった際は、反対売買によるロスカットもしくは注文がキャンセルされるしくみ

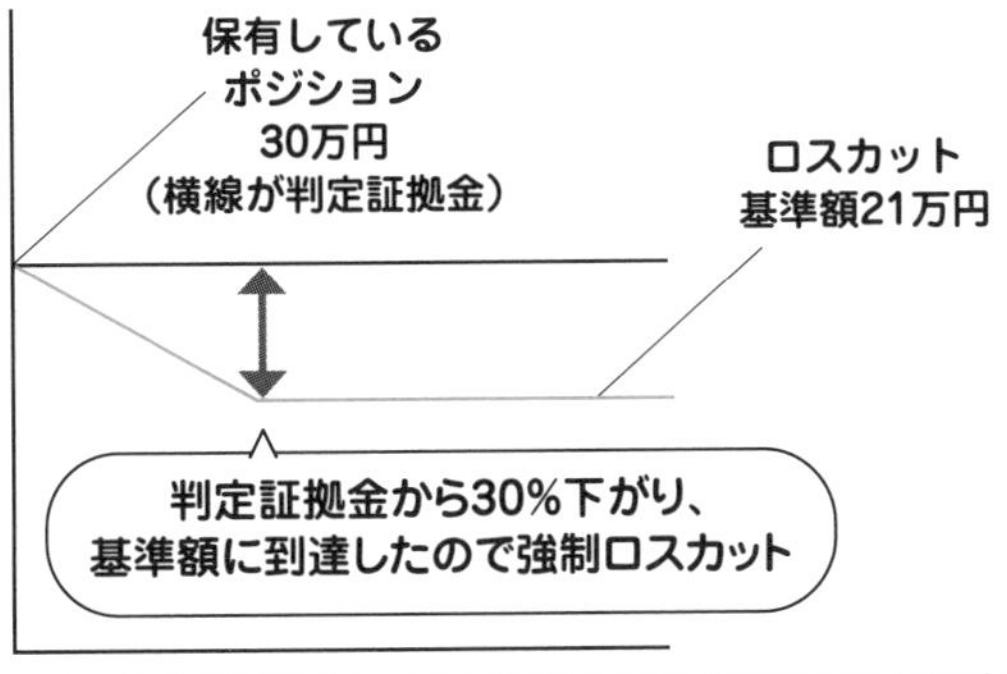

※すべての証券会社のサービスで用意されているわけでないので注意

準（証拠金維持率）を下回ると、**資産がマイナスになるのを防ぐために、保有するポジションが強制的に決済されることがあります。**これを強制決済や強制ロスカットといいます。

必要証拠金は相場の状況で変わる

必要証拠金は、売買する際に必要とされる証拠金です。その計算は、2023年11月からVaR方式という方法で計算しています。以前は、米国の取引所であるCMEが開発した16通りのシナリオから証拠金を計算するSPAN方式を採用していましたが、VaR方式は、1250超の大量のデータを用いてSPAN方式よりも計算の精度を高め、将来の価格の変動によって生じる損失額の99%を証拠金によってカバーできるようにしています。

VaR方式によって、SPAN方式よりも取引のリスクに対して高度な管理ができるようになりました。

VaR方式による証拠金は日本証券クリアリング機構（JSCC）が営業日ごとに見直し、15時45分から16時頃に公表されます。公表された金額は当日の日中立会が終了した後から適用されます。

そして、実際の必要証拠金は、VaR方式に基づく証拠金の金額に各証券会社が定めた掛け目を掛け算して計算します。**掛け目は、各証券会社が担保とする金融資産などの価値を算定する**ためのもので、現金の場合は100%、優良企業の銘柄は80%というように、各証券会社が証拠金の担保となる価値の計算基準を持っています。

例えば、VaR方式による証拠金が2万円、証券会社の銘柄の掛け目が100%であれば、必要証拠金は2万円です。証券会社の銘柄の掛け目が50%であれば、必要証拠金は1万円となります。

必要証拠金が少ないほど、同じ金額で多くの枚数を建てることができます。が、先物取引に置いては、原則現金（auカブコム）、もしくは現金のみ（SBI）などがあるため確認が必要です。

また、証券会社の中には短期取引やその日のうちに決済することを条件として必要証拠金（を計算する掛け目）を低く設定しているケースがありますが、**大きな相場の変動によって大きな損が出ることもあります。証拠金については、後述のレバレッジ（30ページ参照）、追証（34ページ参照）と合わせて確認してください。**

VaR方式

Value at Risk方式の略。VaR方式は、日経225先物などに採用されるヒストリカル・シミュレーション方式（HS-VaR方式）と、貴金属や原油などの取引に採用される代替的方式（AS-VaR方式）がある。

CME

Chicago Mercantile Exchangeの略。米国シカゴにあるマーカンタイル取引所。商品先物や金融先物の取引所として、農産物、通貨、金利、株価指数などの先物取引と先物オプション取引が行われています。

2023年11月から証拠金の計算がVaR方式に変わった

2023年11月からこれまでのSPAN方式による証拠金の計算方法が、VaR方式に変わりました。より高度なリスクに対する管理ができるようになっているといわれています。違いを確認しましょう。

❶ SPAN方式からVaR方式から変わった点

- 先物1枚あたりの証拠金が限月別、売り買い別で異なる
- 指数先物の証拠金は毎営業日の15時45分から16時頃に見直しが実施される
- 先物指数に関しては、追証判定（34ページ参照）は見直し後に即日適用される

❷ VaR方式の注意点

- 即日適用されるということは、日中立会の終了時点で100%以上でも、その後の見直しにより証拠金不足になることもある
- 証拠金の変更のお知らせはメールで行われないので、各証券会社で確認が必要になる

有効証拠金は多めに用意！

01-05

証拠金の20倍前後の商品が買える

少額で大きな取引ができるレバレッジ

てこの原理で大きな金額を取引

日経225先物は、一定の証拠金を差し入れることによって、少ない金額で大きな金額で取引することができます。これを「レバレッジ取引」といいます。

レバレッジとは「てこの原理」を意味する言葉で、その名の通り、証拠金に対して数倍の金額の取引ができるようになります。

例えば、日経225先物が3万9000円であるときのマイクロ1枚の取引金額は約40万円（日経225先物の10倍）です。このときの必要証拠金は1枚あたり2万円です。つまり2万円で約40万円の取引を行うリスクを取っているということです。このリスクの大きさは「レバレッジ倍率」といい、**レバレッジ倍率が大きいほどリスクとリターンが大きいことを表します。**

レバレッジ倍率は取引金額と証拠金で計算します。日経225先物の価格が3万9000円、マイクロ1枚の必要証拠金が2万円で有効証拠金も同額の時、マイクロ1枚の取引金額である約40万円を2万円で割るとレバレッジ倍率は20倍となります。

限られた資金で効率よく取引できる

レバレッジ取引の特徴は、現物を扱う株式投資と比べて資金効率がよくなることです。

例えば、日経225の値上がりを狙う場合、市場では日経225と連動するETFを買うことができます。日経225連動型のETFはレバレッジがかかっていない商品（レバレッジ1倍）ですので、日経225連動型のETFを10万円分買うためには10万円の資金が必要です。

一方、日経225先物のマイクロでは前述の通り2万円の証拠金で40万円分の取引ができ、少ない資金でETF以上の利益を狙うことができます。

資金効率の高さだけでなく
そのリスクも知りましょう

レバレッジを使うことで資金効率を高める

日経225先物では、ラージ、ミニ、マイクロで取引額が変わり、その少ない金額で取引する方法を「レバレッジ取引」といいます。そして、実際の取引での損益は取引額に準じた金額で計算され、証拠金に反映されます。

① レバレッジ取引での損益

● 日経225マイクロ　1枚あたりの証拠金は2万円

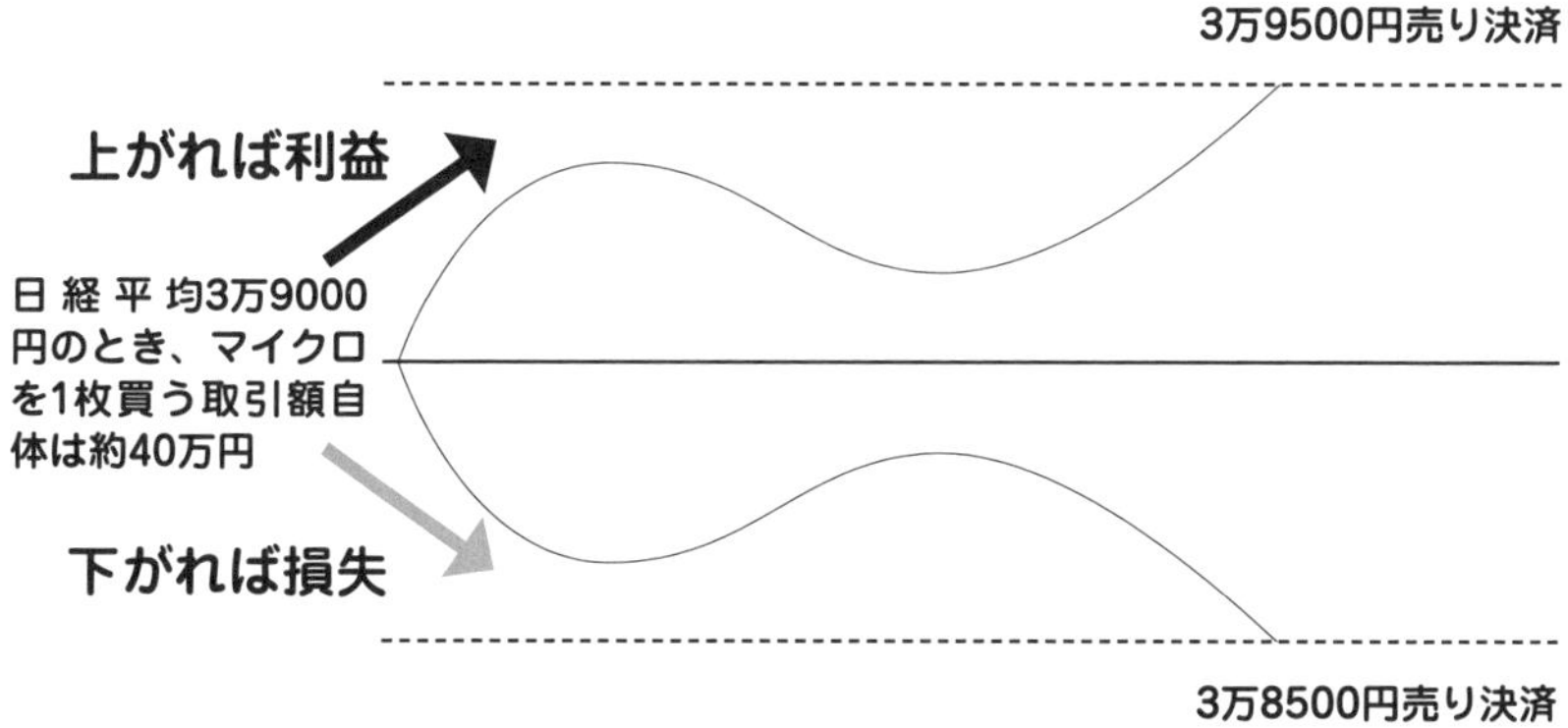

3万9500円売り決済
上がれば利益
日経平均3万9000円のとき、マイクロを1枚買う取引額自体は約40万円
下がれば損失
3万8500円売り決済

※2024年3月時点の日経平均株価からわかりやすく端数を省いて表示しています

上記の値動きから、証拠金2万円でマイクロ1枚（買い）の価格3万9000円を1枚購入した場合、損益の差額は以下にようになる。

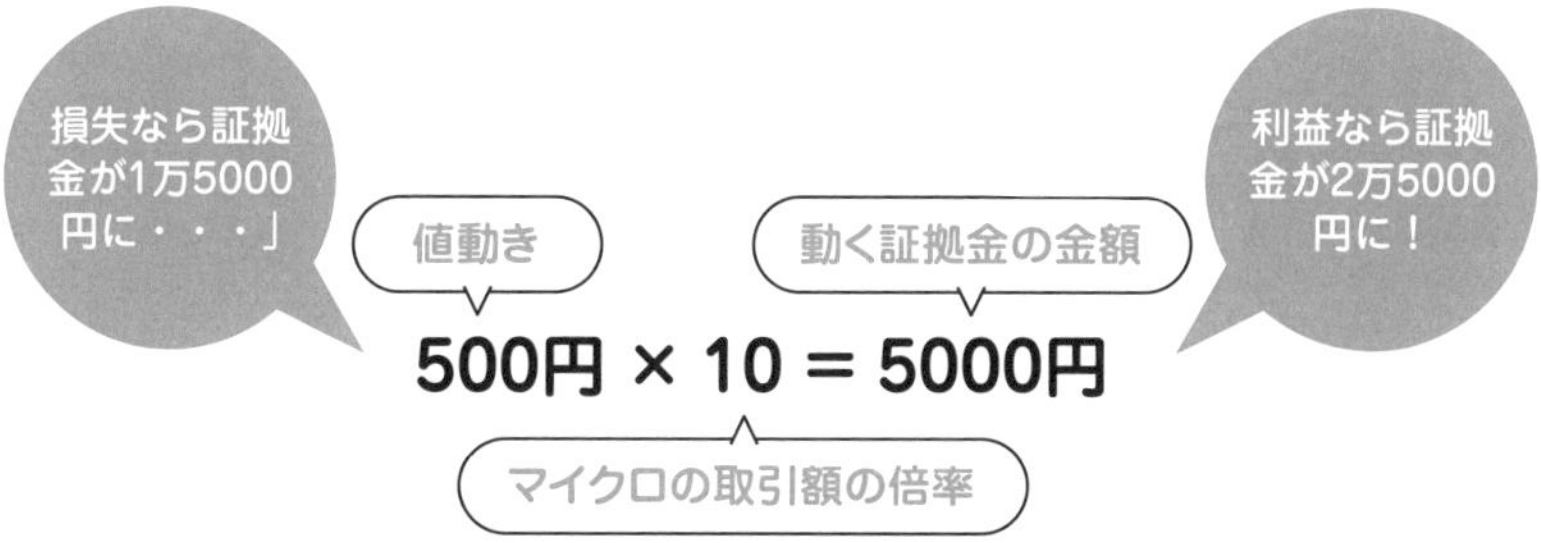

損失なら証拠金が1万5000円に・・・」
値動き
動く証拠金の金額
利益なら証拠金が2万5000円に！
500円 × 10 ＝ 5000円
マイクロの取引額の倍率

上記のプラスマイナスが証拠金に反映される

リターンは大きいがリスクも大きい

レバレッジ取引は、手持ちの資金以上の取引をするため、株の現物取引と比べて利益と損失が大きくなります。

日経225連動型のETFを例にすると、10万円分のETFを購入して日経平均株価が1％上がった場合は、ETFも1％上がりますので1000円の利益が得られたとします。

一方の日経225先物マイクロの場合は日経平均株価の10倍の金額を取引します。つまり日経225が500円上がったとしたら、マイクロではその10倍の取引額になりますので。10万円の証拠金を目一杯使う場合、マイクロ1枚の必要証拠金が2万円であれば5枚買うことができます。この場合の取引金額は先ほどの例に倣うと200万円です。この状態で日経平均株価が1％上がると、単純に2万円の利益が得られます。このリターンの大きさがレバレッジ取引の魅力です。

ただし、リスクとリターンは比例するため、レバレッジ取引では損失が膨らむリスクも大きくなります。同じ条件で1％下がった場合、2万円が証拠金10万円から差し引かれることになります。

レバレッジ取引において、**最大レバレッジをかけての投資は資金効率が最もよくなりますが、少しの値動きで大きくぶれるためハイリスクな投資といえます。**

強制ロスカットされないよう、維持証拠金ギリギリで取引するのではなく、有効証拠金に余裕を持たせて取引しましょう。

大きな相場変動に注意が必要

ここまで説明すればお分かりになりますが、日経225先物では、証拠金がゼロになる可能性があります。

日経平均株価は個別株と比べると値動きが穏やかですが、短期でも長期でも大きな価格変動は起こり得ます。短期の値動きでは、コロナ禍の約1カ月で30％ほど下落しましたし、中長期では2023年の1年間で20％ほど上がっています。

このような値動きをうまくとらえたときにはレバレッジ取引は大きな利益になりますが、逆方向に動いた場合は証拠金がなくなり、取引が継続できなくなってしまうのです。

その場合、「追証」（34ページ参照）となる場合があります。

ETF

Exchange Traded Fundsの略で、上場投資信託とも呼ぶ。投資信託の1種だが、東証などの取引所に上場しているのため、株と同じように市場でリアルタイムで売買できる。日経225と連動するETFは日経225とほぼ同じ値動きをする。

レバレッジ倍率を使いこなす

日経225先物は、ラージ、ミニ、マイクロがそれぞれ1000倍、100倍、10倍の取引額で取引することができますが、それとは別に、証拠金に対していくらの商品を買っているかを示したのがレバレッジ倍率です

② レバレッジ倍率の計算方法

取引額に対して有効証拠金の何倍の取引をしているかを表します。国内の取引では株の信用取引が最大3.3倍、FXは25倍ですが、日経225先物も20倍と高い投資商品になります。

● **マイクロ1枚（買い）の価格3万6370円（2024年1月時点）**
有効証拠金が必要証拠金と同額の場合

取引してる金額

1枚 × 3万6370円 × 10倍 ＝ 36万3700円

購入枚数　価格　取引額の倍率

必要証拠金が2万122円、有効証拠金も同額として

36万3700円 ÷ 2万122円 ＝ 18.07倍

レバレッジは約18倍

③ レバレッジのリスクとリターン

必要証拠金；2万122円で価格が3万6370円の時。マイクロを1枚購入

有効証拠金2万122円が必要証拠金と同額の時
→ レバレッジ約18倍

有効証拠金5万円あった時 → レバレッシ約7.2倍

10％（約3630円）下がった場合、証拠金が2122円減ります。証拠金維持率で見た場合、同じ１枚の購入でも２万122円だと全体の10％下落しますが、5万円だと全体の4％ほどに抑えられる

マイクロ1枚が2万円前後なら、最低でも5万円を有効証拠金として入れておこう!

01-06

必要証拠金の不足分を入金する

損失が膨らむと「追証」が発生する

維持証拠金を大きく下回ると新たに資金が必要

日経225先物は、必要証拠金によって建てられる枚数の上限が決まりますが、一方でまだ決済していない未確定の損失によって、有効証拠金が維持証拠金を下回ることがあります。維持証拠金は必要証拠金と同義になりますが、その場合、保有するポジションを決済しなければならなくなる可能性があります。

例えば、日経225先物が3万6000円で、マイクロを1枚を建てる場合、有効証拠金2万円、必要証拠金が2万円だった場合、買いポジションを1枚建てることができます。しかし、この状態で日経225先物が下落すると評価額が下がり、含み損は証拠金に反映されます。含み損が1万円だった場合、2万円の証拠金は1万円に減ります。

この場合、不足分の1万円を入金し、必要証拠金を2万円に回復させる必要があります。これを追証（追加証拠金）といいます。

必要証拠金の変更にも注意

日経225先物は夜間立会でも値動きします。その値動きによっては日本時間の夜中や明け方に大きな損失が発生し、追証が発生することもあります。

また、立会時間中、損失が発生しなかったとしても、必要保証金はVaR方式による計算と各証券会社の掛け目によって変わるため、**相場の状態などによって必要証拠金が上がることがあります**。この場合も、保有するポジションに対する証拠金が不足する可能性があります。

保有しているポジションに追証が発生しているかどうかは証券会社が判定し、追証が発生した場合は翌営業日の正午までに不足分を証拠金として入金し、追証を解消する必要があります。決められた時間内に入金できなかった場合は保有するポジションが強制的に決済されます。日中立会

デイトレード

株や先物などの売買を1日（デイ）で完結させる取引。先物取引ではロングとショートの両方についてその日のうちに決済する。夜間立会や翌日以降にポジションを持ち越さないため、市場の急変による価格変動リスクを抑えられる。

ティック

呼び値の刻み。5円～10円単位だが、取引金額が大きいので、ラージの1ティックは1万円、ミニは500円、マイクロは50円になる。

後の判定で追証が発生すると、その後の夜間立会で含み損が減ったとしても追証を入金しなければなりません。

資金の余裕を持って取引する

例えば、必要証拠金が2万円のマイクロを2万円ギリギリの証拠金で取引すると、数ティック分の損失が発生しただけで追証になります。しかし、必要保証金より3万円多い5万円を有効証拠金として差し入れておけば、含み損が3万円となっても取引は継続できます。

追証を避けるには、有効証拠金を多めにしておくことが重要です。

取引枚数を決める際、追証までの目安として、必要証拠金を上回る有効証拠金を用意しましょう。

ちなみに追証は保有しているポジションが当日の日中立会終了時点で発生しますので、信用取引でのデイトレードのようにポジションを翌日以降に持ち越さないのであれば追証は発生しません。

追証は日中立会後の証拠金の計算に注意!

証拠金が有効証拠金を下回る場合、追証が発生しますが、そのタイミングは日中立会終了後の15:45〜16:00に行われます(28ページ参照)。追証にならように気を付けましょう。

① 追証発生のしくみ

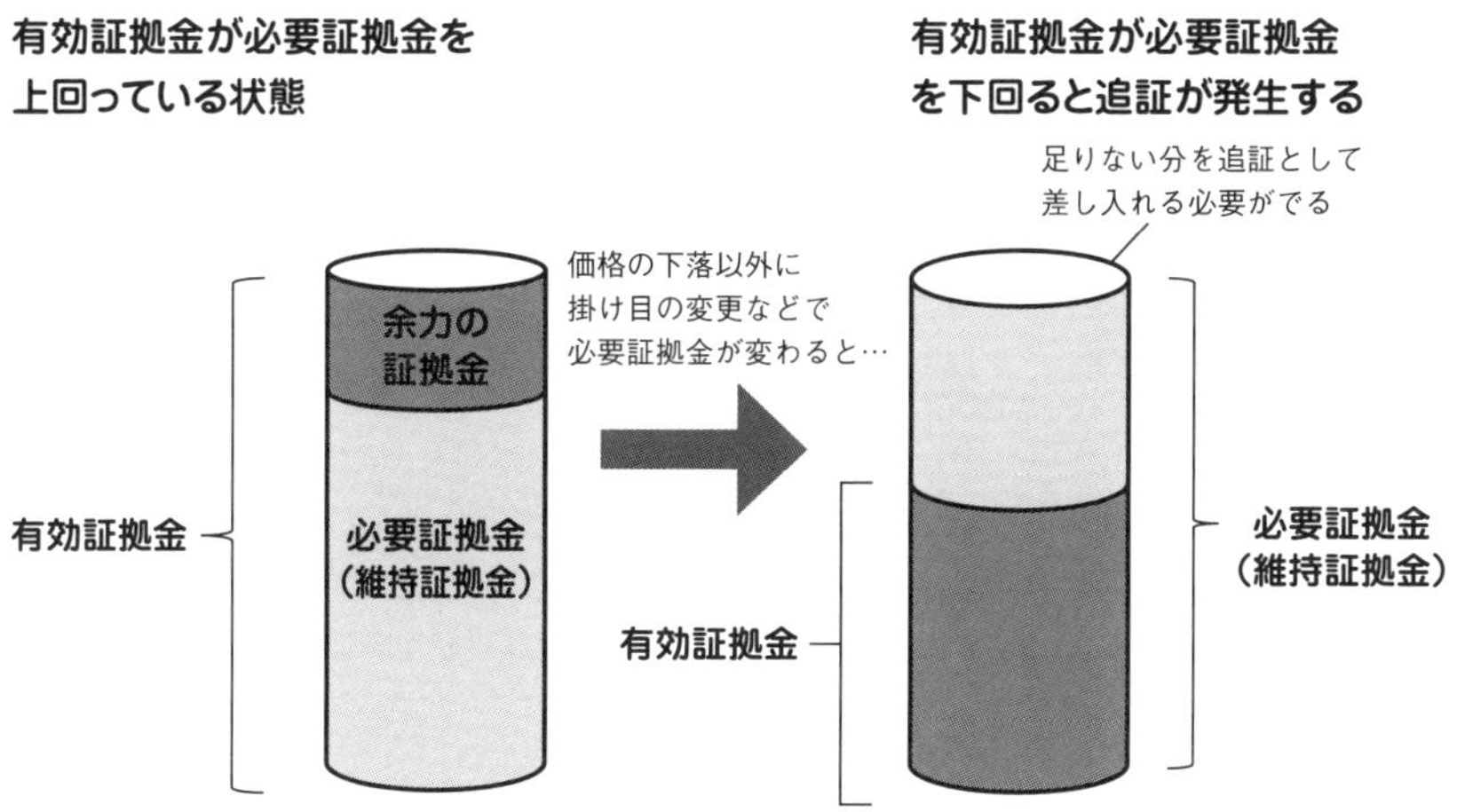
有効証拠金が必要証拠金を上回っている状態
有効証拠金が必要証拠金を下回ると追証が発生する
足りない分を追証として差し入れる必要がでる
余力の証拠金
必要証拠金（維持証拠金）
有効証拠金
価格の下落以外に掛け目の変更などで必要証拠金が変わると…
必要証拠金（維持証拠金）
有効証拠金

証拠金は余裕を持たせよう!

01-07

相場が急変した際の先物市場の安全装置

急変時の取引制限制度「サーキットブレーカー」

相場急変時には取引が中断になる

相場は経済ニュースや突然の災害などによって急変し、大きく値動きすることで、取引が過熱することがあります。特に日経２２５先物を含むレバレッジ取引は株式取引などよりも大きな値動きが発生します。

日経２２５先物では、相場で急激な変動が生じたときに一時的に取引を中断するしくみが設けられています。例えば、即時約定可能値幅制度やサーキットブレーカー制度（ＣＢ）がそれに該当します。**即時約定可能値幅制度は、誤発注などによる価格の急変を防ぐための措置です。ＣＢは、売買の急増による値動きを抑制する制度です。**株式投資でいうストップ高とストップ安とイメージするとよいでしょう。いずれも一時的に取引を中断し、これら措置によって投資家に冷静な判断を促し、不安と混乱を抑えます。

10分の中断を経て値幅を拡大

ＣＢは、もっとも取引の出来高が多い限月を中心限月（通常は期近の限月）として、**上下８％の変動が生じたときに発動します。**一時中断の時間は10分間です。ＣＢが発動すると、日経２２５先物の他の限月の取引、日経２２５先物を原資産とするオプション取引も取引を一時中断します。10分間の中断の後は、値幅制限を12％に拡大して取引が再開されます。これを第一次拡大時制限値幅といいます。また、再開後に12％の値幅制限に達した場合は再び10分間の中断を行います。10分後、値幅制限を16％に拡大して取引を再開します。これを第二次拡大時制限値幅といいます。第二次拡大時制限値幅を行った後の中断はありません。

中心限月

先物とオプション取引では、受け渡しの最終決済月を限月と呼ぶ。期日（SQ日）が最も近い限月は期近物といい、その先の限月は期先物という。期近物は取引量が多いことから中心限月となる。

先物の急変を防ぐ2つの制度

日経225先物に限らず、先物やオプションには、「即時約定可能値幅制度」と「サーキットブレーカー」の2つの急変防止制度があります。

❶ 即時約定可能値幅制度とは

直近の価格から一定以上の値幅で約定が発生する注文が出た場合に、約定を行わずに取引を一時中断します。日経225先物では、直前の価格から±0.8%で（立会時間中、オープニングオークションでは±3%、クロージングオークションは±1.5%）約定する注文が出たときに取引が最低30秒中断します。これは相場価格の急変を防止するための制度です。ちなみにDCB値幅制度（ダイナミックサーキットブレーカー）とも呼ばれます。

❷ サーキットブレーカーのしくみ

サーキットブレーカーは、取引中に8%の変動があった際に発動し、10分間の取引停止を経て、板寄せにより12%　16%と段階的に再開と取引停止処置を行っていく制度です。SCB（スタティックサーキットブレーカー）とも呼ばれます

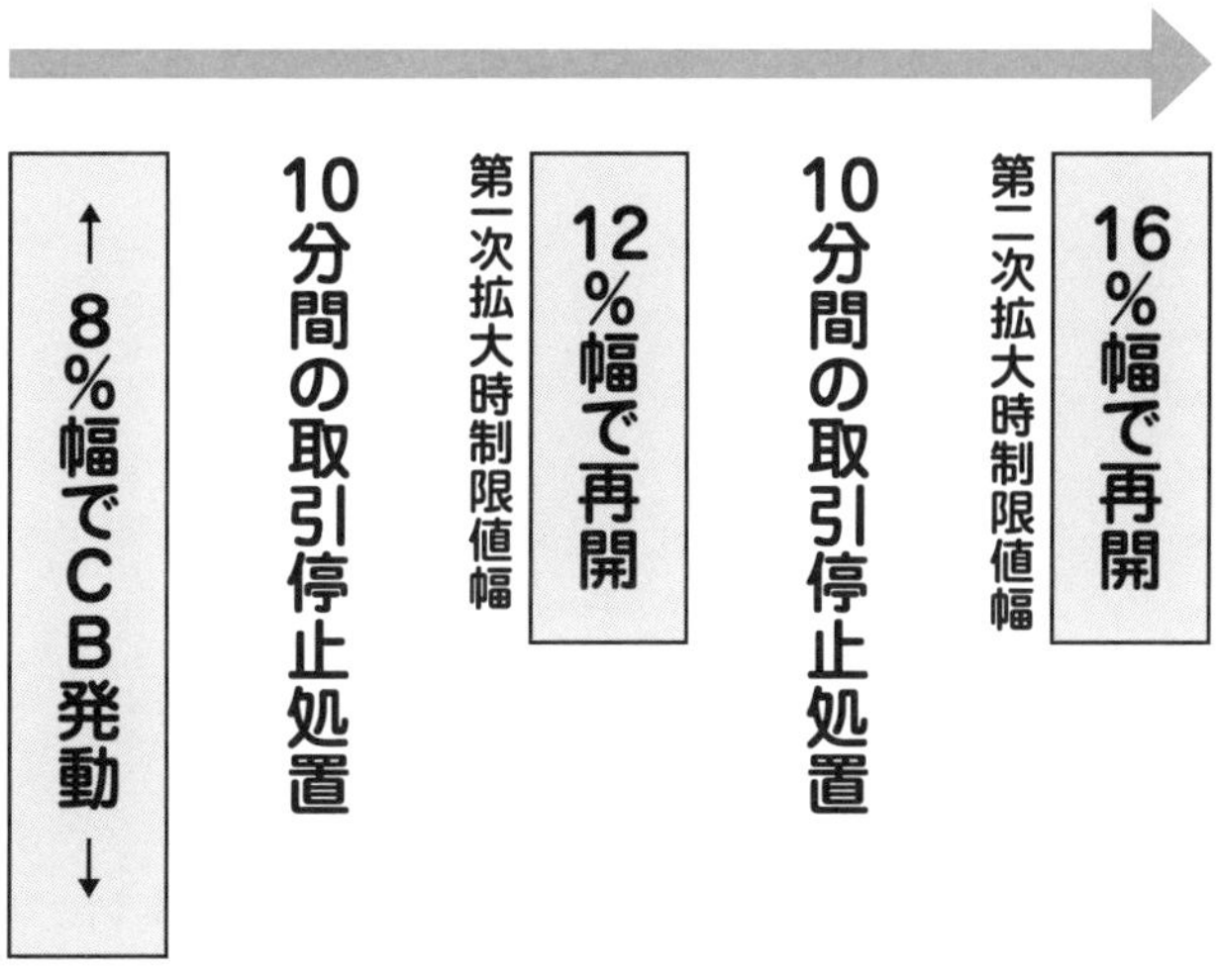

※当日の日中立会終了後から適用されるので、当日の夜間立会から翌日の日中立会までが制限の適用として決定される。
※停止するのは、原資産が同一の先物取引（規模問わず）とオプション取引、原資産に関連する組み合わせ投資（ストラテジー取引など）
※実際の値幅は算出比率に基づいて計算され、日経225先物の場合は、取引日単位で各限月ごとに設定される。

column

先物の仕組みは江戸時代に完成していた

収穫予定の球根の売買を約束

先物の歴史は17世紀まで遡ります。この頃のオランダでは、当時はまだ珍しかったチューリップの人気が高まり、世界初のバブルとして知られる「チューリップバブル」（1637年）が起きていました。ステータスとしてチューリップを求める富裕層のニーズにより、球根ひとつの価格が家一軒建つほど高騰する一方、農家の生産力は急には高まりません。そこで、来春の出荷分について、あらかじめ決めた価格を約束した取引が始まります。

欧州では今の先物の仕組みと似た、期日を決めた売買の取引が行われるようになったのです。

日本の米市場が世界に影響

日本では、18世紀に米の取引を行っていた堂島米会所が先物取引の先駆けといわれています。江戸時代、年貢として集めた米は大坂などの都市に集められ、入札制によって米の仲買人に売却されていました。仲買人には米との交換を約束する米切手を発行しますが、この取引は未収穫分の米も含み、また、代金の一部を用意して取引する差金決済の仕組みも導入していました。

この取引が今日、現物を伴わない先物取引として定着したのです。

堂島米会所で確立した取引はシカゴ商品取引所など海外の市場にも影響を与え、その後、先物取引の対象は、為替、国債、金利、そして株価指数などへと広がり、金融市場における先物取引の存在感が高まっていくことになったのです。

第2章

日経225先物の始め方

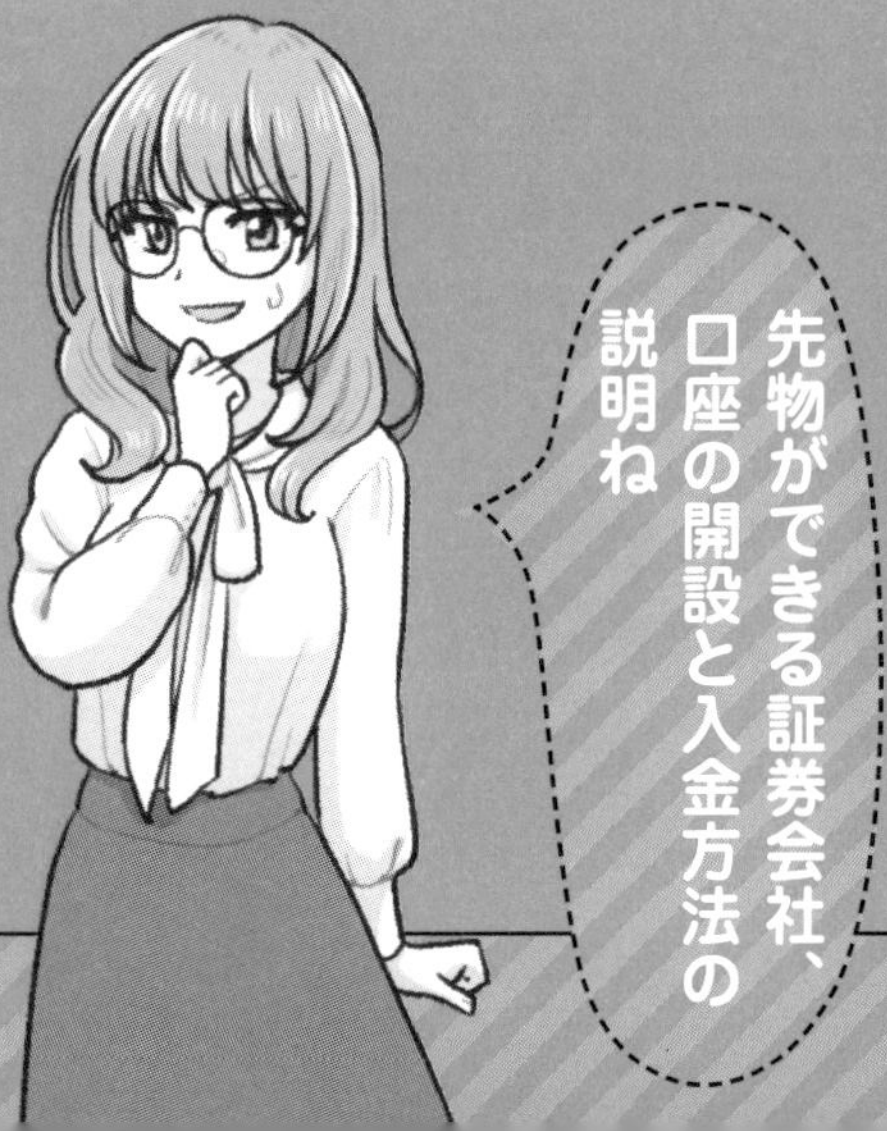
先物ができる証券会社、口座の開設と入金方法の説明ね

02-01 マイクロで取引できる証券会社

手数料や、取引可能な商品、ツールを比べる

先物取引の専用口座が必要

日経２２５先物の取引は、証券会社で先物取引の口座を作る必要があります。**証券会社の株式取引などの総合口座（特定口座や一般口座など）とは別の口座になり、先物取引専用の口座を別途開設する必要があります。**

総合口座を持っている場合、その証券会社の先物取引口座を容易に開くことでき、総合口座との資金移動（振替）を行うことで取引が開始できます。

また、これから証券会社に新規口座を開くのであれば、まずは総合口座を開いてから先物取引口座の開設の流れになります。その際はネット証券を選ぶのがよいでしょう。ネット証券は実店舗がある対面証券と比べて手数料が安く、取引ツールが充実しているのが特徴です。

また、周りですでに初めている人がいれば、証券会社やツールなどの使い勝手を聞いてみることも大事です。

マイクロで取引できるか確認しよう

証券会社選びの２つ目のポイントは売買できる商品（銘柄）です。マイクロは２０２３年５月に誕生した新しい商品であるため、全てのネット証券で取引できるわけではありません。今後はマイクロの取り扱いをスタートするネット証券が増えると予測できますが、**２０２４年３月時点でマイクロを取引できる証券会社はネット証券のみで８社です。****（１４２ページ参照）**

また、先物取引は本書のテーマである日経２２５先物の他にも、ＴＯＰＩＸ先物、ミニＴＯＰＩＸ先物、日経平均ＶＩ先物、ＮＹダウ先物などがあります。今後、先物取引の幅を広げていく場合のためにも確認しておくとよいでしょう。

なお、１章でも触れましたが、建てられるポジションの枚数についても証券会社によって違いがあります。ただ、

手数料も大事だけど使い勝手も見ておきたいわね

先物取引の口座の証券会社による違いを見よう

先物取引口座は、証券会社で開きます。証券会社で総合口座を開いたのち、先物取引口座を開く流れになります。

一口に先物口座といっても、証券会社ごとに提供する商品、手数料やサービスに違いがあります。開設する前に比較検討を行いましょう。

なお、口座開設や口座の維持にかかる費用はゼロ円ですので、口座を開いてから比較するのもよいでしょう。

① 日経225先物マイクロが取り扱えるのは8社のみ

松井証券
マネックス証券
楽天証券
auカブコム証券
SBI証券
フィリップ証券
インタラクティブ・ブローカーズ証券
光世證券

基本的にネットでの取引

証券会社を選ぶ際は、「手数料」「取引可能な商品」「ポジションの上限制限」「注文方法」「ツール」 といった項目で比較しよう!

② 先物取引口座は他の指数も取り扱っている

一口に先物取引といっても、証券会社によって取り扱う商品は変わります。

将来的に他の株価指数を取扱うことを考えているならば、そのあたりの確認も必要です。

以下の表はSBI証券の先物口座で取引できる商品になります。また、142ページにおいて、証券会社で取り扱える、その他の先物についての解説をしています。参考にしてください。

● SBI証券の先物口座取扱い商品

先物	オプション
日経225(ラージ)	日経225(ラージ)
日経225(ミニ)	日経225 (ミニ)
日経225マイクロ	
TOPIX	
TOPIXミニ	
東証REIT指数	
JPX日経400	
東証グロース市場250指数	
日経平均VI	
NYダウ	

上限いっぱいまで行える人は多くはないと思いますので、それが選択肢としてみることは少ないでしょう。

手数料の差にも注目

手数料は、日経225先物を取引したときにかかる費用で証券会社ごとに差があります。また、手数料が安くなるなど、口座開設のキャンペーンが行われていたりすることもあります。

手数料は、日経225先物を買う、または売る際にかかる片道の料金です。買って売る、または売って買うまでの1往復（反対売買）の2倍の手数料がかかります。つまり、マイクロ1枚の売買手数料が11円なら、決済までにかかる手数料は22円です。

注文方法やツールにも差がある

証券会社選びの3つめのポイントは注文の種類です。株などと同様に、日経225先物の注文は、売買価格を指定する指値と、指定しない成行注文が基本です(第3章参照)。

しかし、これら2つをアレンジした便利な注文方法もあります。価格が下がった時に注文が発動する逆指値注文や、利益確定とロスカット（損切り）を1度に注文するOCO注文（72ページ参照）、細かいところでauカブコムの「トレーリングストップ」という自動的に逆指値で指定した価格が調整される注文など証券会社によって違うため、自分が取引するシーンを思い浮かべながら、便利に使えそうな注文方法を比較していきましょう。

最後に、取引ツールです。**ツールはパソコン版、スマートフォンでのアプリなど、証券会社からその多くは無料で提供され、価格や証拠金の確認や発注することができます。**チャートを使った分析などもできるなど、機能はツールによって差があります。

ツールの良し悪しは個人の感じ方によって差があります。証券会社の先物の口座開設は無料ですので、どんな機能や特徴があるのか実際に使ってみて比べてみると良いでしょう。

トレーリングストップ

価格の変動に合わせて、注文価格が動く注文。売りの場合、一定期間の高値からいくら下がったら成行で注文をだすといったことができる

③ 手数料を比較

手数料は売買のたびにかかる費用です。頻繁に取引する場合は手数料が安い証券会社がよいでしょう。

● 主要なネット証券の手数料

	SBI証券	楽天証券	マネックス証券	松井証券	auカブコム
ラージ手数料	275円	275円	275円	220円	275円
ミニ手数料	38.5円	38.5円	38.5円	38.5円	38.5円
マイクロ手数料	11円	11円	11円	11円	11円

※手数料は新規・決済両方にかかる
※手数料は2024年3月時点
※インターネット取引での税込手数料

新規と決済だと倍の手数料！

マイクロの場合、SBI証券、楽天証券、マネックス証券、松井証券、auカブコムなどネット証券大手5社が最安!

ツールの良し悪しは使い勝手に直結する

● SBI証券　HyperSBI2

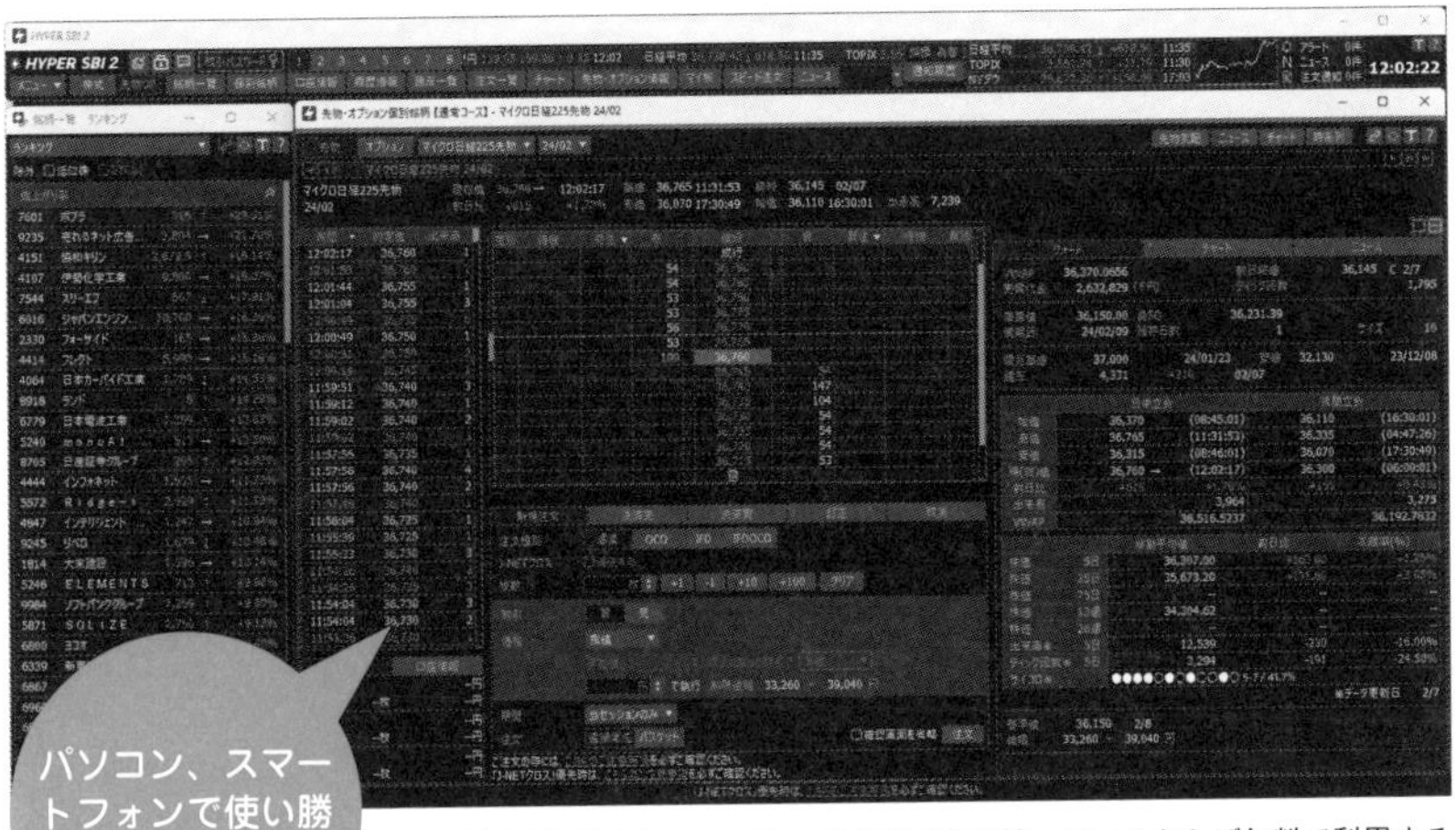

パソコン、スマートフォンで使い勝手を確認！

証券会社が提供するツールは、多くは口座を持っているならば無料で利用することができる

02-02

オンライン手続きなら最短１日で取引可能に

先物取引の口座を開設する

オンラインでの申し込みが早い

証券会社が決まったら、さっそく口座解説を申し込みます。口座開設は郵送とオンラインが選べますが、ここではオンラインでの申し込みについて解説します。

オンラインの場合、口座開設にかかる日数は、郵送の手続きは10日ほどかかりますが、**オンラインなら最短で当日、遅くても3～4営業日で完了**します。

申し込みの過程では本人確認書類の写真をアップロードしますので、書類を撮影できるスマホが便利です。

総合口座の開設が必要

口座開設の流れは、株式取引などの総合口座を持っているかどうかによって変わります。

総合口座がない場合は、まずは総合口座をつくり、その次に先物専用の口座をつくります。

総合口座は無料で開設できます。用意するものは、免許証やマイナンバー（または個人番号）などの本人確認書類ですが、マイナンバーが未登録の場合は口座開設ができません。また、**２０２２年から成人の年齢が引き下げられたことから、従来20歳以上だった年齢制限が満18歳以上から口座が開設**できるようになりました。

申し込みの手順は、証券会社のウェブサイトから総合口座開設のページを開きます。ページ内の申し込みフォームで本人情報を入力し、株の取引について特定口座と一般口座を選びます。続いて、取引のルールなどを確認します。あとは画面の指示に従って、メールアドレスの登録、本人確認書類の提出（アップロード）、総合口座への出入金を行う銀行の指定などを行っていきます。最後に、入力内容を確認して申し込みます。

次項で簡単ですが、ＳＢＩ証券で一連の作業を解説します。

先物取引の口座開設の流れ

先物取引口座は、口座を開きたい証券会社において、総合口座を開いているかどうかで変わります。総合口座がない場合は、先物取引口座開設からの申し込みでも総合口座を作る画面に案内されます。

先物取引開始までの主な流れ

① 総合口座を開設

↓ 証券会社の申し込みフォームで本人情報を入力
取引ルールなどを確認

② 先物口座を開設

↓ 総合口座から先物口座開設を申し込む

③ 総合口座に取引資金を入金

↓ 総合口座経由で金融機関に入金を指示
銀行口座にログインして入金

④ 総合口座から先物取引口座に資金を移す

↓ 総合口座から振替の指示

⑤ 完了

先物口座に資金が入金されれば取引可能になる

ワンポイント **総合口座と先物取引口座**

総合口座（特定口座・一般口座）は、その証券会社で取引する際の大本となる口座です。開設時には株式取引と投資信託の取引ができるようになっています。先物取引口座はそれに紐づく口座になります。

なお、先物取引口座での取引は上記とは別に扱われ、一定の利益が出た場合は、総合口座の種類に関係なく、年間取引報告書をもとに確定申告が必要になります（140ページ参照）。

総合口座からの申し込み

総合口座を開設すると、証券会社からメールが届きます。指示に従いパスワードと取引暗証番号を設定すると、取引画面にログインできるようになります。

総合口座の次は先物取引口座の開設です。先物取引口座の申し込みそれ自体は総合口座ほどではありません。

先物口座開設の手順は、まず、総合口座にログインします。先物の開設については、基本的には先物取引の画面から先物取引口座の開設手続きに進みます。

自身の登録情報を確認して申し込みの手続きを進めましょう。

なお、証券会社によっては、総合口座のトップページに信用取引やNISA口座など、各種口座の開設状況を示す画面が表示されることがあります。未開設の場合はそこから各口座の開設画面に進むことができます。その場合は、リストの中から先物口座を選択して申し込み手続きに進みます。なお、総合口座と同様に、先物口座の開設や維持に費用はかかりません。

一定の投資経験を問われる

申し込み画面では、先物取引のリスクなどを確認します。また、株の現物取引や信用取引の経験年数、年収、資産額などを入力します。

日経225先物を含む先物取引はレバレッジをかける取引であることから、株の現物取引などよりもリスクが大きくなります。

申し込んだ場合に、証券会社が電話連絡によって本人確認を行うこともあります（全員が対象ではありません）。連絡が取れない場合や本人確認ができない場合は口座開設ができません。他にも入力した情報を踏まえて証券会社が審査を行い、株や投資信託などの取引経験が全くない場合や十分な取引資金を用意できないと判断された場合は先物口座を開設できないことがあります。

総合口座からの口座開設

総合口座の開設自体は、審査はそれほど厳しくはありませんが、先物取引口座は、総合口座で取引できる金融商品（株式や投資信託）よりもリスクがあるため、証券会社によっては審査が厳しいところもあります。

先物取引口座自体の解説は簡単

先物・オプションに関するPDFの確認と、審査のための情報入力がありますが、確認書類などの添付は必要ないので手続き自体は簡単です。

● 口座の開設状況の確認

証券会社によっては総合口座のトップページからでも開設できる

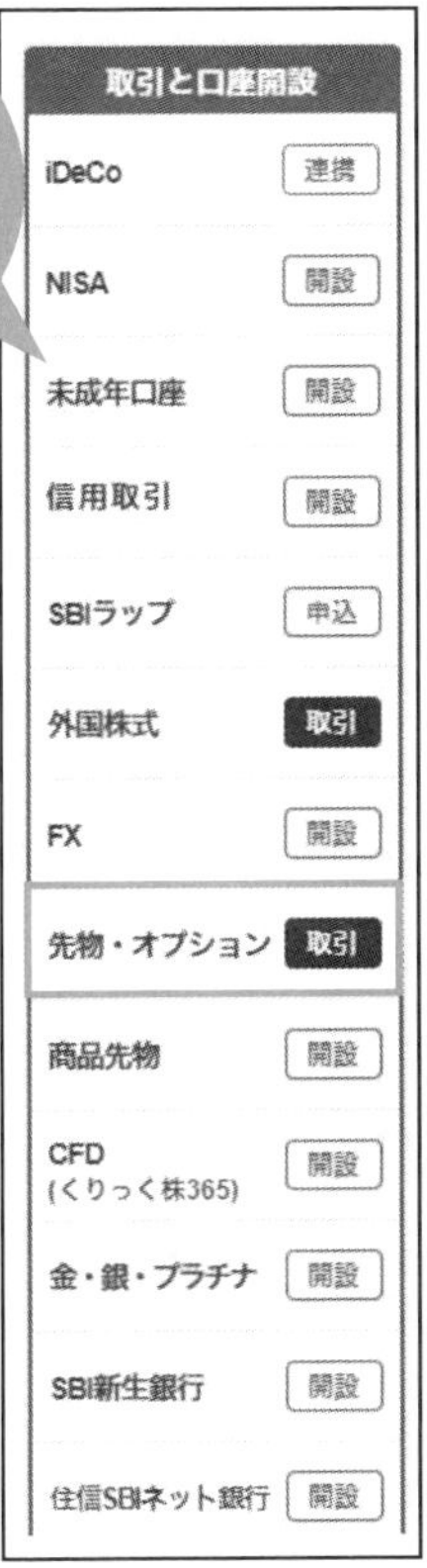

SBI証券の総合口座のトップページに、証券会社で開いている口座の開設状況が表示される

総合口座の開設（SBI証券）

● SBI証券トップページ

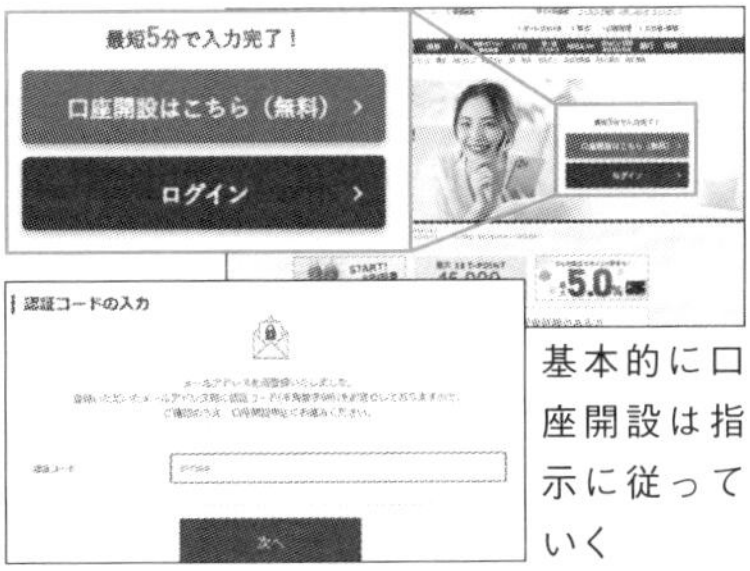

基本的に口座開設は指示に従っていく

● お客様情報の設定

申告は正直に入力しよう。入力後、顔写真付きの本人確認書類、マイナンバーカードなどの画像を指示通りに送付し申請する。その後メールでパスワードなどが送られてくる

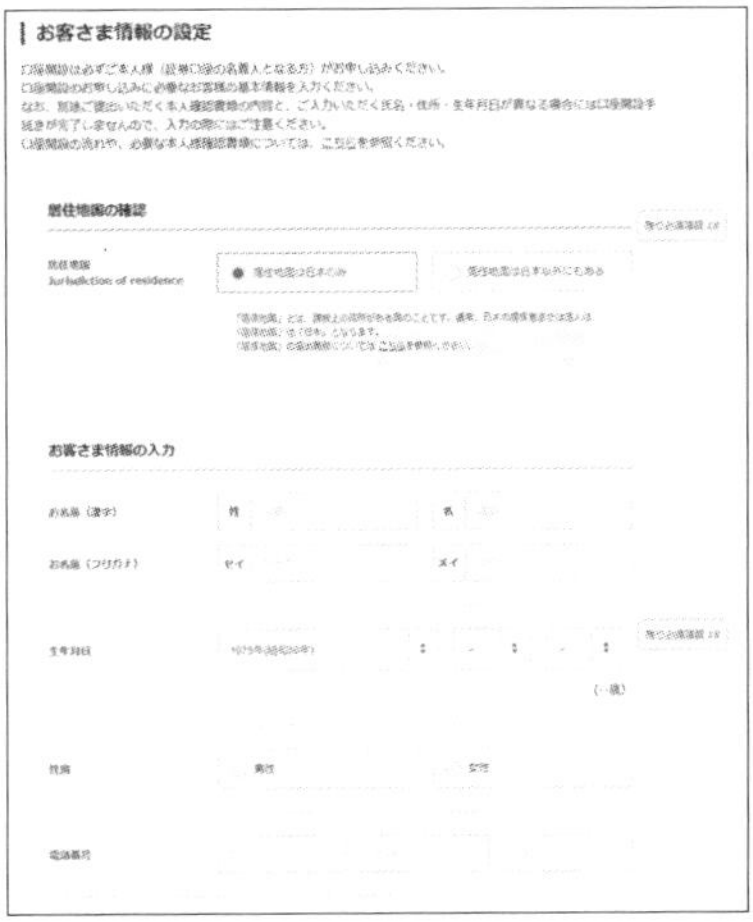

02-03

資金を入れて取引できる体制を作る

先物口座に資金を入れる

オンラインで銀行から総合口座に入金

先物口座ができたら取引資金を入金します。

入金の流れは、総合口座に取引資金を入金し、次に総合口座から先物口座に資金を移動します。この移動を振替といいます。

まずは総合口座への入金です。総合口座にログインして入出金のページに移動します。出入金ページでは入金する金額と、入金元となる銀行（口座開設時に指定した銀行など）を指定します。注意点として、入金元となる銀行は、登録時の銀行口座と同じが望ましいです。

銀行から証券会社への入金は、即時入金されるネットリンク入金で行います。入金を指示すると銀行のネットリンク入金のページに移動しますので、指示に滴って取引パスワードなどを入力して入金を指示します。

総合口座から先物口座に資金移動

入金の手続きが完了したら、証券会社の総合口座で「余力」を確認します。買付余力の欄に入金した金額が表示されていれば総合口座への入金は完了です。

ただし、この状態ではまだ先物取引はできません（株や投資信託の取引はできます）。次に、総合口座から先物口座に資金を振り替えます。この資金が日経２２５先物を取引するための証拠金になります。

資金の振替も総合口座の入出金ページから行います。入出金ページで振替を選択すると、振替可能な口座が表示されます。現状は総合口座に資金がありますので、総合口座から別口座に資金を振替するため、金額を入力します。

振替が完了したら、先物口座の「受入証拠金」を確認します。そこに資金が入っていれば完了です。

入出金の流れ

証券会社の入出金は、証券会社の総合口座から行われます。

入出金に対応している銀行は証券会社ごとに違いはありますが、メガバンクはどの証券会社も押さえています。

総合口座から先物口座への振替（SBI証券）

●振替指示画面

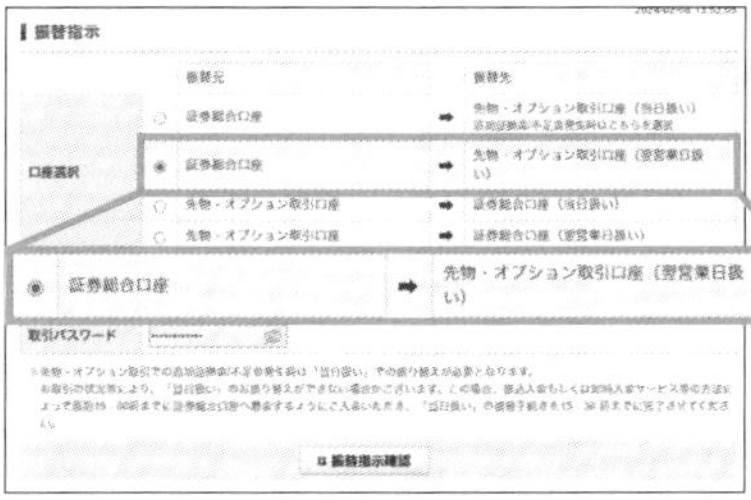

右記のトップページから「振替」を選択し、入力。通常の振替の場合は、「先物・オプション取引口座（翌営業日扱い）」を選択する

●口座管理・口座情報画面

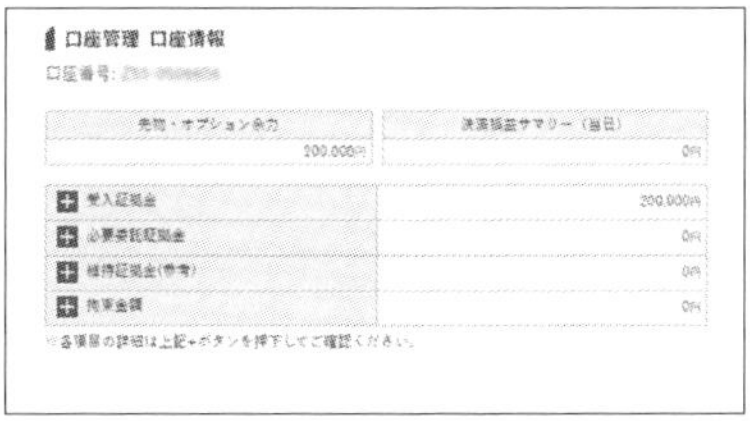

振替が完了。これで売買の体制が整う

入金画面（SBI証券）

●SBI証券にログイン

「入金」をクリックして入金指示を行う

●振込指示画面

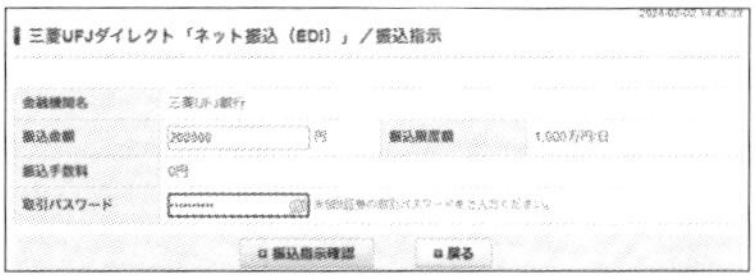

銀行を選択し、金額などを入力
（ここでは三菱UFJ銀行）

●銀行側振込画面

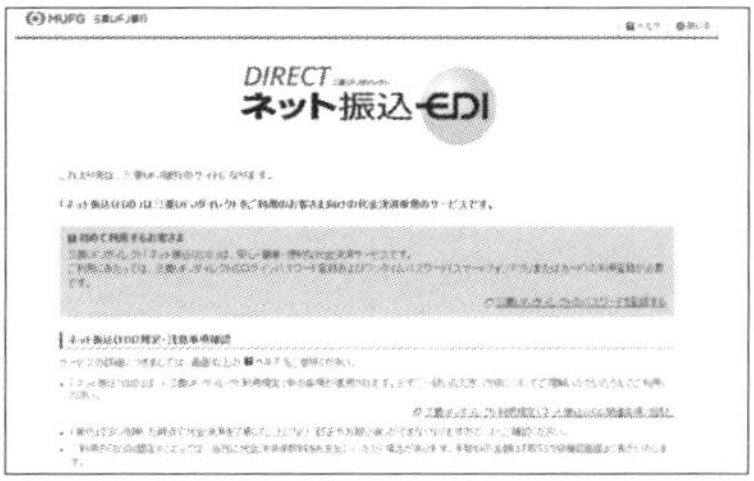

銀行のサイトに移る

●振込後の口座状況

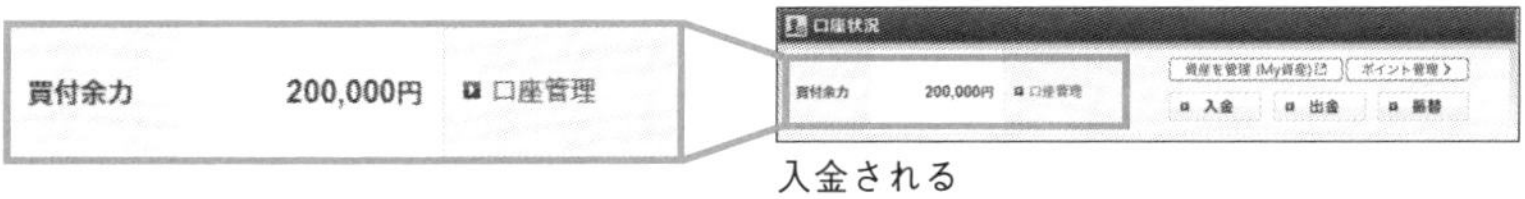

入金される

追証発生時の入金期限は短い

取引資金を追加で入金する場合や、損失によって先物取引口座で追証（34ページ参照）が必要になるなどして入金が必要となった場合も、入金の手順は基本同じです。

入金と振替で注意が必要なのは追証が発生した時です。株の信用取引の場合、追証が発生した日の翌々営業日が証拠金差し入れの期限であるケースが多く、追証発生日である当日を含めて3日の猶予があります。しかし、**日経225先物の追証は翌営業日の11時30分や正午を期限としている証券会社が多くあります。**

追証が期限内に差し入れらえなかった場合、ポジションは強制的に決済され損失が確定します。

そのため、追証が発生しない余裕ある取引と資金管理をすることを心がけつつ、急な振替に対応できるようあらかじめ追証の期限を確認しておき証拠金の残高と証拠金維持率をしっかり見ておくことが重要です。

追証での振替

追証の振替は当日扱いで行う!

追証の入金期限は翌営業日午前11時30分や正午まで設定している証券会社多いため、振替は当日扱いで行う必要がある。

● **振替指示画面**

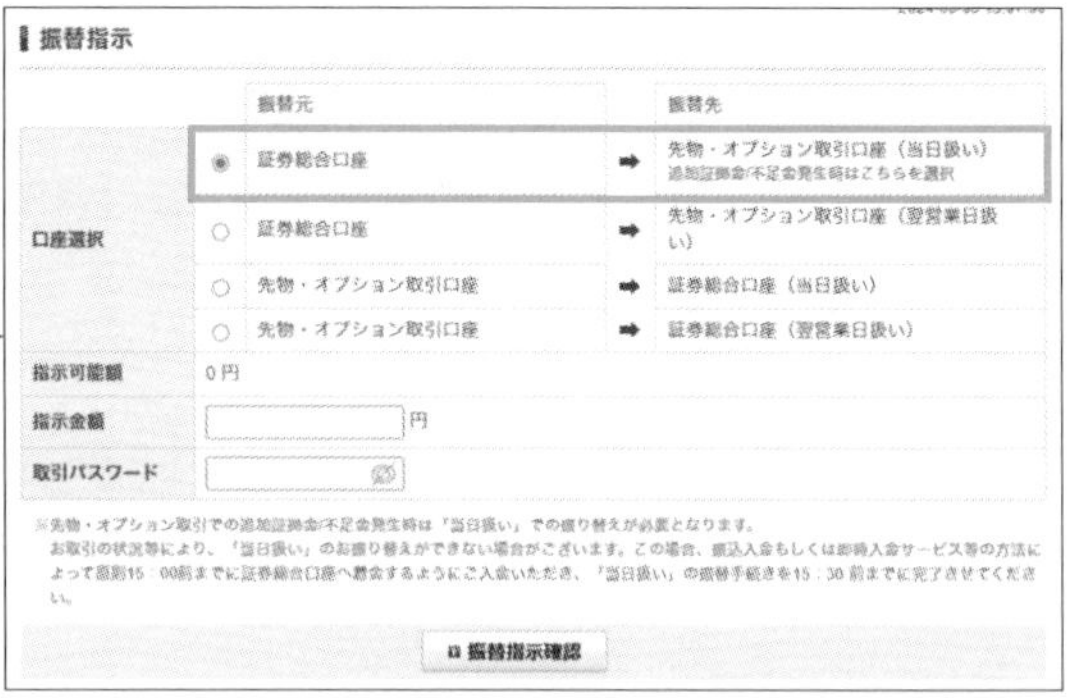

必要証拠金を回復するため証拠金を追加で差し入れる。SBI証券の振替は、振替画面に追証用として「当日扱い」の項目がある

注意点

相場変動によってポジションの評価額と損失額が減ったとしても、追証は解消されない

即時出金は手数料に注意

出金は、先物口座から総合口座への振替を指定します。金額を指定して振替を指示すると、総合口座に資金が移動します。総合口座から銀行口座への出金は、総合口座の入出金ページから出金したい金額を指定して申し込みます。**注意点として、ポジションを保有している場合と、注文を出している場合は、そのポジションの証拠金が拘束されるため出金できません。**

また、出金には、すぐに銀行口座に出金される即時出金と、翌営業日以降に出金される通常出金があります。通常出金は手数料無料がほとんどですが、即時出金を選択した場合は、証券会社によっては無料対応がありますが、出金手続き1回につき300円ほどの手数料がかかることがあります。

出金指示の時間によって出金されるタイミングも変わります。例えば、通常出金は翌営業日に出金されますが、15時30分よりも遅くなった場合は翌々営業日の出金になります。

出金指示（SBI証券）

●出金指示画面

トップページから「出金」を選択すると出金画面になる

ワンポイント　**出金指示の時間**

出金指示する時間によって出金が反映される日は変わります。

出金指示時間	出金予定日
毎営業日15時30分まで	翌銀行営業日
毎営業日15時30分以降	翌々銀行営業日

02-04

基本的なリスク管理

先物は簡単に資金が増減する。だからこそリスクの把握は必要

リスクに対する資金管理

日経２２５先物は、ミニで１００倍、マイクロでも10倍の取引額を、そしてその取引額に対して最大でも約20分の１の証拠金で取引することができますが、これは値動き次第では１００倍や10倍の利益、または損失することを意味します。

損益がどれぐらい出るかを把握しましょう。

仮に日経２２５先物を３万６０００円で買った時に１％（３６０円）下がったとすると、現物取引では３６０円の損失ですが、ミニでは３万６０００円、マイクロでも３６００円の損失が発生し、決済され次第証拠金から差し引かれます。**日経２２５先物が１％動くことは日常茶飯事**で、それ以上の値動きをすることもよくあります。

日経２２５先物では、リスクを抑えることが大事です。

取引金額の管理はもちろん、取引時のロスカット、持ち越し時の相場変動を避けるといった防御策が必要です。

最初は少額の取引でコツをつかむ

取引金額と損益は比例するため、**損失を最小限に抑えるためには、自分が許容できる損失額をあらかじめ想定しておくことが重要です。**

最初はマイクロの取引からスタートするのがおすすめです。マイクロは前述の通り日経２２５先物の値動きに対して10倍の利益または損失が発生しますが、相場の急変によって１０００円の値動きがあったとしても、損失は１枚１万円ほどで収まります。仮に取引資金10万円でスタートし、２割の損失まで許容すると決めたとすると、マイクロ１枚なら２０００円の値動き、２枚なら１０００円（×２枚）の値動きを下限と想定して売買戦略を考えることができます。

投資に勝率１００％はないことは承知してください。

リスクを把握し資金管理を徹底しよう

日経225先物はハイリスク、ハイリターンな取引です。それだけにリスクの把握と、資金管理は重要になります。「なんとなくこれぐらいの損益」「重要イベントがあるのに安易に持ち越し」のような取引をすることがないようにしましょう。

日経225先物の値動きと損益の額を把握する

値動きの結果、自分の投資額からどれだけの金額が動くかを把握しましょう。

●値動きによる利益と損失（1枚あたり）

値動き	ラージ	mini	マイクロ
100円	10万円	1万円	1000円
200円	20万円	2万円	2000円
500円	50万円	5万円	5000円
1000円	100万円	10万円	1万円

日経平均株価は数％動くのがザラ。株価が高いほど％に対する動く数字が大きくなることは理解しよう！

2024年2月8日は日経平均株価が700円動いたが、これは前日比2％ほどの値動き。もし前日にラージでポジションを持っていたら・・・

ラージだと70万円の損益が発生する!!

最初はマイクロで少額から始める

マイクロでも日経225先物の値動きの10倍の損益が発生する。まずは少額取引で経験を積みながら徐々に枚数を増やしていこう

短期でポジションを調整

2つ目のポイントは、こまめなロスカットです。ロスカットは損失を確定する決済であるため心理的に避けたくなります。しかし、取引を長く続けるためには大きな損失を避けることが重要です。ロスカットによってポジションを決済すれば、冷静な視点で値動きが見られるようにもなります。値動きを見誤ったと思った時には損失が小さいうちにポジションを解消しましょう。

ロスカット重視の取引は株の現物投資と異なる点のひとつです。日経225先物は限月があるため長期保有できません。また、ポジションと逆の動きになると含み損が急速に膨らみます。2024年のスタートから1カ月だけを見ても、日経平均株価は3000円ほど上昇しました。もし先物で売りポジションを持ち続けたら、1カ月でマイクロでも3万円の損失になるということです。日経225先物は短期保有を前提の取引を心がけることが大事です。

ロスカット方法については、128ページでも解説します。

夜間や週末はポジションを減らす

リスク管理の3つ目のポイントは、安易な持ち越しを避けることです。**経済は24時間動いています。いつ、どこで相場急変につながる出来事が起きるかはわかりません。**日経225先物は日中立会と夜間立会があるため、日中だけ取引する株と比べて急変に対応しやすいのが特徴ですが、それでも仕事の都合などで注文できない時間帯はありますし、土日や祝日は取引できません。

相場と向き合えない時間帯はポジションを減らす、または決済しておくことで損失のリスク対策になります。ポジションが気になって仕事や遊びに集中できなくなるといった心理的な負担を抑えるためにも、長く保有したり夜間や週末をまたいでポジションを持ち越したりすることはなるべく控えたほうがよいでしょう。

想定外の損失を避けるには、逆指値注文（70ページ参照）を活用したり、買いと売りの建玉を両方持って損益の増減を固定する両建て（136ページ）を検討することができます。

許容できる損失額からロスカットラインの目安を算出

証拠金/枚数	1枚	2枚	5枚
1万円	1000円	500円	200円
2万円	2000円	1000円	400円
5万円	5000円	2500円	1000円

証拠金1万円に対して、１枚の場合は1000円の下げでロスカットを考える。この金額をラインとする。
つまり５枚の場合は、200円の下げが１枚の時と同じ損失になる

↓

枚数の変化と合わせて ロスカット基準を決めよう!

（128ページ参照）

枚数が増えるほど損失が出た時の影響が大きくなる。枚数を増やす場合は、その分の証拠金を準備する

両建て（136ページ参照）

両建てとは、どちらに動いてもよいように両方にポジシ両建ては買いと売りのポジションを両方もつ取引方法です。両方のポジションを取るため、日経225先物の値動きに関係なく利益と損失の合計額が固定されます。

逆指値注文（70ページ参照）

逆指値注文は、指定した価格に達した時に自動で決済注文が出る仕組みです。相場急変時の損失を一定の範囲内で抑える効果があります。

column

日経225以外の先物

原油は需要と供給のバランスで動く

先物取引では日経225（日経平均株価）の他にも多様な原資産を取引できます。TOPIX先物やダウ平均先物は日経225と同様に株価指数を原資産としており、同じ先物口座で取引することが可能です。

取引に慣れて利益獲得の機会を増やす

一方で商品を対象にした「商品先物」も種類は豊富です。特に原油を原資産とした原油先物はメジャーな先物取引です。原油は、景気が良くなり経済活動が活性化した時に需要が高まるため、その流れを受けて価格も上昇します。日経225など株価指数と異なるのは、原油は需要と供給のバランスの影響を受け、市場に出る量によって価格が上下することです。例えば、石油輸出国機構（OPEC）加盟国が石油などの生産量次第で価格は上下します。また、脱酸素の潮流によって太陽光や風力といった非化石燃料への移行が進むと原油の需要が減り、価格は下がります。

金、債券、金利といった金融商品を原資産とした先物取引もあります。これらは景気不安が増したときに上昇する傾向があります。

金を例にすると、金は安定資産としてのニーズがあるため、景気不安のときに株を手放して金を買う人が増えやすくなります。また、インフレが進んでいるときや預金の金利が低い時も需要が高まる傾向があり、その影響を受けて現在の金価格は過去最高水準まで高くなっています。

これらも取引の仕組みは日経225先物と同じですが、これらの商品先物は、証券会社によって商品先物口座として、別扱いになっていたり、取り扱い商品も変わります。取引の幅を広げて利用する際は確認していきましょう。

第3章

日経225先物の注文の仕方

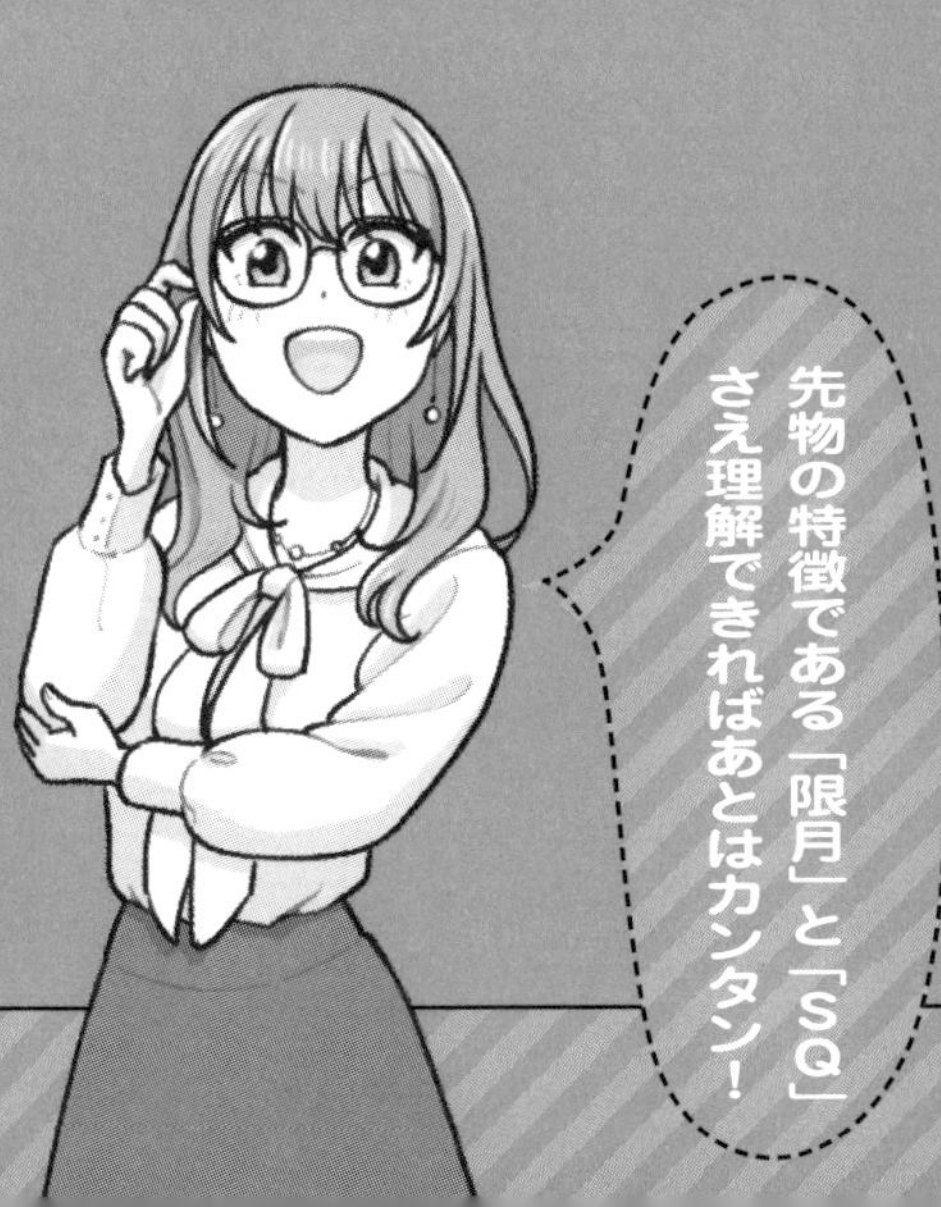
先物の特徴である「限月」と「SQ」
さえ理解できればあとはカンタン！

カチ：
カチ：
見切り千両
基本的な知識はＯＫ
そして、証券会社で口座を開いたわ
カチッ
次は売買の話ね…
チラッ
はい
売買を知ることが、先物《フューチャーズ》を嗜む者が身に着けるべき本当の基本です
売買の仕組みと注文方法をまず把握してもらい…
その上で相場の見方を習得してもらいます
スッ
見方ひとつで結果が変わるだけに
ここをおろそかにしてはいけません

…わかったわ
フューチャーズって何…？
ところでミス・ダンディ。先物の取引では限月とSQが重要と聞いたのだけれど
それを知れるってことでいいかしら？
Exactly《イグザクトリー》でございます
先物の注文方法自体は基本的に株式投資と変わりませんが、
そこが大きく違う点であり、日経225先物の最大の特徴です
ふふ
では、売買をはじめましょうか

新規建て、反対売買で１回が先物の基本

03-01

日経２２５先物の売買の仕組み

決められた日までに買って売るか、売って買うかが選べる取引

ポジションをとって期日までに決済する

ここからは日経２２５先物の取引方法について解説していきます。

日経２２５先物の取引の流れは、値上がりすると予測するなら買いポジションを持ちます（買建）。逆に、値下がりを予測するなら売りポジションを持ちます（売建）。その後、買いポジションなら売り、売りポジションなら買って決済を行います。これを1セットとして1回の取引が完了します。そして、決済のための売買は反対売買といいます。

買いも売りも、新規で建てたポジションは期日までに決済するのが日経２２５先物のルールです。**決済の期日は、最終決済価格決定日や特別清算日といい、ＳＱ日（Ｓｐｅｃｉａｌ Ｑｕｏｔａｔｉｏｎ）と表記されます。**

ＳＱ日をまたいでの持ち越しはできない

日経２２５先物の取引は決済の期日が決まっているため、長期でポジションを保有することはできません。これは株式の現物取引と大きな違いです。

株の現物は、買った株の値下がりによって含み損となっても株価の反発を期待して長く待つことができます。しかし、日経２２５先物ではそのような戦略が取れず、マイクロでも10倍という取引規模でレバレッジをかけるため、取引結果次第では損失が大きく膨らむリスクがあります。

ＳＱ日を迎えたポジションは、ＳＱ日に強制的に決済され、利益または損失が確定します。一方で、ＳＱ日までであればいつでも何度も取引が可能です。

買って売る、売って買うを1回の取引と数えて、期日までであれば何回も取引できるのが日経２２５先物なのです。

新規で買い、それを決済する反対売買を行って1回の取引

日経225先物の取引は、買いからも売りからも入れますが、その後の「決済」する「反対売買」を行って、初めてひとつの取引が終了します。

① 買いで儲けるか、売りで儲けるかポジションをとる

日経225先物では、買いからも売りからも入ることができます。

買いを買いポジション（買い建て）、
売りを売りポジション（売り建て）という

↓

その後、決済を行い（反対売買）、
1回の取引が完結。

② ポジションのイメージ

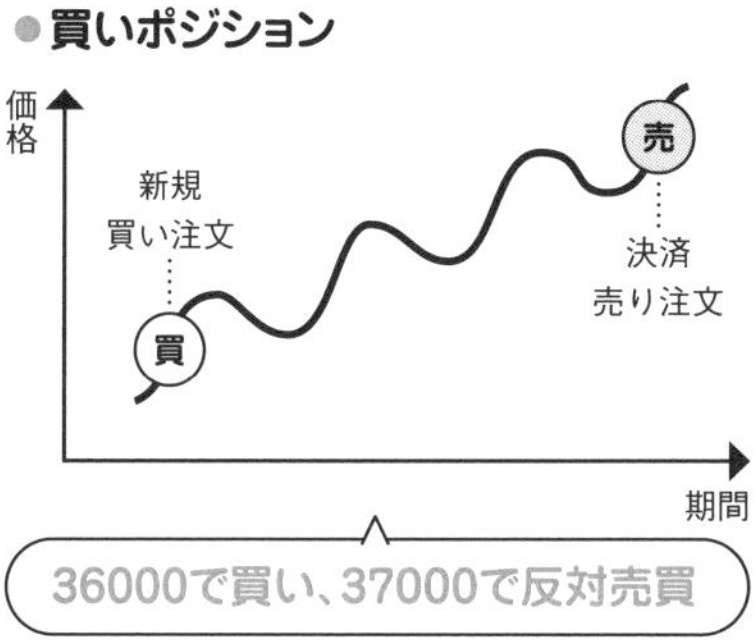

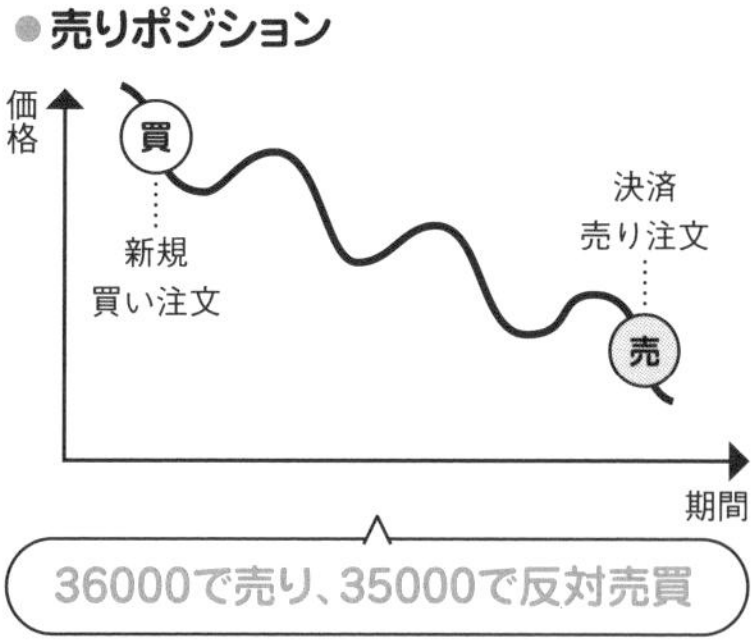

↓

SQ日まで売買できる

03-02

「限月」で商品が分かれ、「ＳＱ日」まで取引できる

月ごとに商品が用意され取引期間が定められているのが日経２２５先物

決済期限によって取引対象が変わる

日経２２５先物は、常時、複数の取引対象が用意されています。例えば、証券会社の先物取引のページを開くと、他の指数先物と合わせて、日経２２５先物のラージ（ラージのみ「日経平均先物」と表記されています）は3か月ごと、ミニ、マイクロは月ごとに商品が用意され、それぞれで価格が異なります。

日経２２５先物の商品は、取引できる期限「限月《げんげつ》」が異なりそれぞれにＳＱ日が決まっているのです。

例えば、限月欄の「２０２４年3月」の日経２２５先物は、24年の3月のＳＱ日まで取引ができるという意味です。

それぞれの取引は「○月限《ぎり》」と呼び、3月期限なら3月限、12月期限なら12月限と呼んで区別します。また、現時点からもっとも期日が近い限月を期近《きぢか》物といいます。期近物がもっとも取引量が多く、ＳＱ日までの時間が開いている（期先《きさき》）ほど取引量は少なくなります。また、ＳＱ日に近づくほど決済する人が増えやすくなるため、ＳＱ日の数日前から出来高（１０２ページ参照）が増える傾向があります。

ＳＱ日までにポジションを決済

日経２２５先物のＳＱはその限月の第2金曜日です。第2金曜日が祝日などで休場の時は、その前日の木曜日にＳＱが繰り上がります。

その限月のポジションはＳＱ日の前日（ＳＱが第2金曜日ならその前日の木曜日）まで取引できます。つまりポジションを保有している場合は木曜日までに第2金曜日の前日までにポジションを決済する必要があります。ほとんどのポジションはＳＱ前に決済されますが、未決済のままＳＱを迎えた場合は強制決済となり、ＳＱの価格（ＳＱ値）で計算され、利益または損失が確定します。日経２２５先

日経225先物は、SQ日ごとに限月という取引対象が存在する

日経225先物では、取引できる期日（SQ日）が決まっています。また、そのSQがあるため、日経225先物の中でも複数の取引対象（限月）が存在します。

そして、SQまでであれば何回も取引でき、SQ日まで持ち越すと強制的に決済されます。

限月を選んで取引を行う

限月ごとに複数の取引対象が選択でき、取引価格も限月によって異なります。

日経225先物 一覧　　C 自動更新

先物一覧に戻る

限月	現在値	出来高	始値	高値	安値	建玉残高	取引区分	
2024/03	35,910↓ +230 06:00	1 12,662	35,740 16:30	36,080 00:51	35,700 16:37	205,165	新規買 新規売	
2024/06	35,700↓ +280 05:08	1 193	35,480 16:30	35,800 00:50	35,480 16:30	24,155	新規買 新規売	
2024/09	35,520↑ +170 18:09	1 1	35,520 18:09	35,520 18:09	35,520 18:09	1,841	新規買 新規売	
2024/12	35,450↑ +320 00:22	1 2	35,330 19:16	35,450 00:22	35,330 19:16	36,208	新規買 新規売	

例えば、2024年３月にSQがある日経225先物がある場合「2024/03」や「2024年３月限」などと表記され、それぞれで取引を行うことができる

SQ日は第2金曜日に設定されている

SQ日は第2金曜日となっており、その日まで持ち越した場合、SQ日に始値をもとに算出されたSQ値(特別清算指数）をもとに決済が行われます。

SQによる利益と損失の計算

● 買いポジションの場合

{SQ値－ポジションの価格}×ポジション量×ラージ・ミニ・マイクロの取引量※－（手数料＋消費税）

● 売りポジションの場合

{ポジションの価格－SQ値}×ポジション量×ラージ・ミニ・マイクロの取引量※－（手数料＋消費税）

※1000倍、100倍、10倍

SQ値は日経平均採用銘柄の始値を元に算出している（誤差はある）

物のSQ値は、SQ日の日経平均株価の始値で計算します。

ラージは4回、ミニとマイクロは12回

限月は、ラージが3月、6月、9月、12月の年4回、ミニとマイクロは毎月限月があります。ちなみにオプション取引の限月も毎月です。

日経225先物はラージの取引量がもっとも多く、これら4回の限月はミニ、マイクロ、オプションのSQとも重なるため、**3月、6月、9月、12月のSQは市場の注目度は高く、SQ日に向けた値動きも荒れやすくなる傾向があります。**これら4つのSQは取引への影響力が大きいことから、「メジャーSQ」と呼び、その他の月のSQは、「ミニSQ」もしくは「マイナーSQ」と呼んでいます。

ミニとマイクロは毎月限月があるため、3月限、4月限、5月限といったように細かく取引することができます。また、必ず期近の限月で取引すると決まっているわけではありません。5月限や6月限で取引することも可能です。一方、ラージは年4回しかないため、3月限の次は6月限の取引となります。

メジャーSQに該当する限月で始める

限月は証券会社の取引サイトで選択して取引します。複数の限月が表示され、選択できるので、その中から取引したい限月を選択して注文を出します。

初めて日経225先物を取引する場合、限月の選択に迷うこともあります。その場合は、出来高の多い限月（メジャーSQの3月、6月、9月、12月）を選ぶとよいでしょう。なぜなら、**メジャーSQの限月は取引参加者が多いのです。**

日経225先物の取引は、株と同様に買い手と売り手の注文が合致した時に成立します。取引参加者が少ないと買い手と売り手の注文価格に差（スプレッド）が開き、希望する価格で決済できない可能性が高くなります。つまり3万6000円で買いポジションを決済したいと思っていても、3万6000円で買う売り手の注文が出ていなければ売れず、最高値が3万5000円の注文であれば、その価格で売ることになってしまうのです。一方、注文数が増えればスプレッドは小さくなりやすく、希望する価格で決済できる可能性が高くなります。

メジャーSQ、マイナーSQ

メジャーＳＱは、３か月に１回でラージのみ、マイナー SQはミニとマイクロでそれぞれ毎月限月があります。

	1月	2月	3月	4月	5月	6月	7月	8月	9月	10月	11月	12月
メジャーSQ			○			○			○			○
マイナーSQ	○	○	○	○	○	○	○	○	○	○	○	○

メジャーＳＱは注目度が高いため流動性がある

ワンポイント

SQ値の算出は日経平均株価とずれることがある

SQ値は、日経平均株価の構成銘柄の始値（その日初めてついた値段）を元に算出します。日経平均株価は日経225先物の原資産ですが、SQ値と日経平均株価の始値は異なることがあります。

日経平均株価の始値は、9時0分15秒の時点で算出しますが、この時点ではすべての構成銘柄が寄り付いているとは限らず、寄り付いていない場合は気配値などで算出します。

一方のSQ値は、日経平均株価の構成銘柄がすべて寄り付いた後に算出されます。そのため、日経平均株価の価格とは時間的にも価格的にも乖離することがあります。

ワンポイント

ポジションを継続保有する方法「ロールオーバー」

日経225先物はSQまでに必ず決済する仕組みですが、次の限月でも引き続きポジションを保有したい時もあります。そのような時は、期近のポジションを決済して次の限月のポジションを新規で保有します。例えば、手持ちの買いポジションを売ると同時に、次の限月の買いポジションを持つということで、これを「ロールオーバー」といいます。ロールオーバーは乗り換えるという意味で、いったん決済することでポジションを実質的に継続保有するのです。なお、ロールオーバーの逆で、保有中の期先のポジションを期近に乗り換えることはロールバックといいます。

03-03

相場を俯瞰して見られる便利な情報ツール

先物の取引ツール「先物ボード」

主要な指標を一覧表示

日経225先物の価格は、証券会社のホーム画面や取引ツールで表示される先物ボード（プライスボード）で常時確認することができます。

先物ボードは先物に絡む主要な指数と先物情報をまとめて表示するもので、相場の全体感や動向をつかむための情報を一覧することができます。

表示される指数や機能は、ツールによって異なりますが、日経225、TOPIX、グロース250などの期近の動きも確認することができます。通常は証券会社が設定しているため、プライスボードを見るための設定や登録は不要ですが、ツールによっては表示する項目を選択したり、メジャー限月や期近のみに絞り込んだり、順番を入れ替えたりすることができます。

先物ボードで商品の動向を見る（SBI証券の場合）

先物ボードは先物の値動きを確認・検討するためのツールです。証券会社によってさまざまな機能があるので、使いやすい、もしくは機能性などを確認していくとよいでしょう。

物期近	JPX日経400先物期近		グロース250先物期近		NYダウ先物期近	
-1.00↓	23,125.00	-15.00↓	704.00	+1.00↑	38,737.00	-26.00↓

率 詳細 -- 17:59:17 現在 新規登録

気配		買気配			取引区分					編集
36,905	36,900	36,890	36,885	36,880	新規	売	買	S		変更
301	49	165	249	119	決済	売	買	S		削除
36,645	36,640	36,620	36,615	36,610	新規	売	買	S		変更
130	108	104	105	54	決済	売	買	S		削除
63.25	2,563.00	2,562.50	2,562.25	2,562.00	新規	売	買	S		変更
50	18	8	39	39	決済	売	買	S		削除
36,910	36,900	36,890	36,880	36,870	新規	売	買	S		変更
73	25	54	77	95	決済	売	買	S		削除

売り気配・買い気配
上記は現在値を基準にした、売りと買いの直近の注文状況を簡易的に示したもの。板ともいう（80ページ参照）。

取引区分
新規買、新規売を選択

チャートボタン
チャート画面の表示またはリンク

編集
表示させる限月や指数をカスタマイズ

先物ボードで取引を考える

先物ボードは、日中と夜間ともに取引時間内はリアルタイムで価格が更新されます。日経225先物の取引時間は日本時間の日中立会と夜間立会に分かれているため、先物ボードに表示される価格なども現時点の立会（日中立会または夜間立会）の情報が表示されます。また、立会中は現在値の値動きと連動して、前日比も更新されます。取引時間外は、直近の立会の終値が表示されます。表示および更新される価格は4本値（現在値、高値、安値、始値）です。

また、先物ボードを通して、限月の板情報（80ページ参照）、チャート画面、取引画面に移動または表示することができ、現時点でのポジション、注文、取引の余力、ロスカット判定に関する情報などを表示させることができます。

これらの情報を確認し取引を検討していきます。

証券会社によって、パソコン版、スマートフォン版など用意され、様々な機能が盛り込まれている

●SBI証券の先物ボード

日経平均		日経平均先物期近		日経平均VI先物期近		TOPIX	
36,863.28	+743.36↑	36,900.00	+40.00↑			2,562.63	+12.6

全建玉評価損益合計	0円	先物・オプション余力	200,00

銘柄	現在値	出来高	始値	高値	安値	建玉	
マイクロ日経225先物 24年03月限	36,895↓ +25 17:59	5 8,607	36,915 16:30	36,940 16:40	36,840 17:20	53,196	値段 数量
マイクロ日経225先物 24年04月限	36,610↑ +105 17:55	1 226	36,205 16:30	36,680 16:49	36,205 16:30	196	値段 数量
ミニTOPIX先物 24年03月限	2,563.00↓ -0.75 17:59	1 1,211	2,564.25 16:30	2,567.50 16:41	2,560.50 17:22	37,998	値段 数量
日経225先物 24年03月限	36,900↑ +40 17:59	1 3,180	36,920 16:30	36,940 16:41	36,840 17:20	208,680	値段 数量

銘柄
取引可能な限月を表示

現在値
現在の取引価格
閉場時は直近の営業日の終値

出来高
現在までの当日の出来高

始値
当日の始値

高値
当日の高値

安値
当日の安値

建玉
建てられているポジションの量

※SBI証券は「新規登録」をすることで表示する商品を追加していきます。また、先物ボードは証券会社によって名称は変わります。

03-04

基本の注文をしっかり把握

基本の注文「成行注文」と「指値注文」

成行は価格指定なし

日経２２５先物の注文は複数ありますが、最初に覚えておきたいのが成行《なりゆき》と指値《さしね》の注文です。

成行注文は、新規と決済の売買すべてにおいて、取引価格を指定せずに注文を出すことを指します。例えば、新規買いで成行注文を出すと、その時の市場にある売り注文のうちもっとも安い注文と合致して約定します。成行注文は即時性が高いため、現在の価格帯ですぐに買いたい、または売りたい時に便利です。

ただし、価格を指定しないため、値動き次第でいくらで約定するか分かりません。期先の限月は取引参加者が少なく注文数も少なくなる傾向があるため、直近の取引価格と約定する価格との間にギャップが生まれ、高く買ったり安く売ったりする可能性がある点に注意が必要です。

指値は約定しない可能性あり

指値注文は、取引価格を指定して注文を出すことを指します。例えば、日経２２５先物の価格が３万６０００円３万５５００円で注文を出し、その注文は板情報（80ページ参照）において気配値として買い注文に足されます。

その後、日経２２５先物の価格が動いて指定した価格に達すると、注文を出した順番に約定します。指値注文で取引価格を指定することで、高く買ったり安く売ったりするリスクを抑えることができます。

注意点は、約定するかどうかは値動きによることです。現在値より安く買い指値をする場合、その価格まで下落しなければ約定しません。そのため、現在値と大きく離れた価格で注文をすると約定せずに取引機会を逃すことがあります。

気配値

買い注文の最高値と売り注文の最安値が拮抗する価格。買い注文の最高値は買い気配、売り注文の最安値は売り気配。その時点で買い売りどちらかの注文を出した時にいくらで約定しそうか目安を見ることができる。

成行注文と指値注文は基本の注文

成行注文と指値注文は、日経225先物に限らず、株式投資やＦＸでも使われる基本ともいえる注文方法です。使い方はそれら金融商品の売買と変わる点はありません。

成行注文・指値注文

● 成行注文は価格を指定しないで売買する注文方法

成行で買い注文を行うと、板の最安値の売り注文を約定するなど、即決性のある注文

成行注文は、予想した価格と離れて売買してしまうことがある！

● 指値注文は、売買したい価格を決めて売買する注文方法

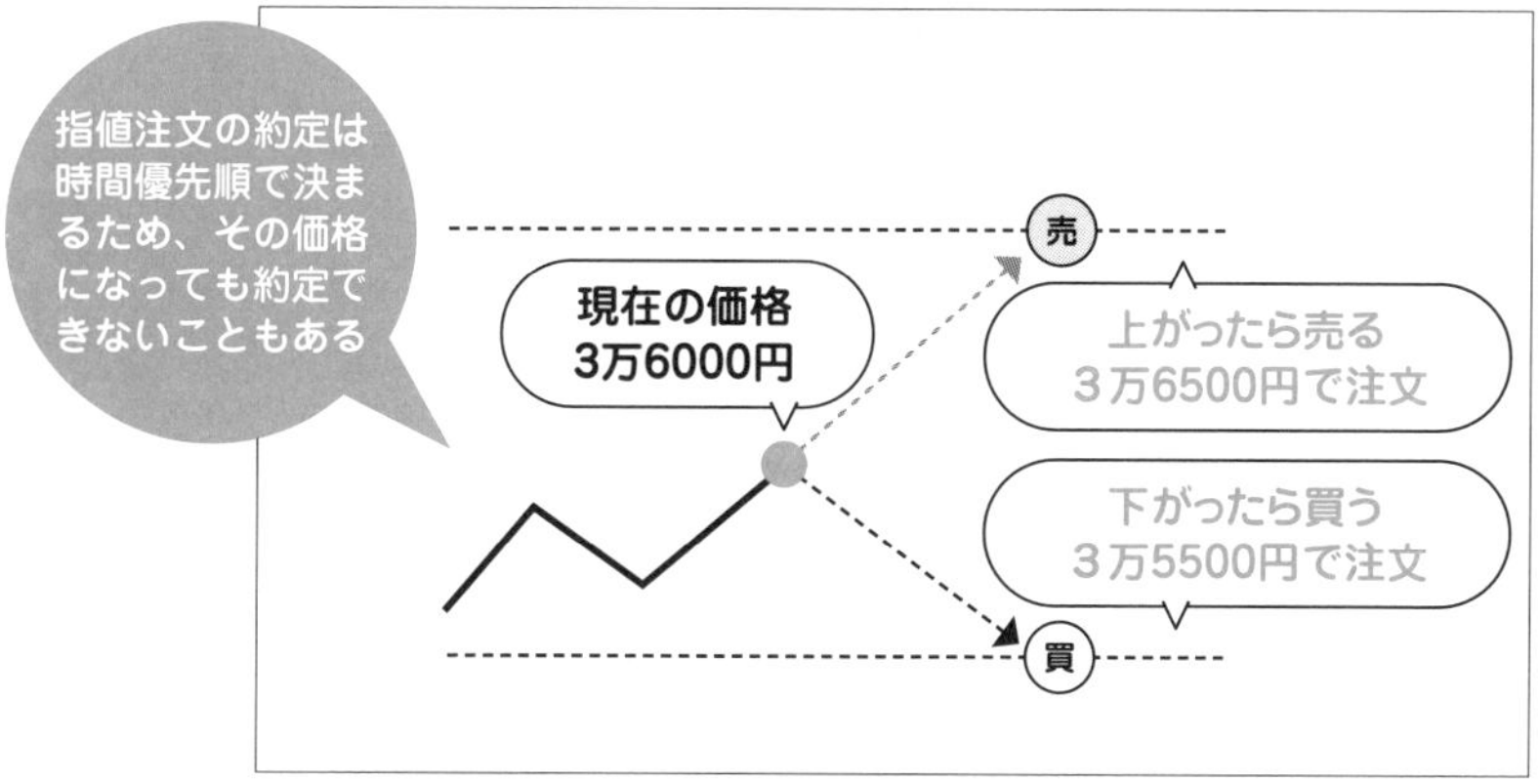

例えば3万6000円の時、3万5500円で指値の買い注文を出す。価格が3万5500円に下がった時、その価格の注文の先出し順で約定していく

03-05

高く買い、安く売る意味とは?

「逆指値注文」の使い方

脚指値はトリガーまで発注されない注文

逆指値《ぎゃくさしね》は、現在値より高い価格で買い、安い価格で売る注文のことです。

例えば、日経225先物の価格が3万6000円のときに、現在値より高い3万6500円で逆指値の買い注文を出します。この段階ではまだ注文は反映されません。その後価格が動いて3万6500円の注文が約定すると逆指値注文が板に出て、通常の指値注文と同様に時間優先で注文が早かった順番に約定します。この注文が出るきっかけとなる価格をトリガー価格といいます。

売りの逆指値注文も同じです。日経225先物の価格が3万6000円のときに3万5500円で売りの逆指値注文を出します。価格が下がって3万5500円の注文が約定したときに逆指値注文が板に出ます。

損失を抑えて利益は伸ばす

逆指値は主に2つのケースで使います。

ひとつはポジションを持っている時のロスカット（損切り）です。例えば、買いポジションを持っている時の損失を一定に抑えるために、あらかじめ現在値より安い値段で売りの逆指値注文を出しておきます。損失の上限を100円に抑えたい時は、買いポジションから100円下に注文を出すことで、そこから下がるリスクを避けることができます。

もうひとつの使い方は順張りの流れに乗ることです。相場はどちらか一方向に動き始めると、その勢いを維持して一方通行で上がり（または下がり）続ける傾向があります。この流れ（トレンド）に乗るため、現在値から100円上がったら買い、100円下がったら売りの逆指値注文を出すことでトレンドフォローの形で使用します。

トレンド相場

価格が上下どちらかに向かって継続的に動いていく状態（94ページ参照）。

逆指値はあえて不利な価格に対してだす注文

逆指値注文は、買いの時は現在価格よりも高い価格を、売りの時は現在価格よりも低い価格に対して出せる注文方法です。

例えば、上がり調子の価格に対して、買いポジションを持っているとき、一時的に下がった価格で売り決済するなどといったこともできます。

逆指値注文の仕組みと活用例

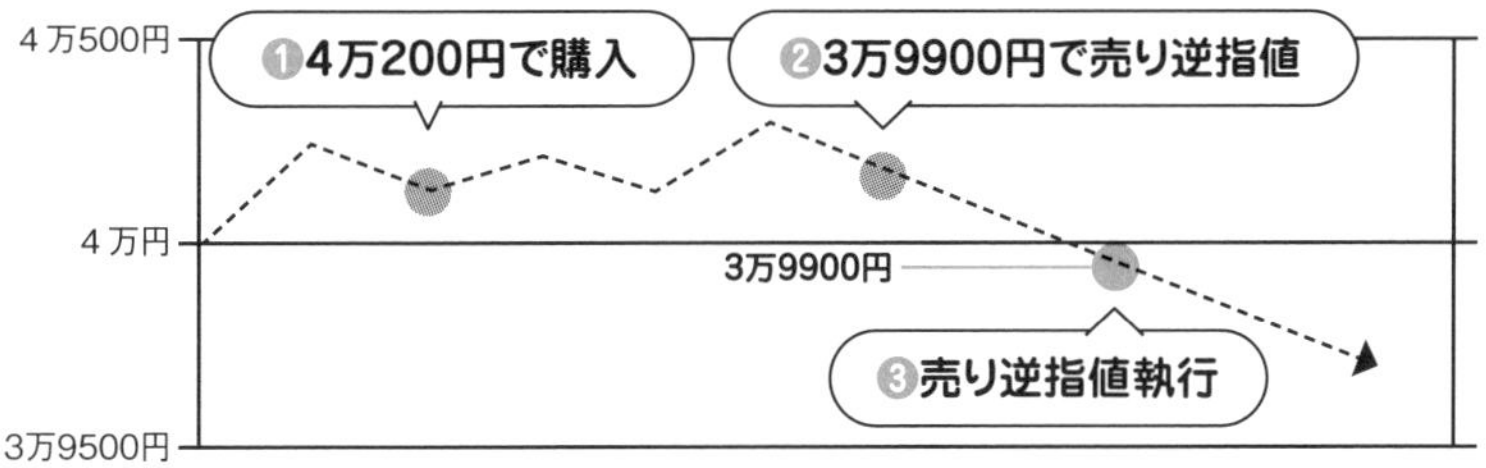

●例1 ロスカットとして使う

日経225先物が3万6000円の時に買いポジションを持ち、3万5000円で売りの逆指値注文を出す。価格が3万5000円まで下がり約定すれば1000円の損失で決済される。

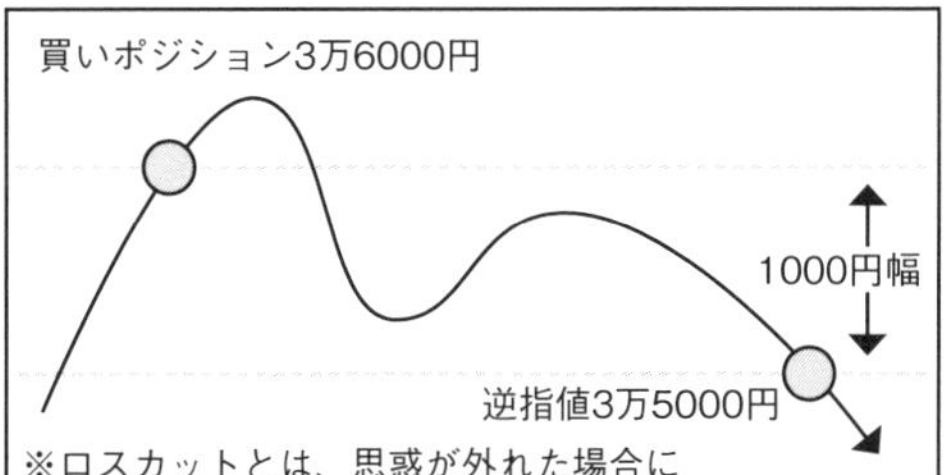

※ロスカットとは、思惑が外れた場合に損失を確定したい価格を指します。

●例2 トレンドフォローとして使う

日経225先物が3万6000円の時に、さらに上がると見た時、現在値より高い3万6500円で買いの逆指値注文を出す。価格が3万6500円に達して約定する。

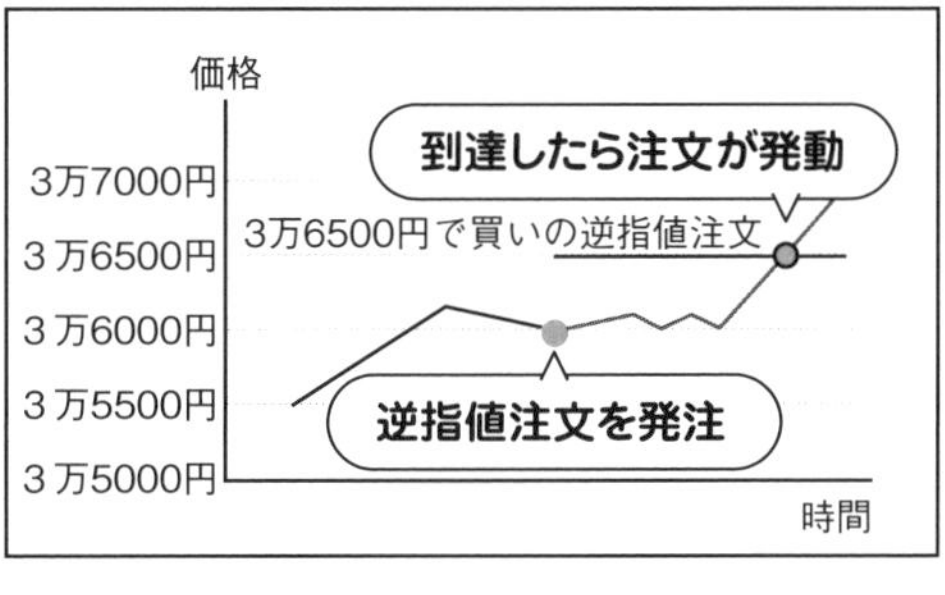

03-06

一度に2つの注文が出せる「ＯＣＯ注文」

保有ポジションの行末が見えない時に有効

利確とロスカットを同時に注文

ＯＣＯは「One Cancel Other」の頭文字で、２種類の注文を同時に出し、一方の注文が成立したときにもう片方の注文が自動的にキャンセルされる注文です。

例えば、買いポジションを持っている時に、利益確定を見込んだ売り指値注文と、下がった場合を想定した逆指値注文を同時に出すことができます。この場合、価格が上がれば売り指値注文、下がれば逆指値注文が出て、両方の値動きに対応できます。

ボックス相場でもチャンス獲得

具体例で見てみましょう（図の例１参照）。日経２２５先物が３万６０００円の時に買いポジションを持ったとします。この状態で３万７０００円の売りの指値注文を出し、思惑通り価格が上がったとすると１０００円分の利益が生まれます。

ただし、価格が下落する可能性もあります。それを抑えるために、３万５８００円で売りの逆指値注文を出します。この注文が約定すると損失は出ますが軽微になります。このように、ＯＣＯ注文は利益確定とロスカットの両方に対応することができます。

また、値動きの幅が一定範囲にとどまるボックス相場の時は、直近の高値を更新した時にトレンドに乗る方法と、超えられずに反落した時に売りポジションを持つ方法が考えられます。

この場合、直近高値の少し上で逆指値の買い注文を出すことでトレンドフォローに対応し、同時に売り注文も出すことによってボックス相場内の値動きにとどまった場合に価格の下落を狙う売りポジションを持つことができます。

ボックス相場

価格が上下どちらかに向かうトレンドがなく、一定の範囲内で上下を繰り返す状態。高値および安値をいくつか結び、その線（上値抵抗線、下値支持線）が横向きならボックス相場と判断するのが一般的。

OCO2つの注文で価格の上下に対応できる

OCO注文は、2つの注文を出すことで上下の動きに対応した注文方法です。2通りのポジション取りやポジション保有時の決済に対して活用することができます。

OCO注文

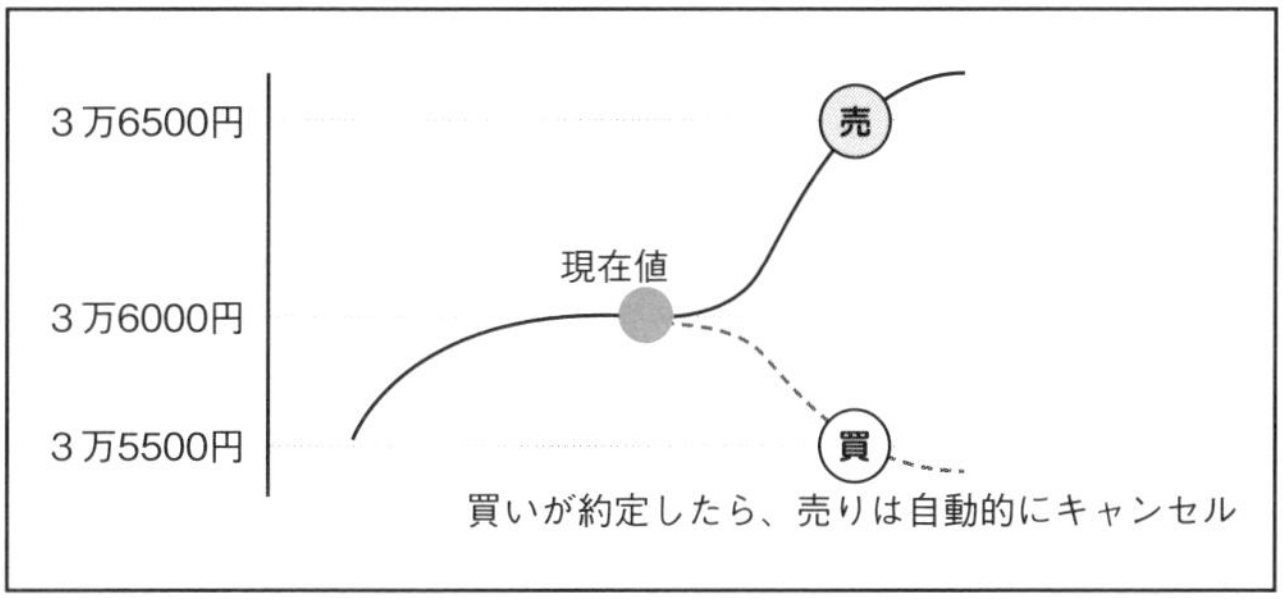

OCO注文の活用例

例2 ボックス相場でチャンスを待つ

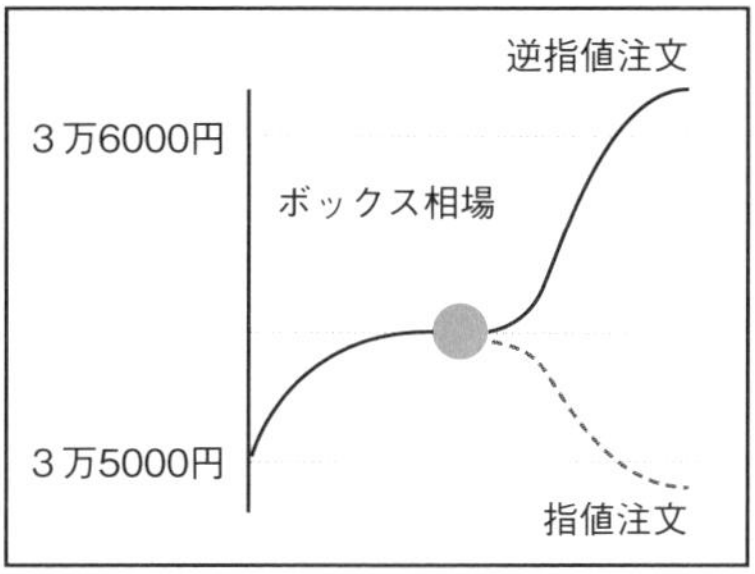

日経225先物が3万5000円時間調整3万6000円のボックス相場を形成しているときに、3万6000円で売りの指値注文、3万5000円で買いの指値注文を出す。
いずれも逆張りになるが、ボックス相場の上限と下限で取引のチャンスを待つことができる。

例1 利益を伸ばしながらロスカット

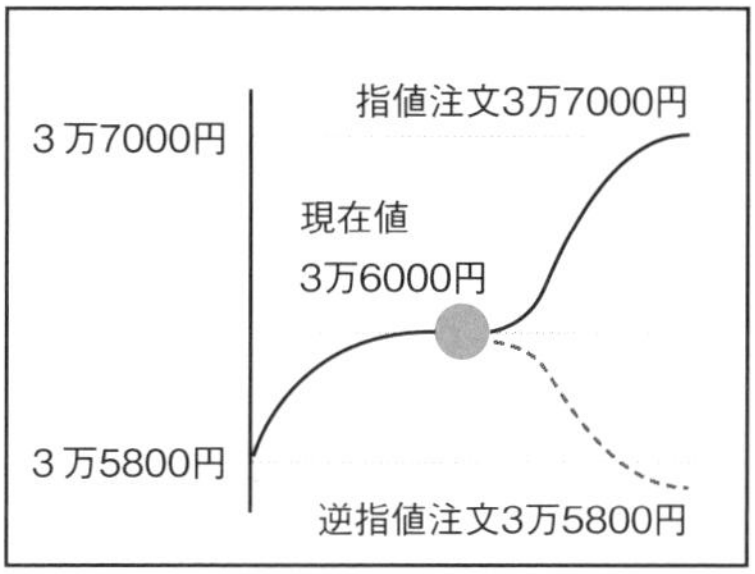

3万6000円の時に買いポジションを持っている場合、3万7000円で売りの指値注文を出し、同時に、3万5800円で逆指値注文を出してロスカットにも対応。上がれば1000円の利益確定、下がった時は損失を最小限に抑えることができる。

03-07

反対売買までの注文が一度にだせる「ＩＦＤ注文」

ポジションを持った時点で出口まで見据えた注文方法

新規注文と決済注文を1回でセットする

ＩＦＤは「Ｉｆ Ｄｏｎｅ」の頭文字で、新規注文と決済注文を同時に出す注文です。

例えば、買いポジションを持つために買いたい価格に指値注文を出します。その際、決済したい価格を決めて決済注文として売りの指値注文も同時に決めます。買いの指値注文が約定すると、ＩＦＤ注文でセットした決済注文が自動的に出されます。この注文は、ポジションの保有から決済までを1回の注文にまとめることができる注文方法です。

上げにも下げにも対応

ＩＦＤ注文の主な使い方は次の通りです。

新規注文と利益確定の注文をセットにする使い方です。この場合、新規ポジションを保有するための指値注文と、そのポジションを決済したい価格で指値注文をセットにします。例えば、新規注文として3万６０００円で買いの指値注文を出し、利益確定を想定して3万６５００円で売りの指値注文をセットします。この２つの注文が両方とも約定すると５００円分の利益が生まれます。ただし、保有したポジションが上がるとは限りません。逆方向に動いた場合は損失が大きく膨らむリスクがある点に注意が必要です。

そのリスクを回避するのが、新規ポジションを保有するための指値注文と、損失となったときのロスカットの注文をセットにするやり方です。

新規注文として3万６０００円で買いの指値注文を出した場合、価格が下がると含み損が生まれます。その損失が大きくならないように3万５５００円で売る逆指値注文をセットします。これにより買いポジションの損失を一定の範囲内に限定することができます。

損切りルールを作っているときに役立ちます

IFD注文は反対売買まで一度にできる

IFD注文は、新規注文の時点で、決済注文も指定します。一度の注文で反対売買までできる注文方法です。

戦略が決まっているときに便利な注文です。

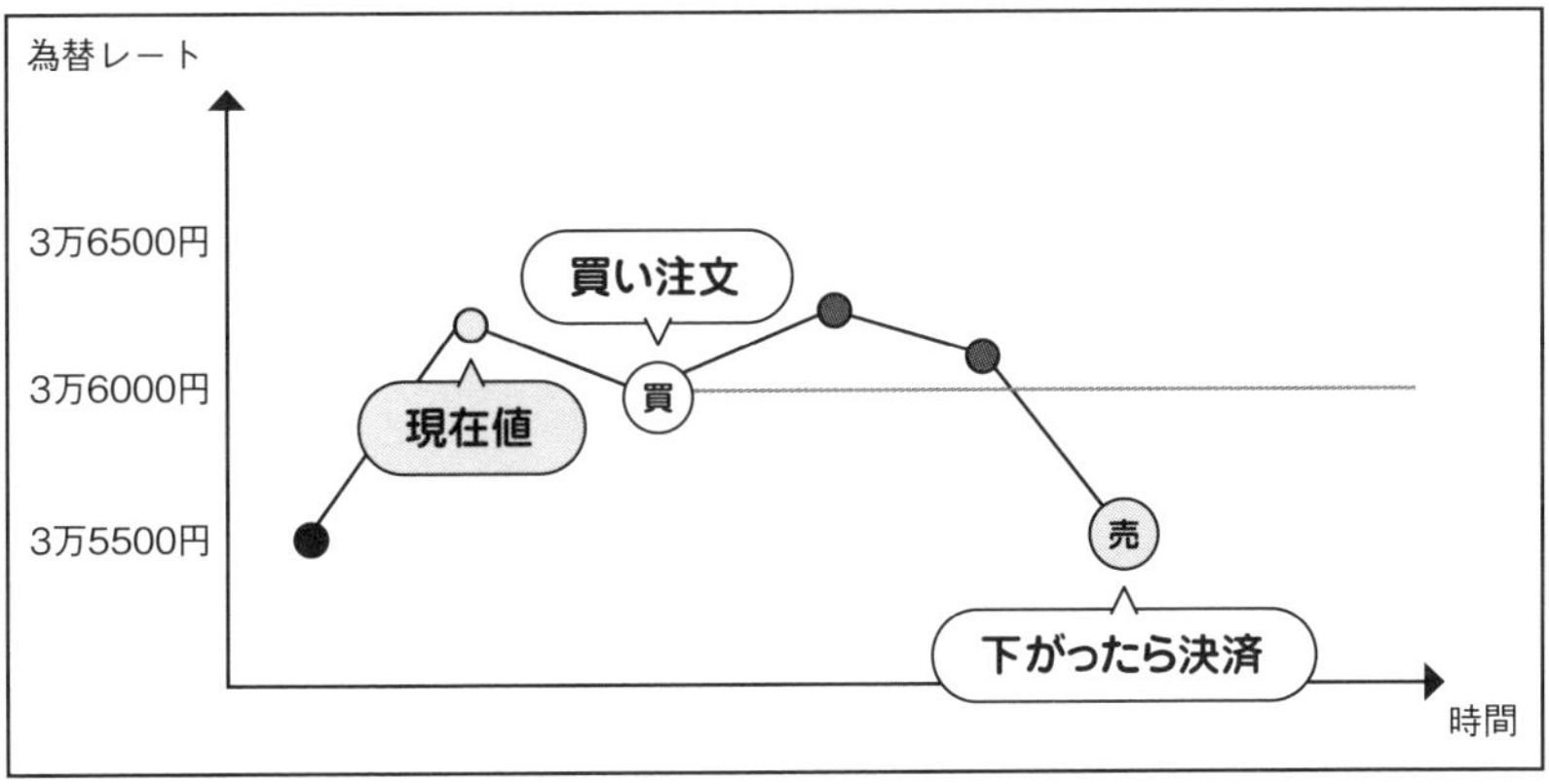

IFD注文（SBI証券）のやり方

SBI証券の場合、IFD1が最初の注文で指値、成行、逆指値が選べます。IFD1が約定するとIFD2（指値、逆指値、引成（78ページ参照）の注文が発注されます。

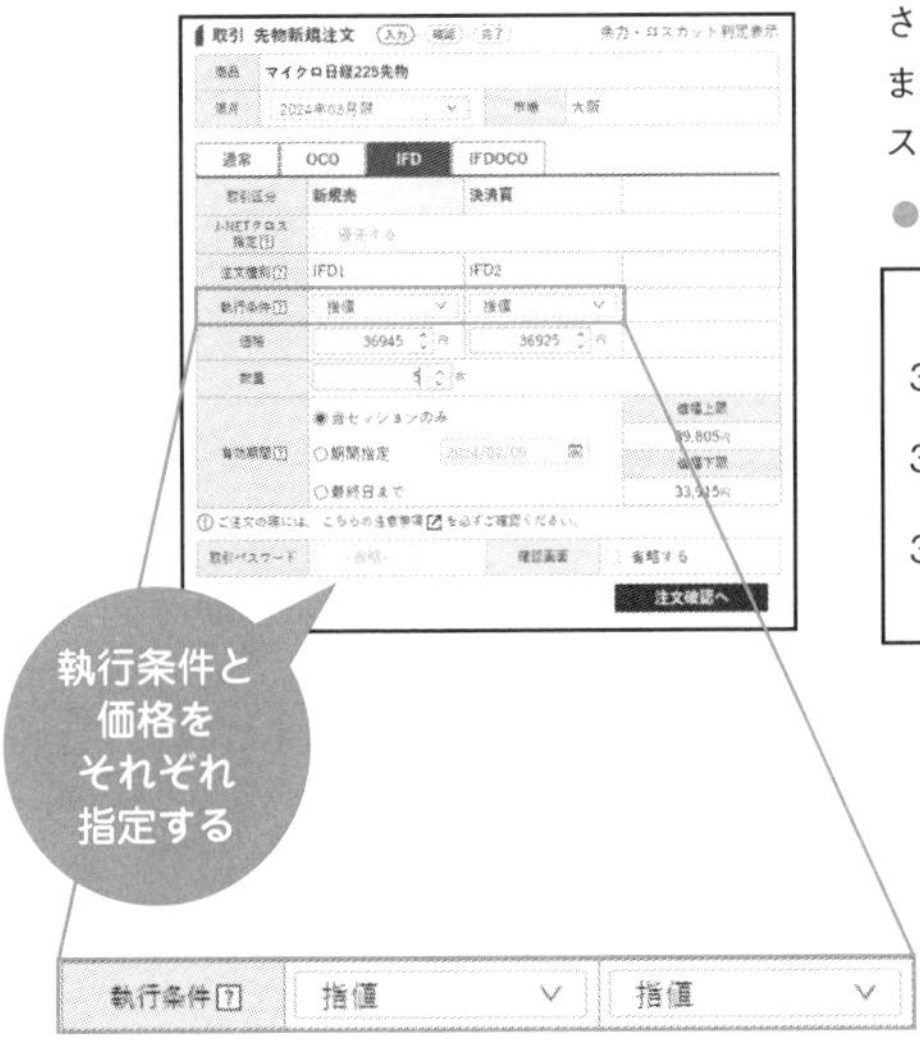

それぞれ注文方法を指定する

IFD注文の活用例

ひとつ目を3万6000円で買いの指値注文、2つ目を3万6500円で売りの指値注文を発注します。3万6000円に達するとポジションが保有でき、直後に3万6500円の指値注文が発注されます。

また、2つ目の注文で逆指値を使うことでロスカットに対応した注文も出せます。

● IFDで指値注文を行う

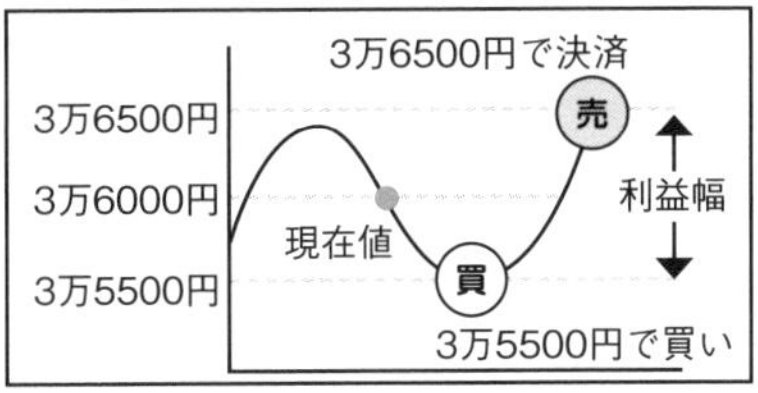

03-08

エントリー、利確、ロスカットをまとめて注文

ＩＦＤとＯＣＯを合わせた「ＩＦＤＯＣＯ注文」

エントリーから利確とロスカット決済まで全て網羅

ＩＦＤＯＣＯ注文は、ＩＦＤ注文（74ページ参照）とＯＣＯ注文（72ページ参照）を組み合せた注文方法です。

この注文方法は、新規の買い、または売りの注文と決済の注文をセットし（ＩＦＤ注文）、さらに、もうひとつの決済注文欄に、ポジションが想定とは逆の方向に動いた場合の逆指値のロスカット注文を行います（ＯＣＯ注文）。この組み合わせによって、ポジションの新規注文と２種類の決済注文を一度に注文することができます。

トリガーとなるのは新規注文の約定です。新規注文が約定してポジションを保有することにより、２つの決済注文が出される仕組みです（逆指値注文はその価格になるまで待機する状態となります）。

新規注文約定後に2つ目と3つ目の注文が発動

例えば、日経２２５先物を３万６０００円で新規で買いたい場合（ひとつ目の注文）、買ったあとに上がることを予想して３万７０００円の指値注文（２つ目の注文）を、もし下がった場合は３万５５００円の逆指値注文（３つ目の注文）を指定します。

この場合、新規の買いがトリガー注文ですので、約定するまでは決済注文は有効ではありません。トリガー注文が約定した後は、指値注文が板に出て、逆指値注文は板に出ず待機します。決済注文は、新規注文が２つ目と３つ目の注文のいずれかが約定するともう片方の注文は取り消されます。

最大指値

値幅制限（CB）の上限もしくは下限で発注する方法。

IFDOCO注文はOCO注文とIFD注文の上位版

IDFOCO注文は、IFD注文とOCO注文のいいところをひとつにした注文方法で、新規注文と、利益確定・損失確定の注文を同時に発注することができます。

使う場面としては、「価格が上がりそうだが、下がるかも」というときになります。

●IFDOCOの図解

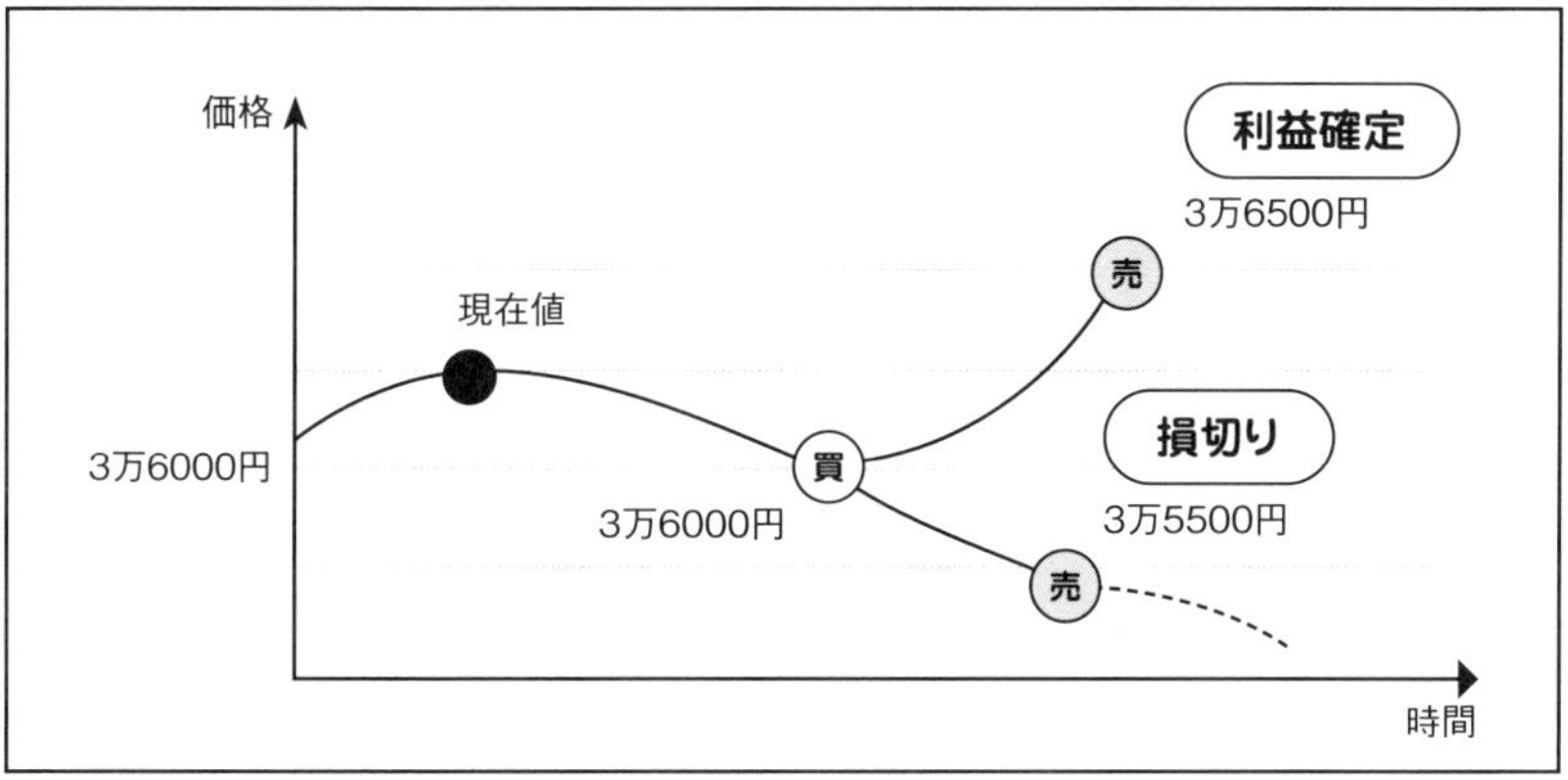

3万6000円で買いポジションを取り、その後3万6500円の指値注文と3万5500円の逆指値注文という一連の動きを注文する

●IFDOCO注文（SBI証券）

IFDOCO1でひとつ目の注文を指定（指値、成行、逆指値、最大指値）、その後2つの決済の方法を指定する。IFDOCO2では指値と逆指値を選ぶ。IDFOCO3では逆指値で価格の選択、その価格に達したら成行、指値を選ぶ

03-09

約定の条件を指定できる便利な注文

注文を細かく指定する「執行数量条件」と「執行時間条件」

執行数量条件で約定時の扱いを変える

日経225先物の取引では、注文を細かくとることができる執行数量条件と執行時間条件があります。これらの注文は証券会社ごとに違いがありますが、主なところを解説しましょう。

執行数量条件は、注文が一部のみ約定したときに残りの注文の扱いを決めるもので3種類あります。

FAS（Fill And Store）は、最良価格で約定しなかった注文を、約定価格と同じ価格の指値注文として残します。10枚の買いの指値注文に対して最良価格の売りが8枚しか出ていない時、残りの2枚は指値注文として板に残ります。

FAK（Fill And Kill）は、一部約定後に残った注文を取り消します。10枚の買い注文のうち8枚約定した場合、残りの2枚に対しての注文は自動的に取り消されます。

FOK（Fill Or Kill）は、注文した全ての枚数がすぐに約定しない場合に、すべての注文が取り消しとなります。10枚の買い注文に対して売り注文が9枚しか約定しない場合、10枚の注文そのものが取り消されます。

執行時間条件は時間で注文動向を決める

執行時間条件は、注文の有効期間や、指定した時間に対しての注文動向を決めるものです。

執行時間条件は、期間指定による注文の有効期間とは別に引成（成行）も覚えておきましょう。

引成は、立合時間（セッション）が閉じた時の終値（引け値）をもって成行で成立する取引です。

なお、以前は指成という引け値に指値をいれる注文方法がありましたが、現在はできなくなっています。

同じ成行注文でも約定方法が変えられるのね

執行数量条件と執行時間条件で細かい注文が可能に

執行数量条件と執行時間条件を使うことで、複数枚の約定の扱いや、時間指定によるその時点の価格で売買を行うといったことができます。

執行数量条件

執行数量条件は、注文時に成行や指値に付随する条件として指定して使います。

FAS（フィル・アンド・ストア）	一部約定後に未執行のポジションが残ったとき、その残りを注文として有効とする条件
FAK（フィル・アンド・キル）	一部約定後に未執行のポジションが残ったとき、残りの注文を失効とする条件
FOK（フィル・オア・キル）	すべてのポジションが直ちに約定しない場合は、その注文を失効させる条件

執行時間条件

執行時間条件は注文が有効な期間を指定する方法と、引成や引指といった時間に達したときの価格で売買する方法があります。

●時間指定

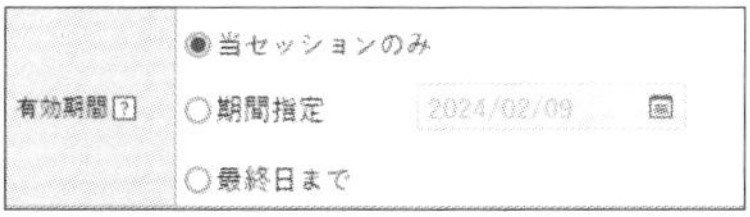

※セッションは、その立会時間を指す。日中立会中の注文は日中立会の引けまで、夜間立会中の注文は夜間立会の引けまで有効

●執行数量条件や引成の注文の仕方

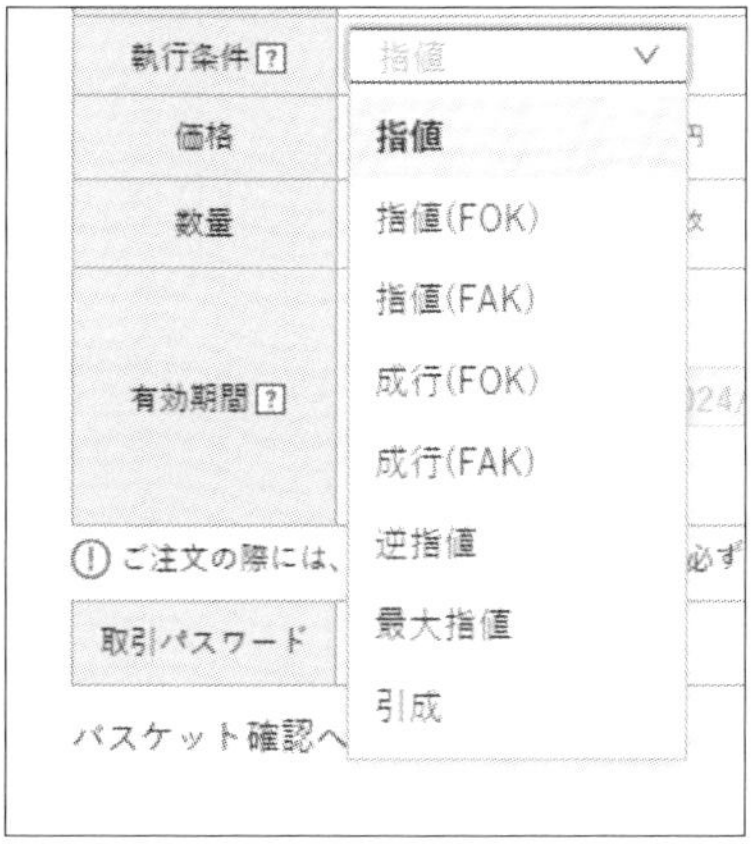

引成などの注文は執行条件の中に組み込まれている

ワンポイント

執行条件は証券会社によって変わる

執行条件は、証券会社によって違いがあります。例えばauカブコム証券の引指は直接の価格指定だけでなく、最終価格から±価格の指定でも可能な注文ができます。

03-10

注文状況を把握して売買に役立てる

売買の動向を読み取るツール「板情報」

板情報に表示される注文は指値注文

板情報は板ともいい、買いと売りの注文状況を一覧にしたものです。現在値を境として、売り注文、買い注文の状況を表しています。この価格に何枚の注文が入っているかを見ることで、注文内容を考えたり、値動きの動向を探るヒントとすることができます。

板に表示される注文は全て指値注文です。成行注文は、注文と同時に約定するため板には表示されません。逆指値も、価格が一定の水準に達することによってはじめて注文が出る仕組みですので、板には反映されません。

現在値は成行注文によって動きます。例えば、売りの最良価格が3万6000円で、板に10枚の注文が出ていたとします。この状態で11枚以上の成行注文が出ると、3万6000円の注文がなくなり、3万6005円の売り注文で約定され、現在値も3万6005円に上がります。

板が薄い限月は値動きが大きい

板の価格は、ラージが10円、ミニとマイクロが5円刻みです。この刻みを呼値（よびね）といいます。取引はすべて呼値で行われるため、ラージを5円単位で注文するといったことはできません。

注文は時間や時期、価格によって違いがあります。この注文の多い少ないを、板では、「厚い」「薄い」と表現し、板が厚いほど取引が活性化している状態といえます。**日経225先物の場合、期先になるほど注文数が少なく、板が薄くなります。**

また、3万6000円といったキリのよい価格は値動きの節目になりやすいため注文が増え、板が厚くなる傾向があります。板が薄いほど少量の注文で価格が動きやすくなり、売りたい、または買いたい価格に注文がなく、希望する価格での取引ができない場合もあります。

板でリアルタイムの注文状況を把握する

板でリアルタイムの注文状況を把握する
板はその時の注文状況を把握することができます。また、証券会社が提供する板の多くはリアルタイムで更新することができます。

板の見方

成行注文で価格が動き、その呼値での注文がなくなった場合、最後に約定した価格に現在値が変わります。

マイクロ225先物 24年03月限

【立会気配】

売気配	値段	買気配
84	36,330	
77	36,325	
90	36,320	
135	36,315	
126	36,310	
102	36,305	
116	36,300	
164	36,295	
308	36,290	
19	36,285	
	36,280	19
	36,275	323
	36,270	108
	36,265	95
	36,260	94
	36,255	85
	36,250	131
	36,245	95
	36,240	96
	36,235	90

現在値

売り注文(左側)

買い注文(右側)

売りと買いで左右に分かれて価格は呼値(価格の最小単位)ごとに区切られている

ワンポイント **見せ板に注意**

板に出ている注文の中は、実際に売買するつもりのない注文が紛れ込んでいる「見せ板」があります。

見せ板の狙いは、買い注文をたくさん出し、あたかも買いたい人が多くいるように演出することで、価格を釣り上げようとします。

これは相場操縦といい、公正な取引と価格形成を歪める原因になるため、金融商品取引法によって禁止され、刑罰や課徴金などの罰則が科さられることがあります。

厚い板、薄い板

日経225先物は期近の限月の板が厚くなりやすくなります。また、マイナーSQの限月よりも、メジャーSQの限月の方が板が厚いことが多いです。

●板が薄いとちょっとした売買で価格が大きく動く

SQ日2か月前のマイクロ。5円刻みでも価格に開きがある

●日経マイクロ5月限の板

2001	39.700	
50	39.520	
320	39.505	
	39.450	320
	39.430	50
	39.400	3

03-11

実際に注文から決済までの流れを見ていこう

注文の流れを実際の取引から把握する

指値注文は注文条件、価格、枚数を指定

指値注文で日経225先物を買い、同じく指値注文で決済するケースで注文の流れを確認していきましょう。

売買する商品の買いもしくは売りを選択し、注文画面で執行条件と価格、枚数を入力します。最初に「指値」を選択し、次に価格と枚数を指定します。最後に有効期間を指定します。

注文内容を確認したら、取引パスワードを入力して注文をクリックします。注文が受け付けられた場合は、取引時間内であれば板に注文が反映されます。

価格が指値注文に達すると、その価格の注文の受付順に約定されていきます。

決済の結果は余力に反映される

ポジションを取ったら次は決済です。指値注文の決済の流れは基本的には注文時と同じです。買いポジションを持っている場合、取引画面の注文の執行条件から「指値」を選択し、売りたい価格と枚数を指定します。一部売るなら決済したい枚数を入力します。約定した場合は手持ちのポジションの枚数が減り、先物余力（保有現金）と証拠金維持率が増えます。

指値注文の有効期間を「当セッションのみ」と指定した場合はセッション終了とともに注文が失効します。期間を指定した場合は期間に達したときに注文が失効します。注文が失効したときは取引余力が回復しますが、板に注文が残っていると余力は回復しません。ちなみに、注文を取消した時と、約定せず失効したときには手数料は発生しません。

指値注文のポジション取りから決済までの流れ

実際に注文してみて、注文の流れを把握していきましょう。ここではSBI証券の先物ボードから指値買いを行い、その後、同じ指値で決済注文を発注します。

●先物ボード

先物ボードから金融商品の行にある「取引区分」から「新規」の「買」をクリック

取引パスワードは設定で省略することができる（88ページ参照）

●取引　先物新規注文　入力

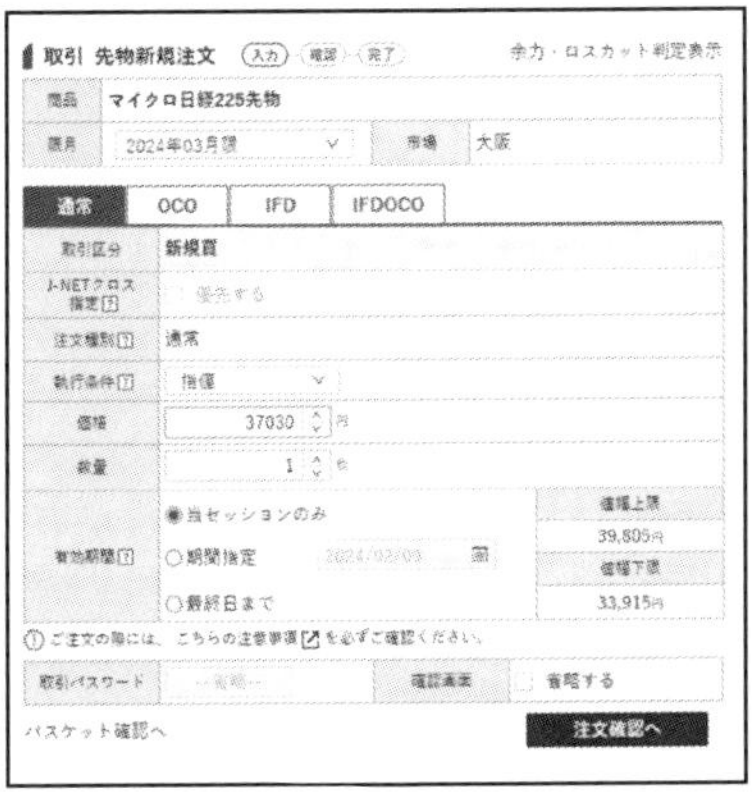

「指値」を選択し、「価格」「枚数」を入力する。「有効期間」を確認し、取引パスワード※を入力して「注文確認へ」をクリック

●取引　先物新規注文　確認

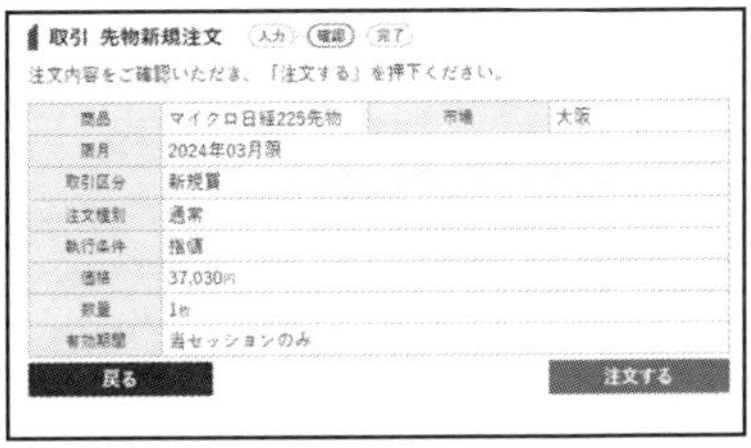

注文内容を確認して、「注文する」をクリックすると完了画面が表示され注文が発注される。なお、前述の入力画面で「確認画面の省略」にチェックを入れると確認画面は表示されない

●取引状況　約定一覧

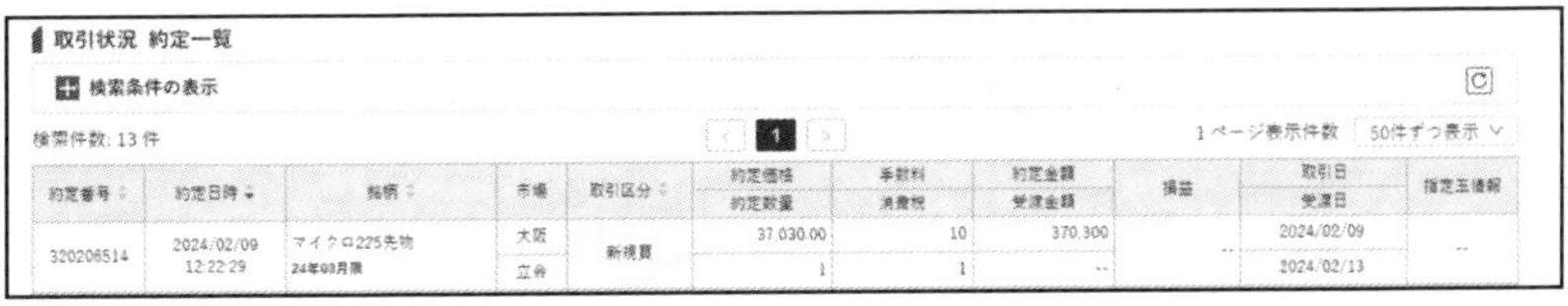

指値価格に達して約定され、買いポジションを持っている状態になっている

●先物ボード

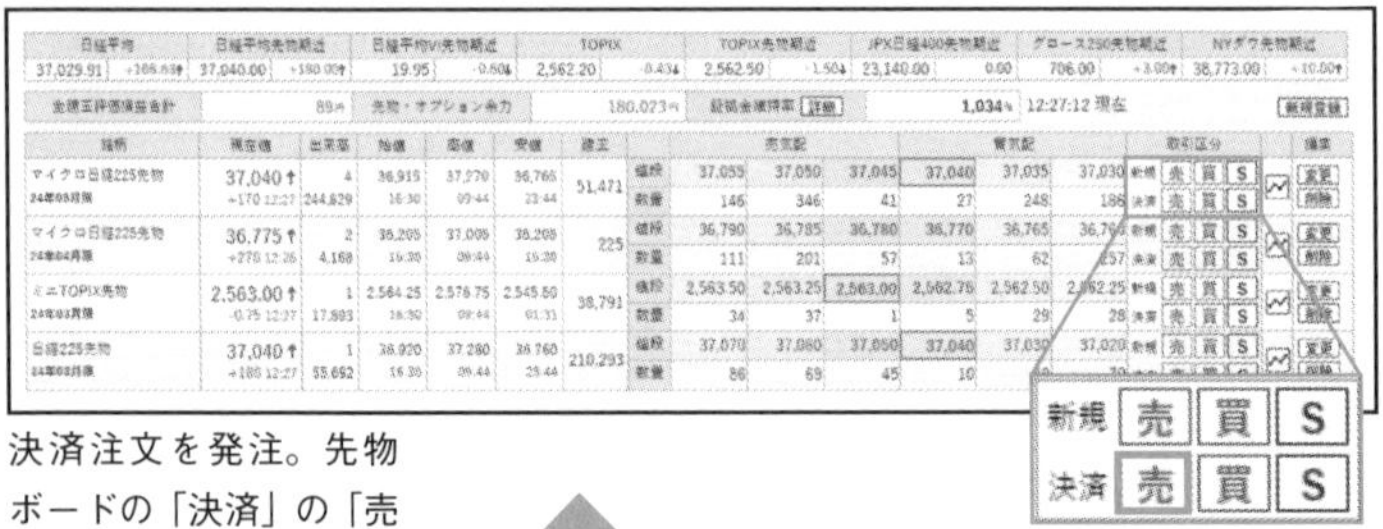

決済注文を発注。先物ボードの「決済」の「売り」をクリック

●取引　先物決済注文　入力

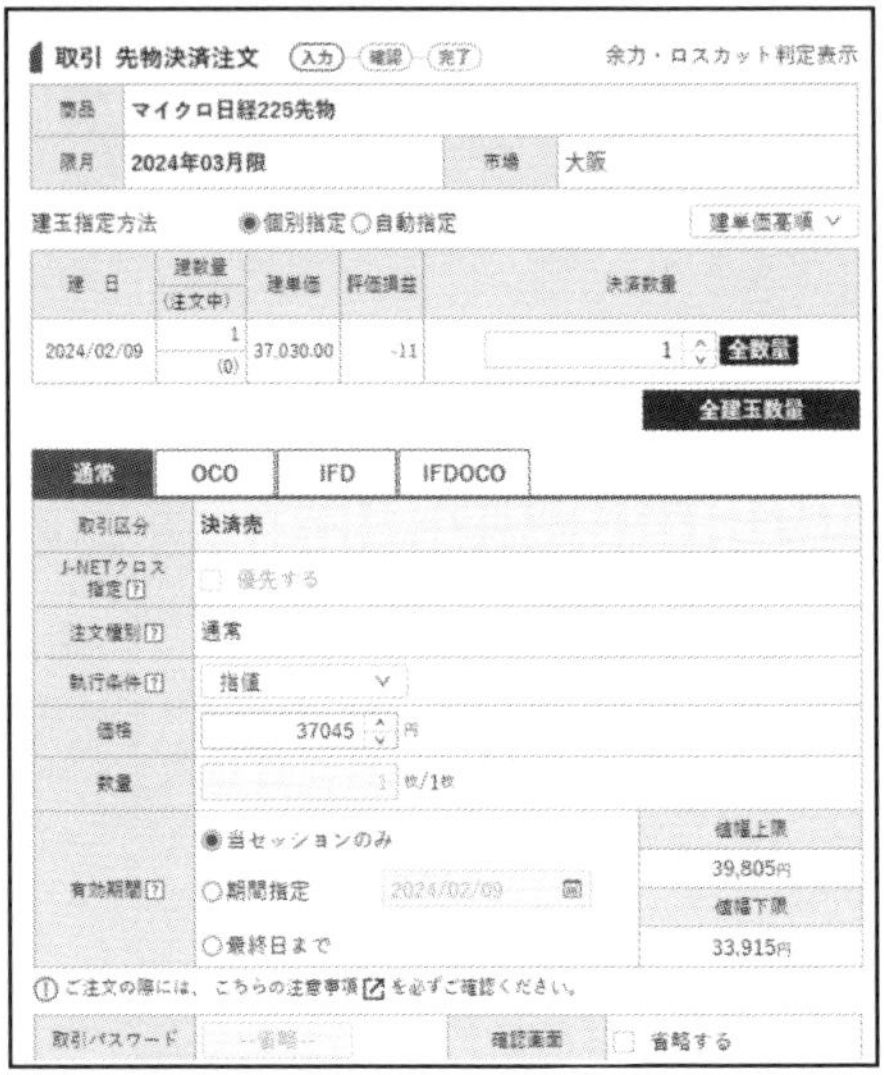

「建玉指定方法」で決済するポジションを選択。「指値」を選択し、「価格」「枚数」を入力する。「有効期間」を確認し、取引パスワード※を入力して「注文確認へ」をクリック

●取引　先物決済注文　確認

注文内容を確認して、「注文する」をクリックすると、発注完了

成行注文はすぐに約定

次に成行注文の取引です。指値注文とちがい、成行注文は価格の指定ができません。

買い注文を出す場合は、取引画面で「成行」を選択し、最後に有効期間を確認します。

取引時間中であれば、受け付けられた注文内容はすぐに約定します。例えば、3万6000円が最良価格で100枚の売り注文があり、成行で10枚注文した場合、注文分はすぐに約定して3万6000円の売り注文数が90枚に減ります。

決済の成行注文も基本的な流れは同じですが、決済するポジションを選択してから、「成行」を選択し、決済する枚数と有効期間を指定します。

注文確定をクリックして注文が受け付けられると、即座に注文が執行されます。

指値と成行の合わせ技も可能

取引の過程では、買いの指値注文をさらに下げたくなる時は、取引ツールの注文画面で価格を変更したり、指値を成行に変更したりすることができます。

また、相場の状況を見るなどして、いったん注文を取り消すことも可能です。

ただし、証券会社によっては指値注文から成行注文への変更ができないこともあります。この場合は指値注文を取り消し、その後、成行注文として出し直す必要があります。

成行注文のポジション取りから決済までの流れ

実際に注文してみて、注文の流れを把握していきましょう。ここではSBI証券の先物ボードから成行買いを行い、その後、成行で決済注文をだします。

●先物ボード

先物ボードから「新規」の「買い」をクリック

●取引　先物新規注文　入力

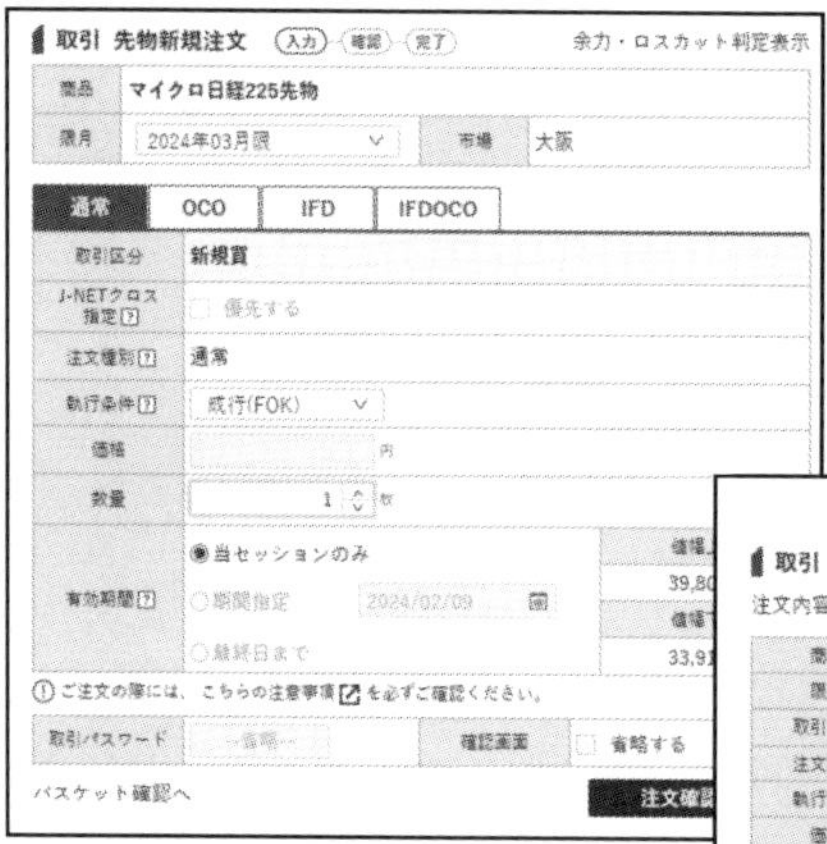

「成行（FOK)」を選択し、「枚数」を入力する。「取引パスワードを入力して「注文確認へ」をクリック

成行では執行数量条件も指定する。状況に合わせて選択しよう

●取引　先物新規注文　確認

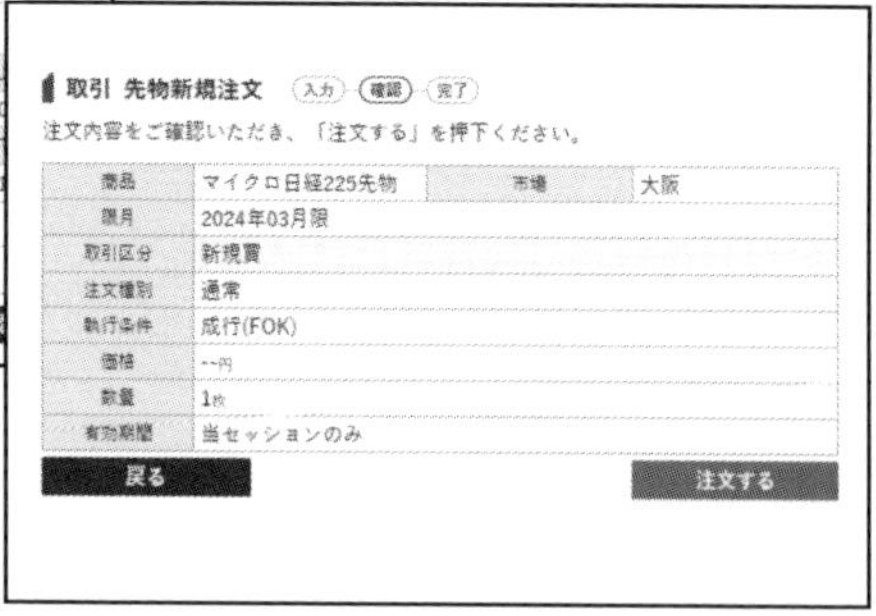

注文内容を確認して、「注文する」をクリック

●取引状況　約定一覧

成行注文の場合は、即座に約定される

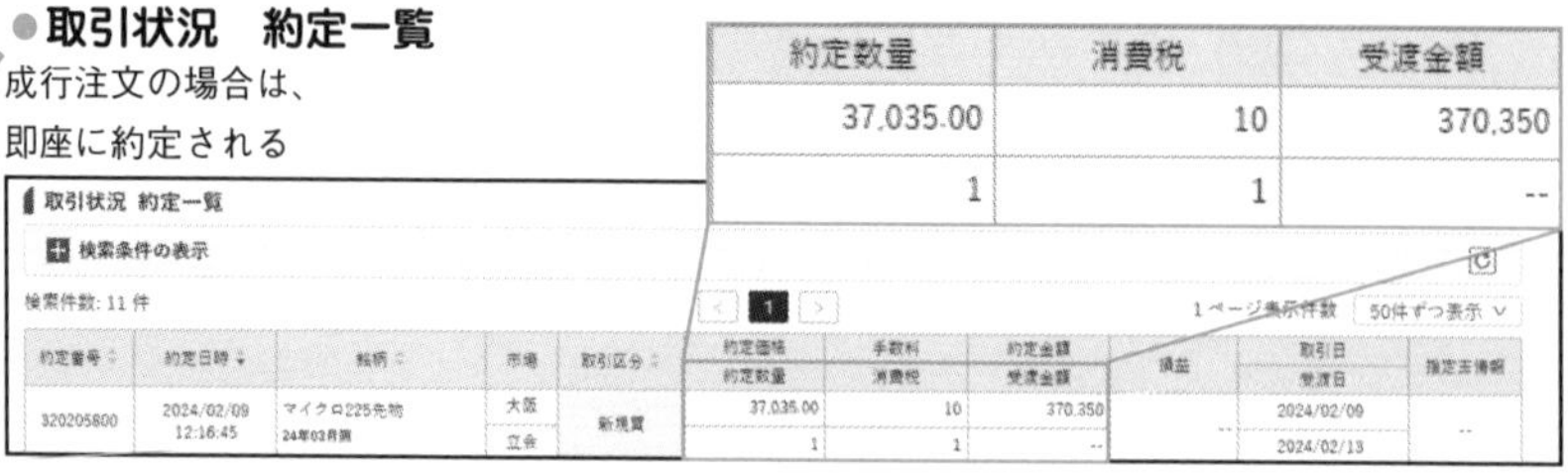

●取引　先物決済注文　入力

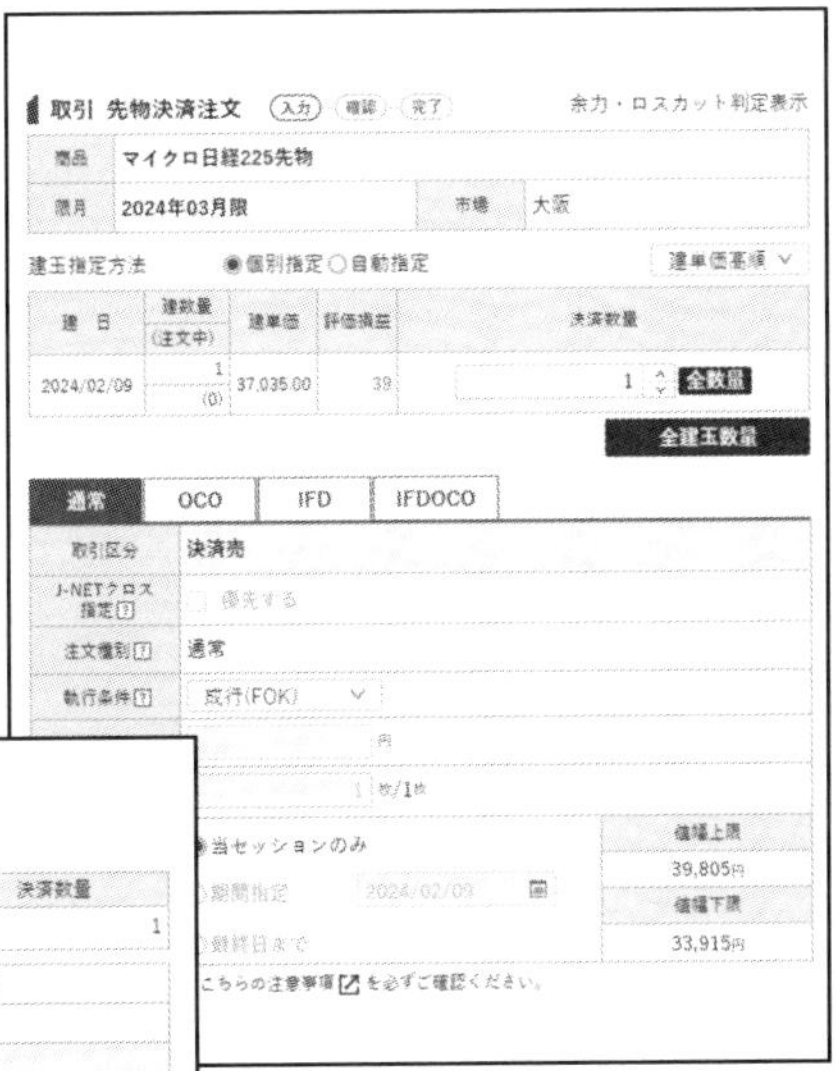

先物ボードで「決済」の「売り」をクリックした後の注文画面。決済するポジションを「建玉指定方法」の欄から選択し、「成行（FOK）」を選択、数量を入力、取引パスワードを入力して「注文確認へ」をクリック

●取引　先物決済注文　確認

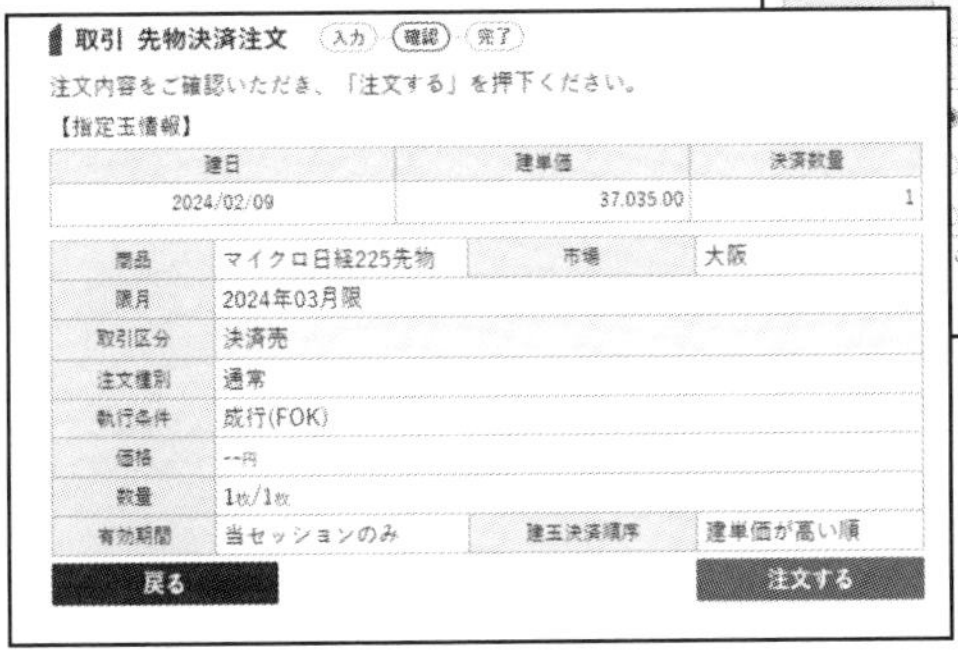

注文内容を確認して、「注文する」をクリックすると、セッション中ならば即座に約定される

ワンポイント　余力と証拠金維持率を確認しよう

注文やポジションを取ることで「余力」と「証拠金維持率」が表示されます。まだ約定していない状態でも、余力と証拠金維持率は「約定した場合」の数値となります。

ポジションを持つ前と持った後

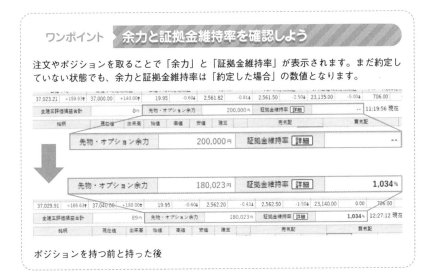

column

注文時の作業を省略して取引をスピードアップ

設定ページで注文の手順を最適化

　多くの先物取引のツールやアプリでは、注文時に取引パスワードを入力、その後、注文ボタンを押すと取引内容の確認画面が表示され、確認ボタンを押すことで正式に注文が通ります。これは誤発注を防ぐための仕組みです。

　ですが、素早く注文を約定させたい場合、この作業が手間に感じる人がいるでしょう。

　その場合は、設定を行うことで取引パスワードの入力や確認画面の表示を省略することができます。

　サイトやアプリの設定であらかじめ取引パスワードを入力して保存する、または取引パスワードの省略を設定するなど、証券会社によって設定方法は変わりますが、いずれも次回の注文から入力が不要になります。

● SBI証券の設定画面

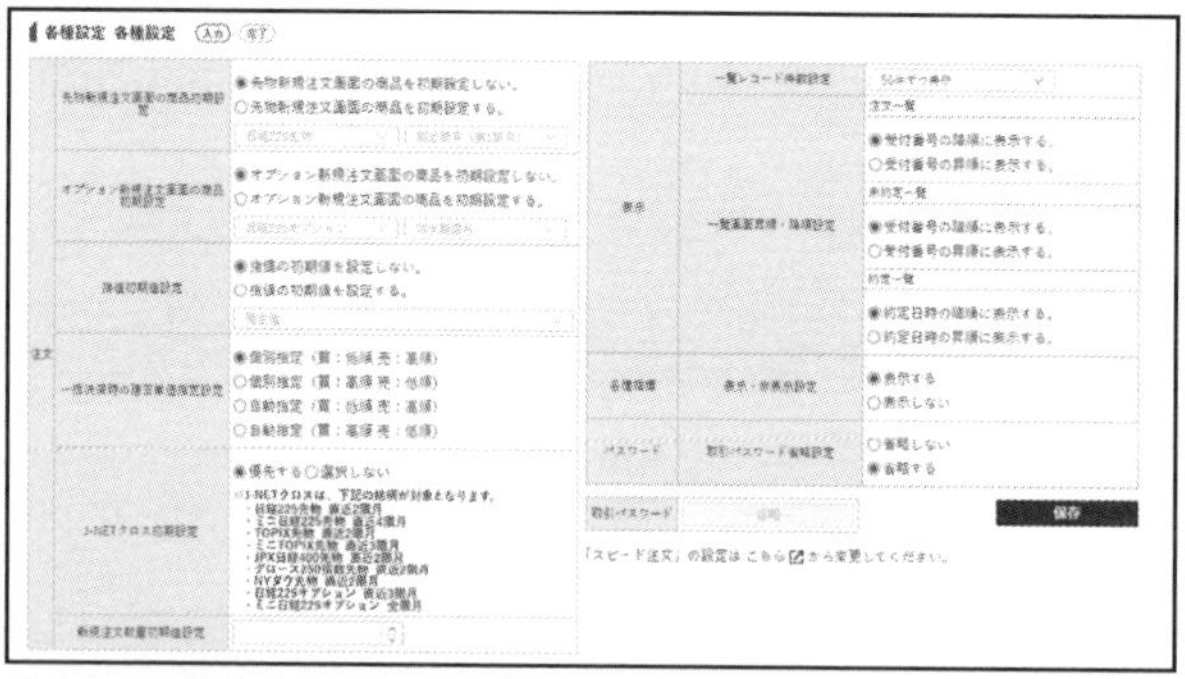

サイトから設定することでアプリやツールでの取引パスワードの省略ができる。なお、取引確認画面は、スピード注文やワンクリック注文を選択することで省略できまる

第4章

日経225先物の相場の見方

04-01

日経225先物の分析は基本株式投資と同じ

日経225先物の2つの相場分析

日経225先物の分析方法

日経225先物は日経平均株価の動向を考慮して投資を行う金融商品です。

株式の指数ということもあり日経225先物の分析方法は株式投資でも使われている見方や活用方法とほぼ共通しています。

また、分析方法以外でも国内の経済はもちろん、為替、石油、アメリカや中国の経済状況によって日経225先物の価格が左右される点も同じです。

本章では日経225先物において使われる分析方法を基本から説明、日経225先物を取引する際に押さえるべきポイントと合わせて解説します。株式投資やFXを経験している方にはすでに理解している点も多々あります。あらかじめご承知おきください。

ファンダメンタルズとテクニカル

日経225先物に限った話ではありませんが、投資においての「相場分析」には、大きく分けて「ファンダメンタルズ分析」と「テクニカル分析」があります。

ファンダメンタルズ分析は、相場に影響を与えそうな事柄から相場がどう動くかを予想する分析方法です。例えば金利、為替、政局、要人発言による価格動向、株式投資の決算書からの銘柄分析もそれにあたります。一方の**テクニカル分析は、日経平均株価のチャートからさまざまな条件で買い時と売り時のタイミングを統計的に分析**していきます。また、テクニカル分析は上昇と下降トレンド（相場の流れ）を追いかける「トレンド系」と、買われ過ぎや売られ過ぎなどのポイントを判断する「オシレーター系」の2種類に分けられます。

政策金利

景気や物価の安定などを目的に、中央銀行（日本では日本銀行）が設定する目標金利。預金金利や貸出金利だけでなく、株価などにも影響を与える。

先物取引の分析方法

先物取引での分析方法では、日経平均株価に影響がある事柄で分析する「ファンダメンタルズ分析」と、短期的な値動きを分析して売買タイミングを計る「テクニカル分析」があります。

① ファンダメンタルズ分析

相場に影響を与えそうなニュース、例えば金利、為替、政局や物価の流れ、政府や中央銀行などの要人発言などから、日経平均株価がどのように動くかを分析します。

● 日経平均株価に影響を与える要素

日米の政策金利　為替　政局（国内外）

エネルギー　要人発言　etc...

世界のニュースや出来事で動向を見る！

② テクニカル分析

日経平均株価のローソク足に代表される価格動向のグラフや出来高などから売買のタイミングを計る分析方法です。トレンド（流れ）を見る「トレンド系」と、買われすぎや売られすぎなどを判断する「オシレータ系」の2種類があります。

オシレーター系テクニカル

- **ストキャスティクス**
- **RSI**
- **MACD**

など

（112～118ページ参照）

主に買われ過ぎ・売られ過ぎの程度を見る

トレンド系テクニカル

- **ローソク足**
- **移動平均線**
- **ボリンジャーバンド**
- **一目均衡表**

など

（94～111ページ参照）

価格の動きから今後どう動くのかを見る

04-02

テクニカル重視で始めよう

日経225先物は短期売買であることを踏まえる

先物ではテクニカル分析を重視すべき

先物取引においても、ファンダメンタルズ分析は重要ですが、それでも期限が決まっている日経225先物ではテクニカルによる分析が重視されます。

一昔前と違い、現在では、株式投資やＦＸと同じように、日経225先物でもプロのトレーダーや大口投資家、そして個人もパソコンやスマホでインターネットを使って取引しています。なによりＡＩなどのコンピュータによるアルゴリズムによって自動注文することができるようにもなり、いったん下げ始めると下げ続けるなど、ファンダメンタルズ分析だけでは理解できない動きが見られるようになりました。

ファンダメンタルズ分析のみで判断するのではなく、それも踏まえながらテクニカル分析に従って機械的に売買するほうがよいでしょう。

過去の値動きも知ることが大事

ファンダメンタルズ分析を踏まえて、テクニカル分析で機械的に判断するとありました。では両方を絡めて判断する方法とはどのようなものでしょうか？

それは**「過去どのように動いたのか？」を知ること**が大事です。

日経平均株価は1950年から始まって70年余り経っています。過去の値動きを知れば、その時何があったかを調べることができますし、今後の値動きの参考になります。

それを短期的な値動きに落とし込むようにテクニカル分析と合わせて確認することがトレンドの信頼度にもつながります。

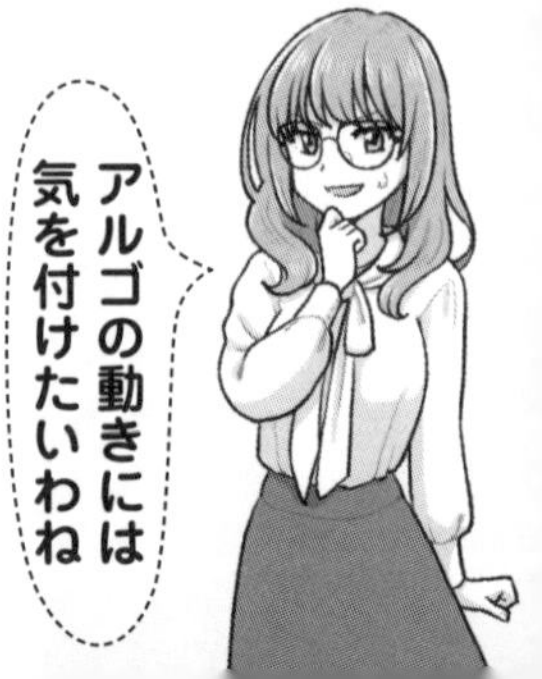

日経225先物ではテクニカル重視

現在はアルゴリズムを使って自動売買されることも多くなっています。その影響もありますが、日経225先物は取引できる期日が決まっているため、長期的に見るファンダメンタル分析よりは、短期的なテクニカル分析が重視されます。

❶ アルゴリズム取引とは…

広義においては、コンピュータが価格推移などから最適な発注タイミングを判断して自動的に売買の注文を出す取引をアルゴリズム（アルゴ）といいます。

多くは機関投資家による短期での利ザヤ取りに使われ、テクニカル分析や出来高、時にはニュースやキーワードなどに反応するシステムが組み込まれていることもあります。

高速で取引が繰り返される高頻度取引「HFT」もアルゴリズム取引のひとつです。

❷ 日経平均の過去の値動きをチェック！

日経平均株価の過去の値動きを知ることで、その時に起きた出来事と日経平均株価との相関性を推しはかることができます。

日本経済新聞社（日経）の指数公式サイトである「日経平均プロフィル」では、過去の値動きデータをダウンロードして細かく確認することができます。

日経平均プロフィル
http://indexes.nikkei.co.jp/nkave

ワンポイント

アルゴリズム取引は価格の乱高下を引き起こしやすい

何かしらの要因で大きな値動きが発生した際は、「フラッシュクラッシュ」という短期間で暴騰と暴落が引き起こされることがあります。これは世界中のアルゴリズムが反応して動き出す現象です。

知られている所では、2010年にダウ工業株が前日終値から1000ドルあまり暴落し、直後に暴騰したことがあります。

チャート

04-03

テクニカル分析の基本はトレンド確認

チャートでトレンドを把握する

テクニカル分析はチャートで行う

現在の相場の流れ（トレンド）を知るには、過去の動きの傾向から予測するのが、投資の基本ともいえます。

そして、そのトレンドを確認するには、「チャート」を使って確認します。

株式投資やＦＸを経験している方にはなじみのあるものですが、チャートとは、過去現在の価格の値動きの推移をグラフで表示したものです。広く利用されている投資ツールになります。

チャート内に表示されるローソク足（96ページ参照）などの動きから高安の状態を確認でき、その推移で現在のトレンドが「上昇トレンド」にあるのか「下降トレンド」にあるのか分かるというものです。

最初は長期的な流れを確認すべき

チャートは表示したい期間によって月足、日足、5分足などを選択して表示することで、その期間の動きを見ることができます。月足とは、一ヶ月当たりの価格を、日足は一日当たりの価格の動きをローソク足で示し、その連続性をチャート上でふかんして見ます。

例えば、半年間の期間で価格の動きを調べたいときは、期間を半年、表示する価格を日足とすれば、一日当たりの値動きを半年間分表示します。時間足や分足などは短い期間での動き、月足は中長期の動きを知るときに使います。

最初は年足や月足など長い期間を確認して、大きなトレンドを確認しましょう。

大きなトレンドで上昇をしていることを把握すれば、仮に短期的に下落していても、いずれは反発（上昇）が始まるといえます。

ボックス相場

トレンド相場というのに対して、上下どちらに動くが定まってない状況をいう。ボックス相場から抜けた場合、トレンド相場に移る。

トレンド

「流行」を意味する。統計学では「傾向変動」を示す言葉であり、投資のチャートでは「上昇傾向」もしくは「下降傾向」など一定方向に動いている場合にトレンドという言葉が用いられる。

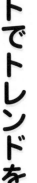

チャートを確認してトレンドを掴む

チャートを見れば、上昇トレンドにあるか、下降トレンドにあるかといったトレンド相場か、それとも方向が定まらないボックス相場かを確認することができます。

① チャートの構成要素

● 日経225先物　1時間足

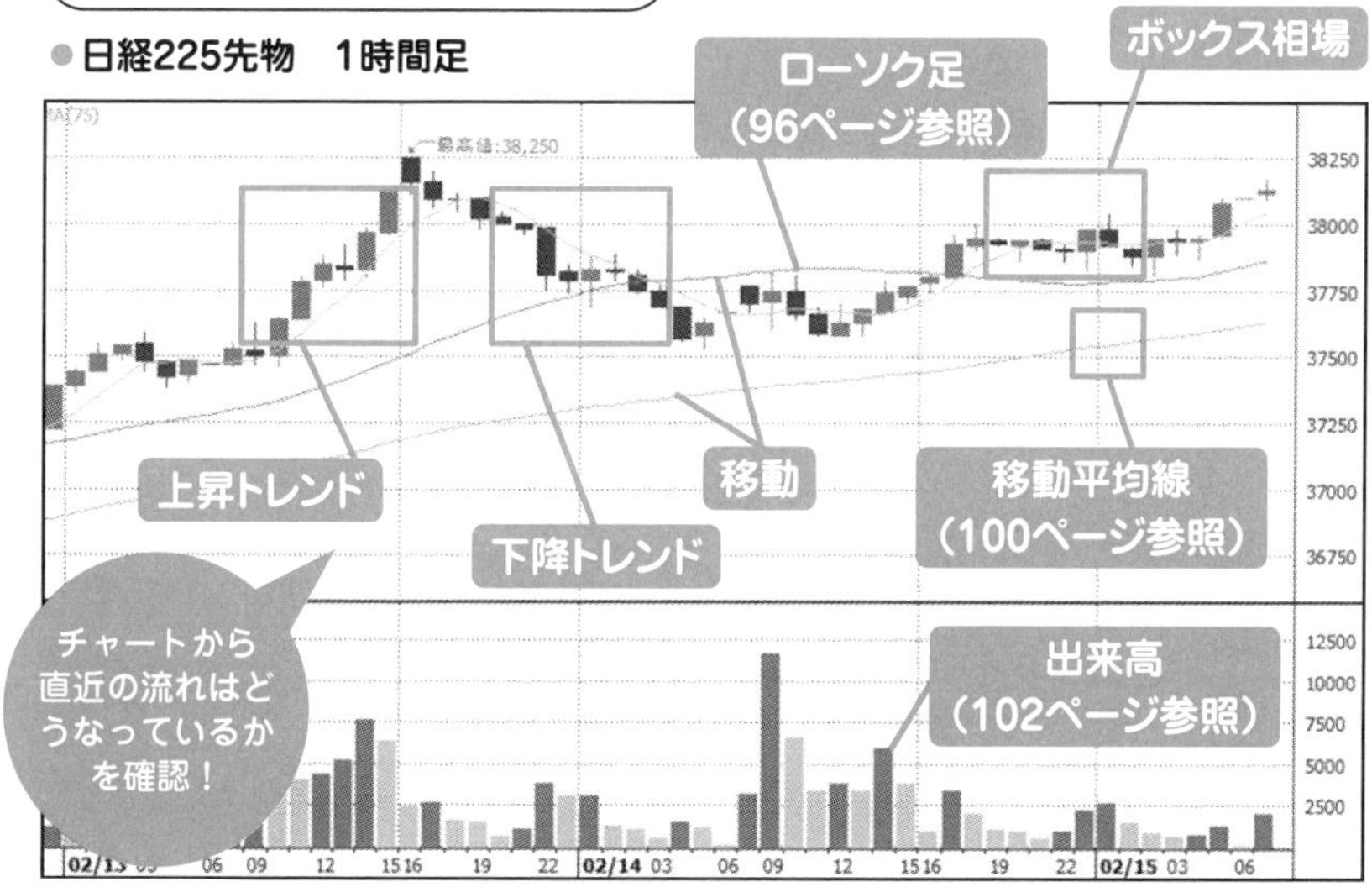

② 「足」とは

96ページで説明するローソク足に代表される、一定期間の価格の動きを一つの目盛りとして表示したものです。

● 足の種類

年足	ひとつあたりの目盛りが1年の価格の動き
月足	ひとつあたりの目盛りが1か月の価格の動き
日足	ひとつあたりの目盛りが1日の価格の動き
5分足	ひとつあたりの目盛りが5分の価格の動き

他にも週足、1時間足、15分足などがある

04-04

ローソク足で相場を読み解く

覚えるべきテクニカルの筆頭

ローソク足の見方

チャートは主に「ローソク足」で構成されています（他にも平均足やかぎ足といったものもあります）。ローソク足は株式投資やFXでも使われている代表的なテクニカルで、始値・高値・安値・終値の4本値をローソクのような形で表しています。

始値よりも終値が高いときは「陽線」として、白もしくは赤色の実体で表示され、始値よりも終値が安いときは「陰線」となり、黒もしくは青色の実体で表示されます。また、安値と高値は実体の上下に突き出しており「ヒゲ」といいます。

ローソク足は日足、週足、月足、年足など、一定期間を区切った足として並べることで、その期間の価格がどのように動いたかを判別することができます。

ローソク足でわかる相場の動き

ローソク足は4本値の形やその並び方によって細かく分析することが可能です。

例えば、ローソク足でも線を引くことでトレンドを確認することができます（左図下段参照）。

ローソク足に引く、レジスタンスラインやサポートラインは、それぞれ抵抗線、支持線ともいい、**下降トレンドの確認ならローソク足の高値同士を線で結んでレジスタンスラインを引く、逆に上昇トレンドの確認ならば安値同士を繋げたサポートラインを引く**ことで、ローソク足がラインから抜けるか継続するかでトレンドの確認ができます。

「窓開け」「窓埋め」は要チェック

大きなニュース（悪材料か好材料）が出ると市場が過敏に反応し、前のローソク足とつながらない状態でチャート

平均足

通常のローソク足と違い、四本値を平均して表示することでトレンドをわかりやすくしたテクニカル。陽線と陰線の連続性があるため相場の流れが読みやすい。

かぎ足

時系列チャートの一種で、値動きだけを記録して示したもの。あらかじめ一定の値幅を決めておくことで、幅を超えたら、新たなかぎ足を継ぎ足していく。ある程度の時間が経過しないとシグナルがつかめないのが欠点。

ローソク足はテクニカルの基本

チャートは、ローソク足を中心に構成され、テクニカル分析における基本のテクニカルに位置づけられています。

ローソク足1本は、日足、月足などの一定期間の価格の動きがわかるだけでなく、形状や並び方を見ることで相場を読み解くこともできます。

① ローソク足の見方

●陽線と陰線

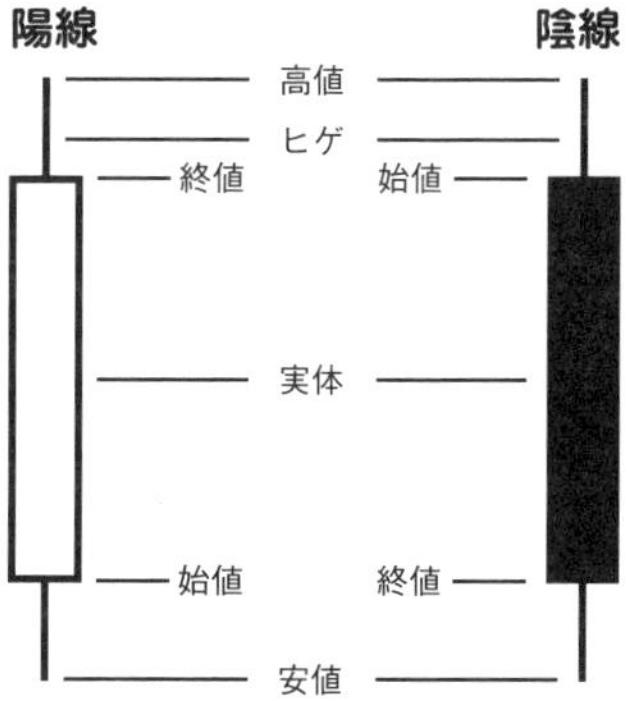

始値	一定期間中最初につけた価格。
終値	一定期間中最後につけた価格。
安値	一定期間中もっとも安くつけた価格。
高値	一定期間中もっとも高くつけた価格。
陽線・陰線	始値より終値が高いと陽線。始値より終値が低いと陰線という。陽線と陰線は色で分けられる。総称して実体ともいう。
ヒゲ	実体の価格帯よりも高値と安値が大きい（小さい）場合に表示される。上に伸びるヒゲを上ヒゲ、下に伸びるヒゲを下ヒゲという。

② レジスタンスラインとサポートラインでトレンドを確認する

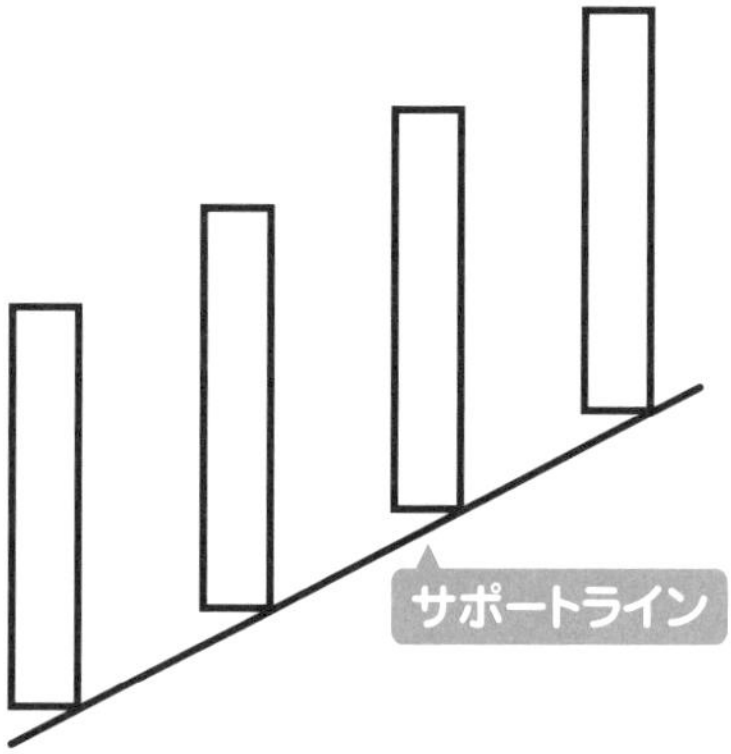

上昇トレンドかを確認するときは、
安値同士を線でつなげる

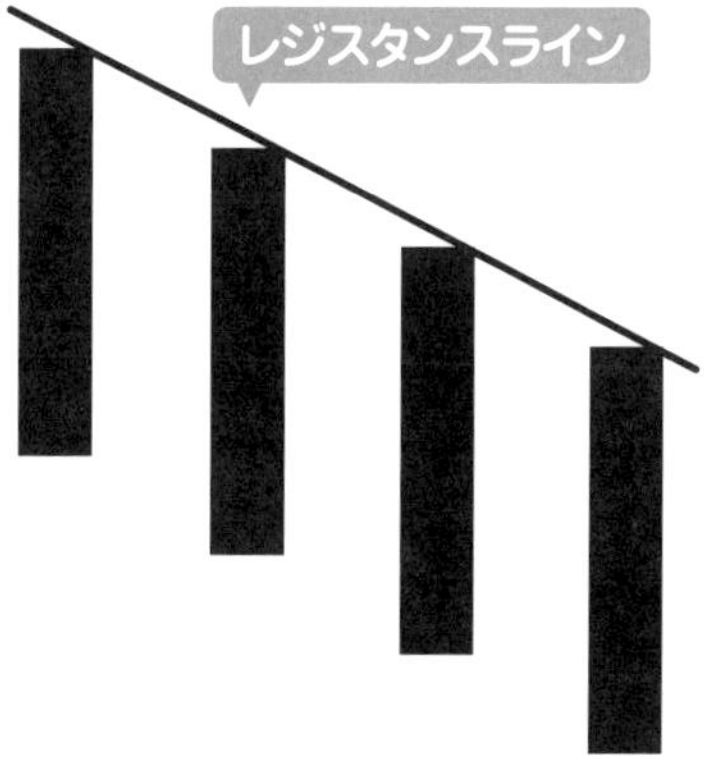

下降トレンドを確認するときは
高値同士を線でつなげる

にすき間ができることがあります。このような状態を「窓開け」といいますが、やがて市場が落ち着くと、この窓を閉じる動きを見せる「窓埋め」が行われます。新たなトレンドが生まれることもあるので、その後の動きには注意が必要です（168ページ参照）。

ローソク足の形で相場の動きを知る

相場の動きがわかる代表的なローソク足の組み合わせを左図にいくつか紹介します。

ローソク足は、日経225先物の分析の基本であり、ローソク足だけでも相場を読み解く方法はいくつもあります。

しかし、ローソク足以外の分析方法を取り入れることで自分のやり方にあった取引判断が見つかるかもしれません。

後述でさらにさまざまな分析方法を紹介していきます。

③ ローソク足の動き「窓開け」「窓埋め」

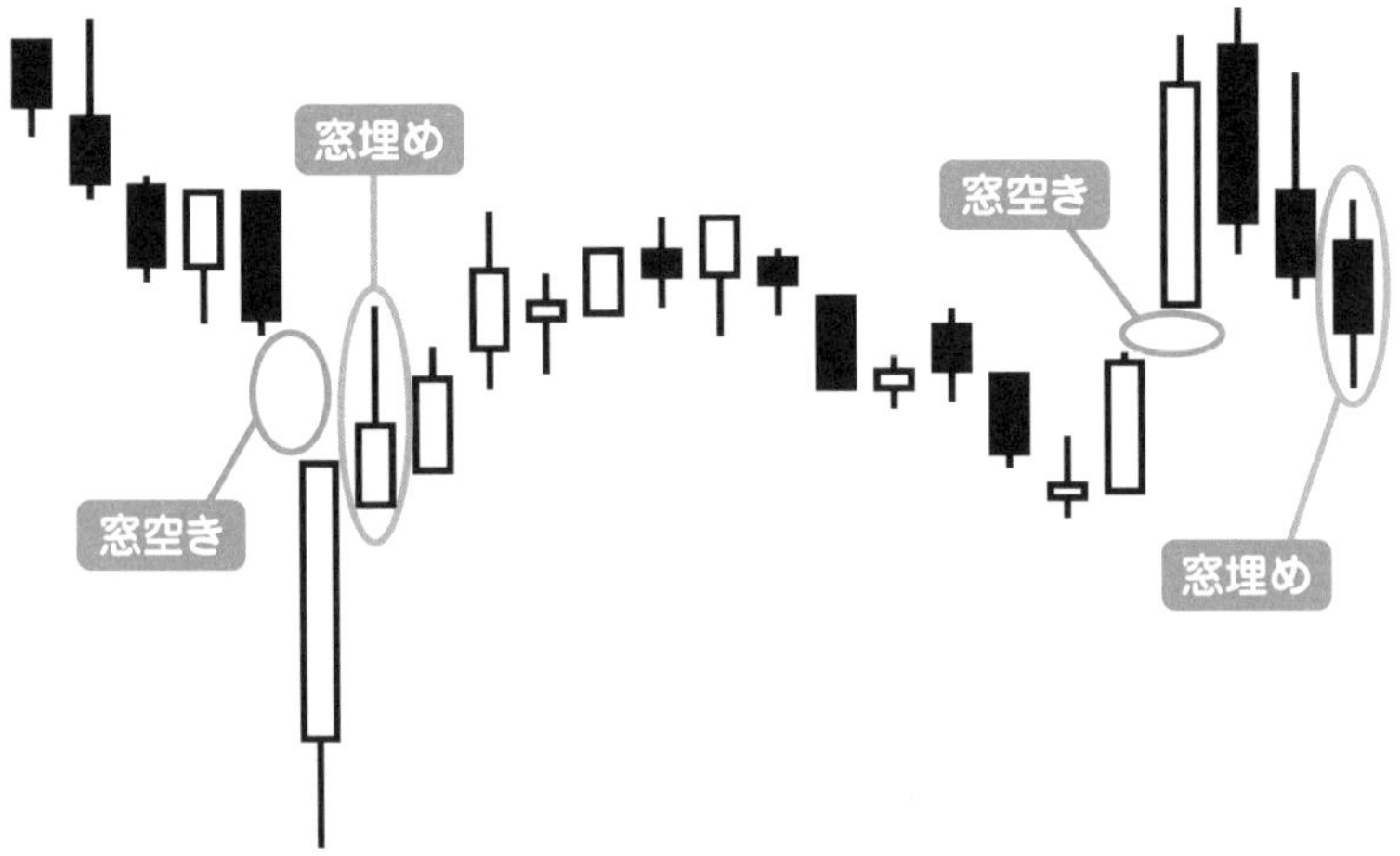

窓開け

上に窓が広がる様子をギャップアップ（GU）、下に窓が広がる様子をギャップダウン（GD）ともいう。

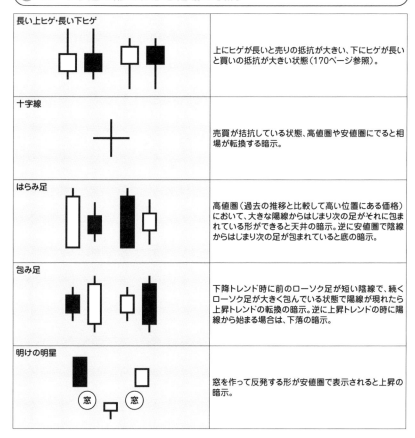

④ ローソク足の形でわかる相場の状況

長い上ヒゲ・長い下ヒゲ 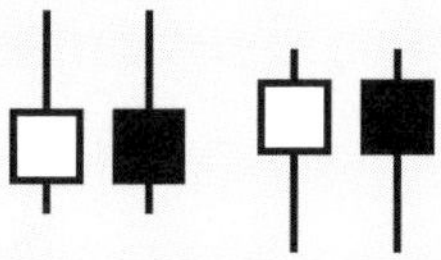	上にヒゲが長いと売りの抵抗が大きい、下にヒゲが長いと買いの抵抗が大きい状態（170ページ参照）。
十字線 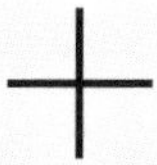	売買が拮抗している状態、高値圏や安値圏にでると相場が転換する暗示。
はらみ足 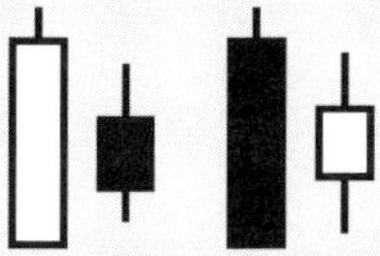	高値圏（過去の推移と比較して高い位置にある価格）において、大きな陽線からはじまり次の足がそれに包まれている形ができると天井の暗示。逆に安値圏で陰線からはじまり次の足が包まれていると底の暗示。
包み足 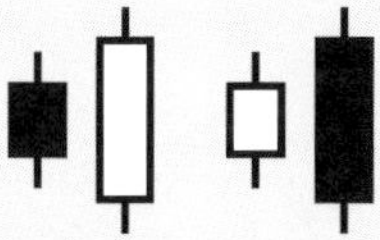	下降トレンド時に前のローソク足が短い陰線で、続くローソク足が大きく包んでいる状態で陽線が現れたら上昇トレンドの転換の暗示。逆に上昇トレンドの時に陽線から始まる場合は、下落の暗示。
明けの明星 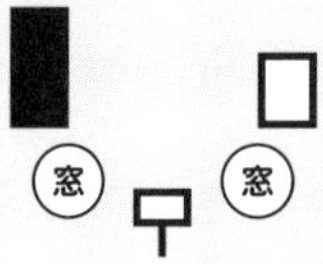	窓を作って反発する形が安値圏で表示されると上昇の暗示。

ワンポイント ダマシ

テクニカル分析は、傾向として多いという判定なので、この形になったらから必ずこの動きになるということはありません。足の組み合わせに限らず、分析通りに動かない「ダマシ」がテクニカル分析にはあります。
これは相場に参加する投資家たちの様々な思惑の結果です。テクニカル分析は分析を支持する人が多ければその通りに動きますが、別のテクニカルを使用するなど、自分とは違う視点を持つ参加者が別の思惑で参加するからです。

ひとつの分析でなく、複数の分析で確度を高める

04-05

シンプルなトレンド確認

移動平均線でトレンドを把握する

移動平均線「移動平均線」

トレンドを見ると一口にいっても、実際の取引では価格が上下するため、上昇トレンドか下降トレンドかをぱっと見で正しく確認するのは意外と難しいものです。

より視覚的にトレンドを確認する方法としては、「移動平均線」を使うのがよいでしょう。

移動平均線は、一定期間（5日、25日、75日が使われる）の終値から平均値を計算し、線で結んだテクニカルです。主に線の傾きでトレンドを確認します。

たとえば日足の「5日移動平均」といえば、過去5日間の終値の平均を算出した値をつないだ線、「25日移動平均」は過去25日の終値の平均となり、それぞれ短期的な動き、中長期的な動きを見るときに使用します。

線の傾きが上向きなら「上昇トレンド」、下向きなら「下降トレンド」ということになります。また、移動平均線が上向いて、ローソク足が線の上に位置していたら「強い上昇トレンド」、下を向いて、ローソク足が線の下に位置していたら「強い下降トレンド」としてみることができます。

売買サイン ゴールデンクロスとデッドクロス

移動平均線は短期と長期、もしくはそこに中期移動平均線を表示したラインの組み合わせで分析することがありますが、売買サインとして有名なものに「ゴールデンクロス」と「デッドクロス」があります。

ゴールデンクロスは5日移動平均線などの短期移動平均線が25日移動平均線などの長期移動平均線を上に抜けることで「買いサイン」となります。逆にデッドクロスは短期移動平均線が長期移動平均線を下に抜けると「売りサイン」となります。これは非常に分かりやすいサインなのですが、しばしば「ダマシ」もあるので他のテクニカルと併用するのがよいでしょう（172ページ参照）

チャートの基本要素「移動平均線」

移動平均線は、一定期間の範囲を対象に終値の平均をラインで示したテクニカルです。チャートを構成する基本要素として表示され、その多くは、範囲の違う短期、中期、長期の３本の線で構成されています。

トレンドとしては移動平均線の傾きを見て判断し、上向きなら上昇トレンド、下向きなら下降トレンドと判断します。

また、向きだけでなく、線の位置が直近のローソク足の下にあるか上にあるかでトレンドの強さを見ることができます。直近のローソク足が移動平均線よりも上にあれば、強い上昇トレンドになります。

① 移動平均線でトレンドを確認する

●移動平均線でトレンドを確認する

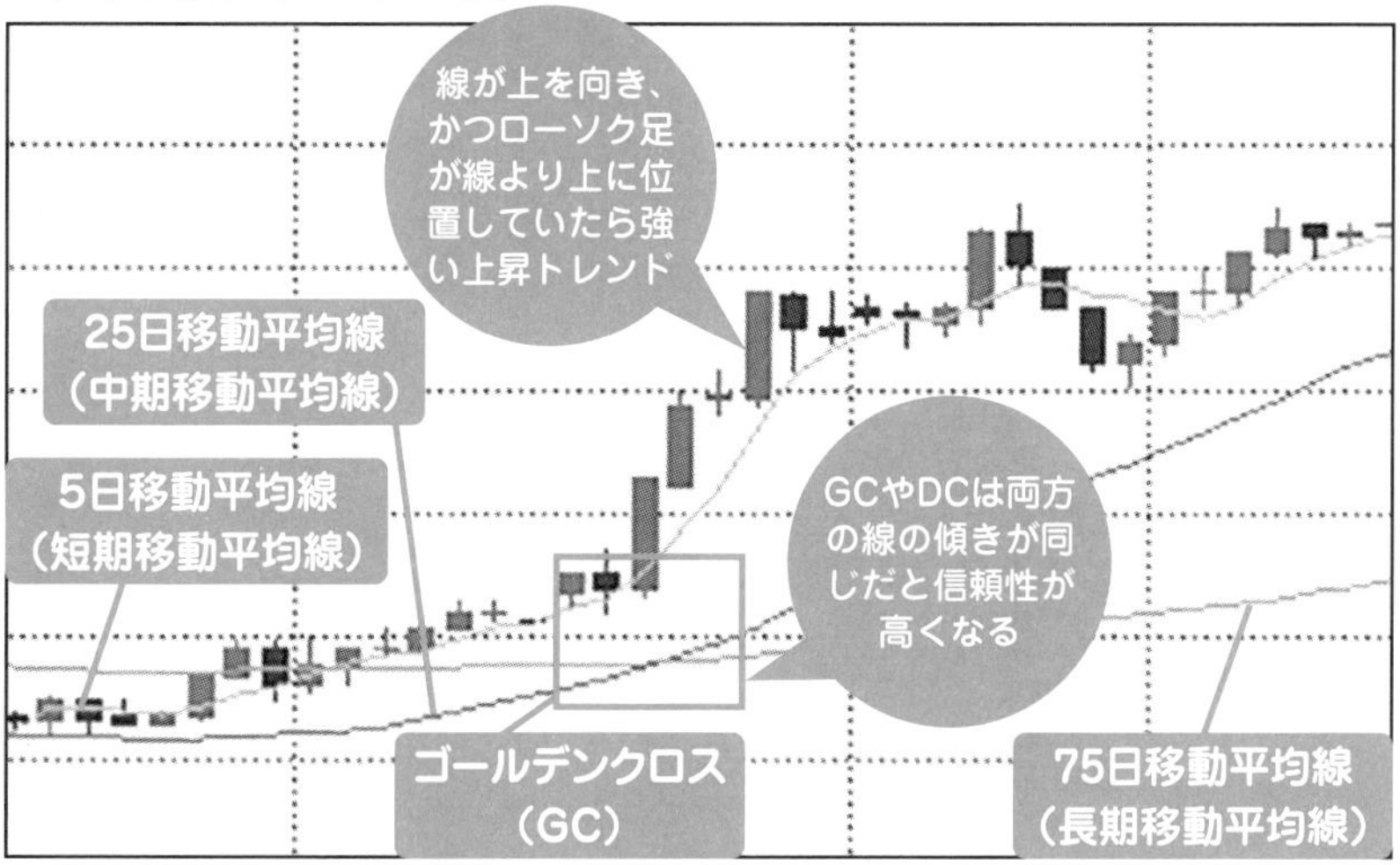

ワンポイント **移動平均線のトリビア**

○日移動平均線と表現されていますが、実際は、ローソク足の本数で計算されています。ですので、１時間足の５日移動平均線は、５日分の終値ではなく、ローソク足５本分の終値の平均で表示されています。
また、移動平均線にも種類がいくつかあります。通常、証券会社などで表示される移動平均線は期間の終値を単に平均化した「単純移動平均線（SMA）」です。他に直近の値動きを意識した「指数平滑移動平均（EMA）」という移動平均線があります。トレンドの転換を早めに確認できますが、ダマシが発生しやすいデメリットがあります。

ワンポイント **順張りと逆張り**

トレンドを確認して、流れに逆らわずに売買をしていくことを「順張り」。トレンドの転換点を考慮して逆に売買することを「逆張り」といいます。

04-06

出来高の違いが価格変動に影響する

出来高で相場の勢いを把握する

出来高は流動性のバロメーター

出来高とは売買が成立した数量です。売買の流動性を示すバロメーターであり、出来高が大きいとそれだけ活発に取引される流動性が生まれ、価格が大きく動くことがあります（ボラティリティが高い）。

価格の動きだけでなく、出来高もみて、ボラティリティ（価格変動）がどれくらいあるかを確認しましょう。

ラージの出来高もチェック

およそ日経２２５先物を利用する個人投資家の多くが、ミニもしくはマイクロで取引されることが多いかと思いますが、それら直接取引する商品の出来高だけでなく、注目しておきたいのが、日経２２５先物ラージの出来高（売買枚数）です。**機関投資家の多くが参加するのはラージ**になります。つまりそれだけ規模は大きく、流動性もより高いことを示します。

そして、日経平均株価の相場が大きく上昇したり、下落するときは、ラージの出来高も増加しているはずです。

証券会社ののサイトやツールなどで、過去の日経２２５先物ラージ（メジャーＳＱ）のチャートを確認してみましょう。日経平均株価に大きな動きがない日は、出来高も数万枚であることがほとんどです。逆に日経２２５先物ラージの出来高が10万枚を超えるような日をチェックすると、相場が大きく動いている場面があります。結果的にそこが相場の天井や大底になっていることもあり、トレンドの転換点だったことがわかることもあります。

日経平均株価の価格だけに注目するのではなく、１日の出来高にも注意しましょう。

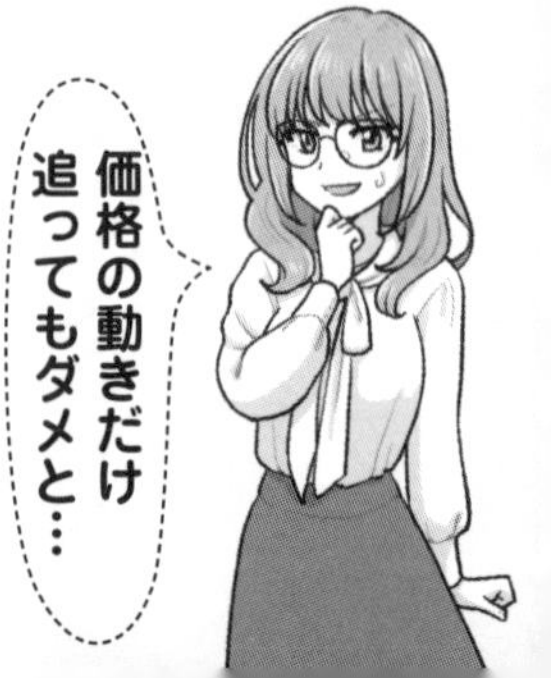

出来高を確認しよう

出来高は、足1本あたりの出来高で示されます、出来高が大きいとボラティリティが高くなり、出来高が小さいとボラティリティも低くなります。

① 日経225先物マイクロの出来高

●出来高を確認しよう

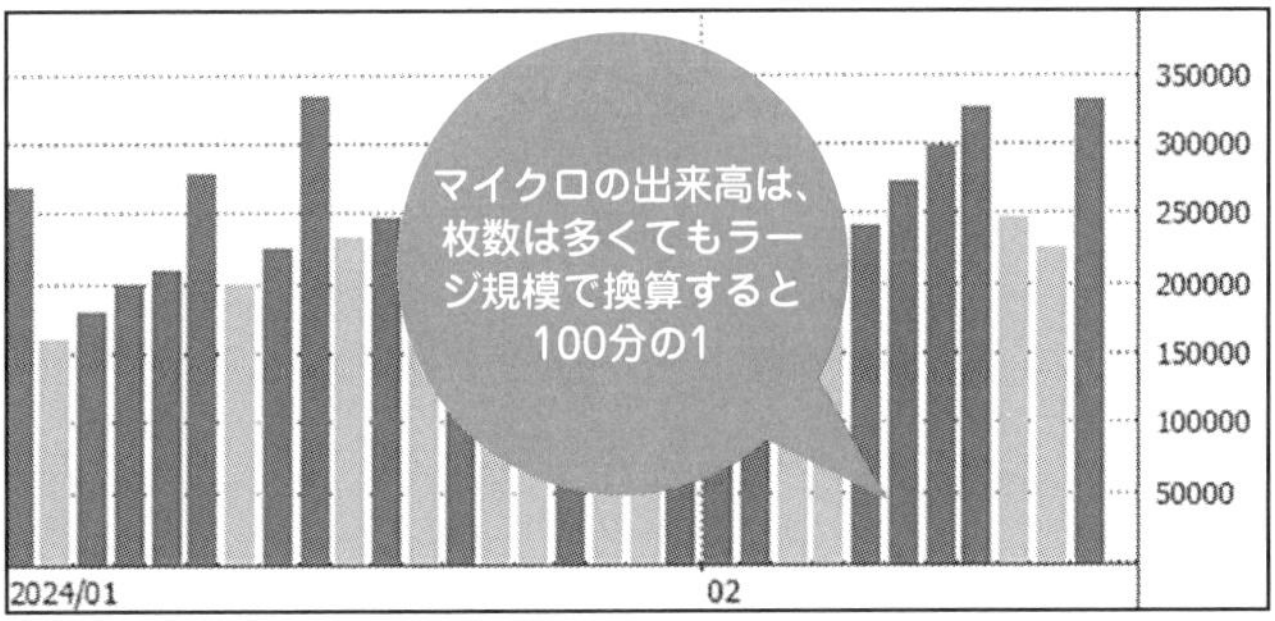

ワンポイント **ラージの出来高もチェック!**

日経225先物ラージ（メジャーSQ）の売買枚数（出来高）にも注意しましょう。大きく値が動くときは取引も活発になるので、出来高も大きくなります。
そして、ラージの1日の出来高が10万枚を超えるような日は、底を打ったか天井をつけた判断する材料にもなります。

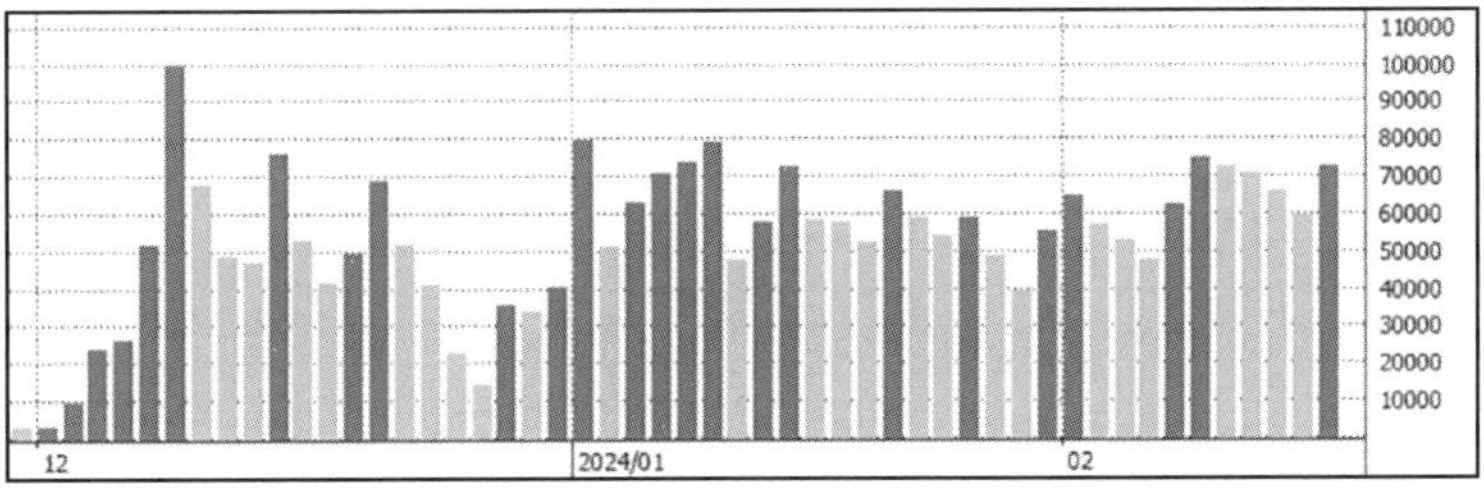

04-07

テクニカル分析の原点ともいわれる分析方法

トレンドの基本がわかる「ダウ理論」

①平均価格は全ての事象を織り込む
②トレンドは3種類からなる
③トレンドは3段階からなる
④平均価格は相互に確認される
⑤トレンドは出来高でも確認すべき
⑥トレンドは明確なシグナルがでるまで継続する

図を交えて解説していきましょう。

100年以上利用されているトレンドの定義

ダウ理論とはアメリカの有名な株価指数「ダウ・ジョーンズ工業株平均指数（ダウ平均）」の発案者チャールズ・H・ダウが19世紀末に生み出した理論で、ローソク足の安値と**高値の状態などから現在「上昇トレンド」にあるのか「下降トレンド」にあるのかわかる**というものです。

テクニカルの原点ともいえるこの理論は、日経225先物でもこのダウ理論で分析することが可能で、現在でも広く利用されています。

6つの基本原則

ダウ理論は、6つの基本法則で構成され、株価だけでなく、先物や為替などあらゆる市場にも応用できると考えられています。

その基本原則は次の6つです。

ダウ理論からトレンドの基本を知る

100年以上前から利用されており、テクニカルの原点ともいわれるのがダウ理論です。6つの基本原則を押さえることでトレンドの基本をより知ることができます。もとは株価指数など株式市場の理論でもあり、日経225先物においても親和性が高いといえます。

① 平均価格は全ての事象を織り込む

市場価格に影響を与えるあらゆる要因は平均価格（ここでは日経225先物の価格）に反映される（織り込まれる）という考え方です。

つまりファンダメンタルズとしての要因はもちろん、予測不可能な災害、そして、戦争などあらゆる情報が価格の値動きに織り込まれていくというものです。

② トレンドは3種類からなる

●トレンドの定義

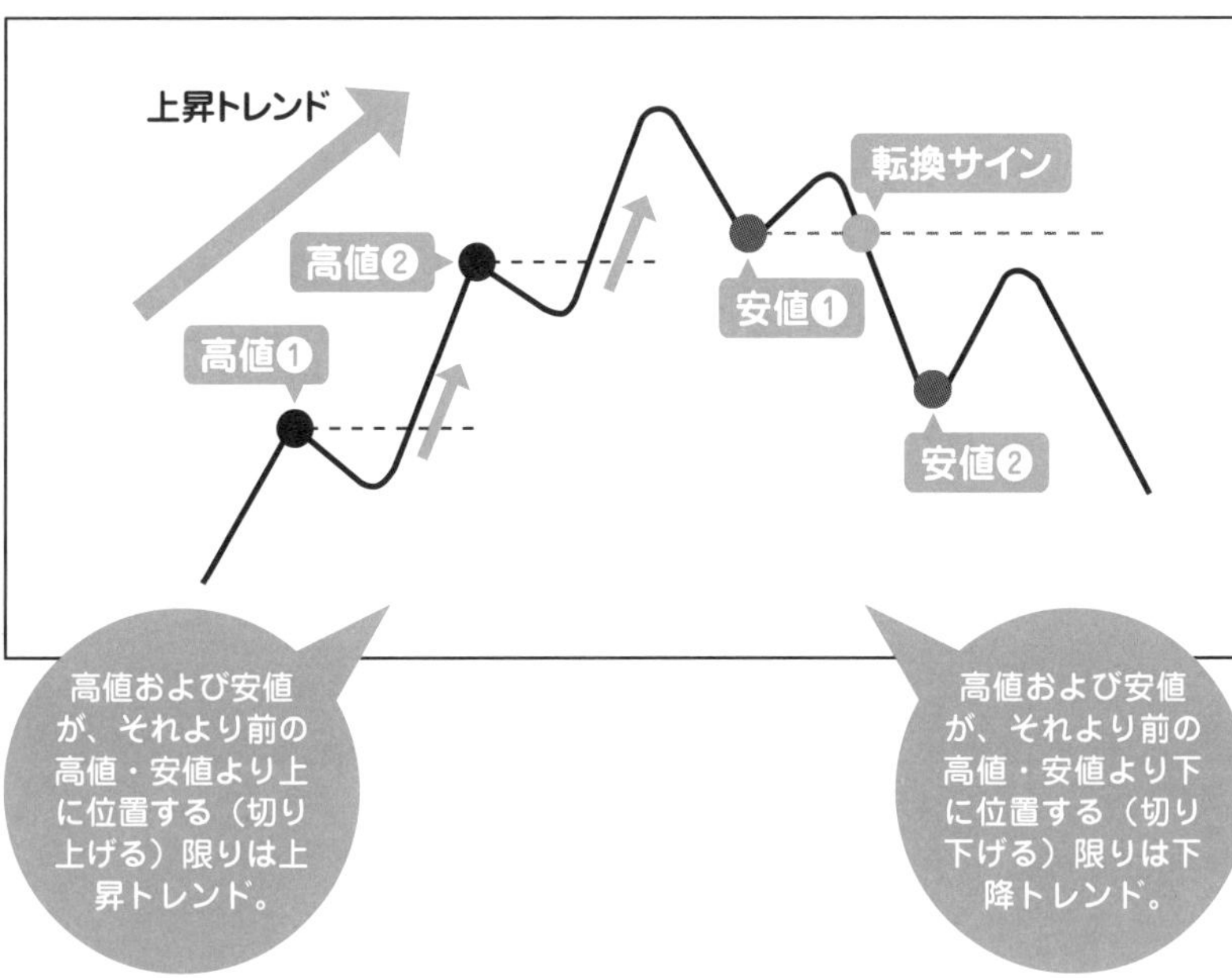
上昇トレンド
高値①
高値②
安値①
安値②
転換サイン
高値および安値が、それより前の高値・安値より上に位置する（切り上げる）限りは上昇トレンド。
高値および安値が、それより前の高値・安値より下に位置する（切り下げる）限りは下降トレンド。

●その上でトレンドの推移を3種類に分けている

長期トレンド:上昇または下降の明確な方向性。1年〜数年間続く。
中期トレンド:長期トレンドと逆行する調整局面。通常、3週間〜3か月続く。
短期トレンド:短期的な調整局面。数時間〜3週間続く。

③ トレンドは3段階からなる

トレンドは3段階を経て変化するというものです。

第1段階:
一部の先行投資家が底値で買ったり、天井から売ったりして価格に緩やかな動きが出る時期。

第2段階:
第1段階の動きに追随して急激な価格変動が起きる時期。

第3段階:
第1段階にエントリーした投資家が利益確定を行う時期。

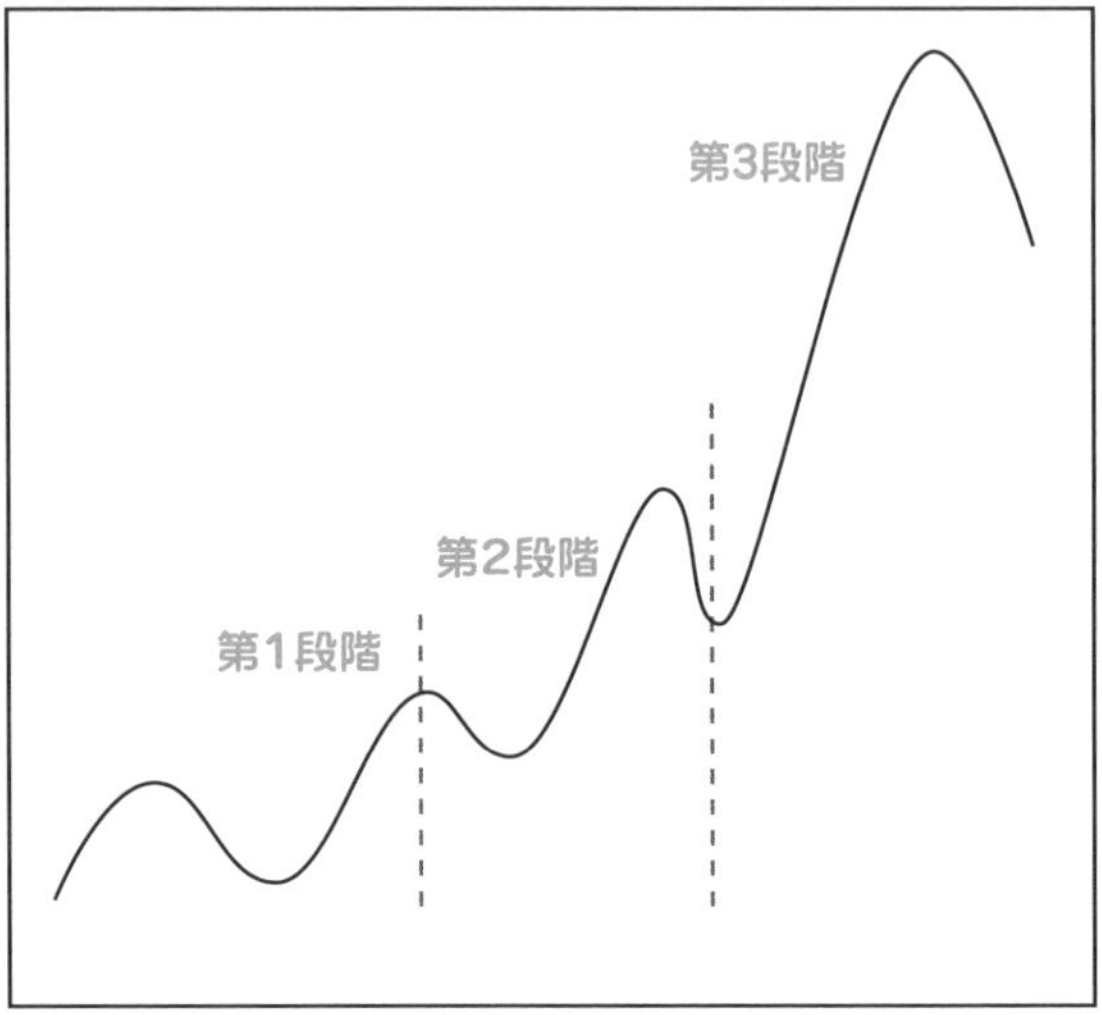

④ 平均価格は相互に確認される

これはより高い精度でトレンドを把握したいなら、複数の市場や銘柄（先物では相関関係のある指標）でも確認することが重要というものです。

●日経平均株価とTOPIX　2023年11月〜2024年2月　日足

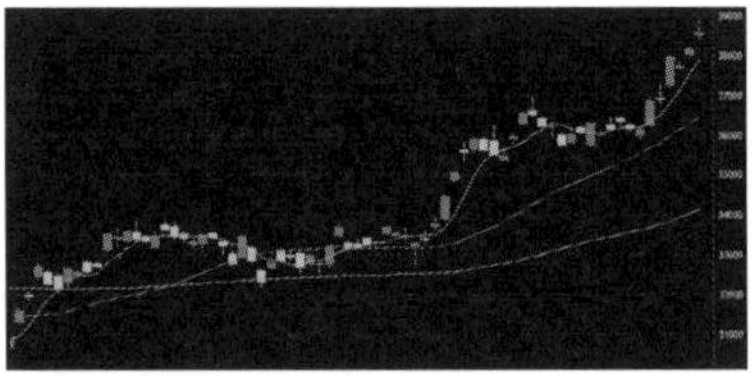

日経平均株価

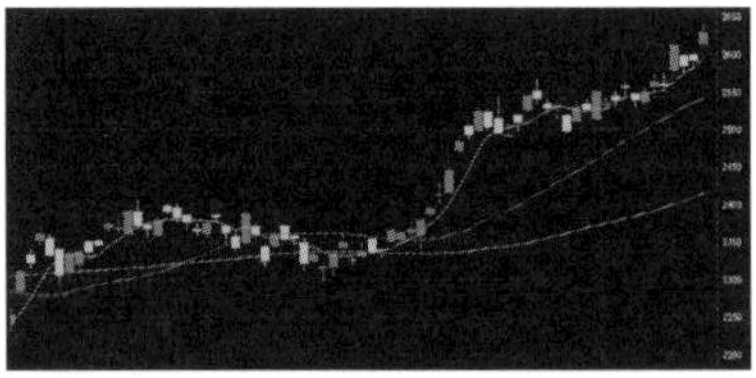

TOPIX

双方のトレンドを確認！

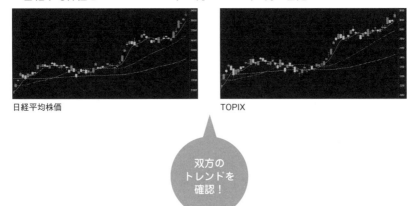

⑤ トレンドは出来高でも確認すべき

シグナルを確かなものとみるには出来高の増減を確認すべきというものです。

上昇トレンドにおいては、出来高が増加し、調整では減少しますが、もし価格が上昇しても出来高が伴っていなければトレンド転換の可能性があります。

●日経平均株価のトレンドと出来高

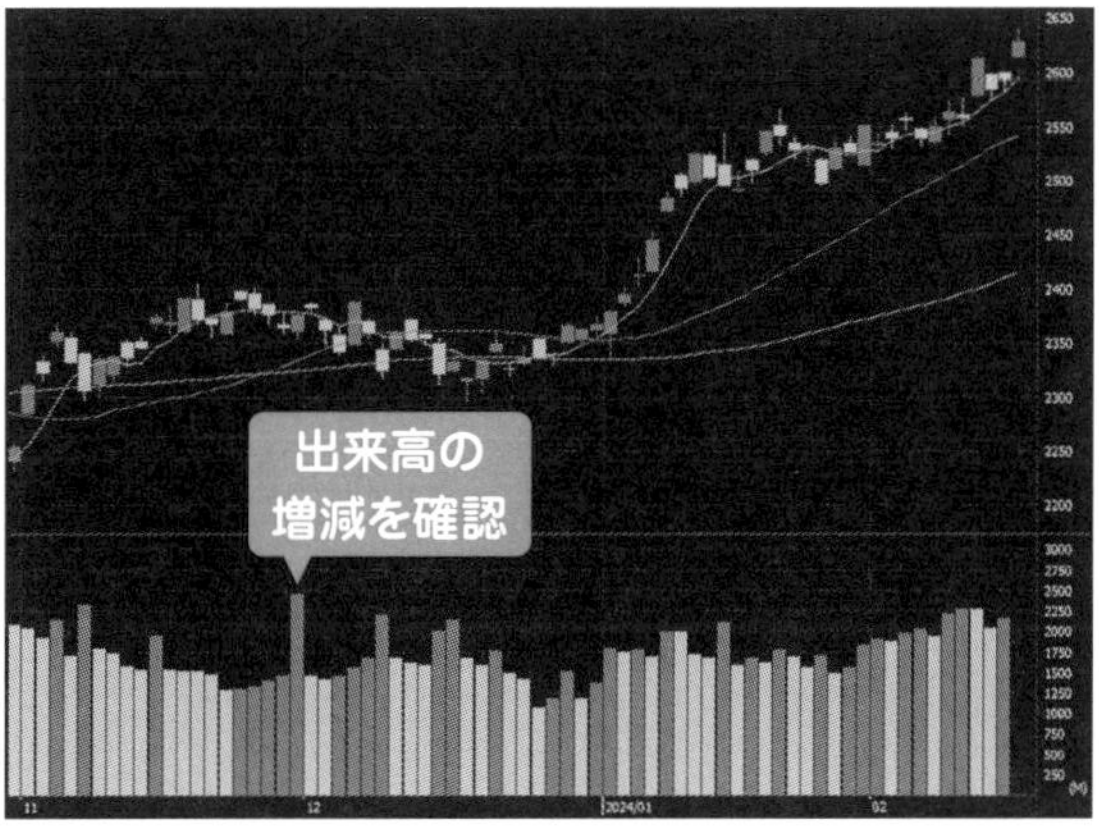
出来高の
増減を確認

⑥ トレンドは明確なシグナルがでるまでは継続する

トレンドは一度始まると、その動きは次のトレンド転換のシグナルが出るまで継続する性質があるというものです。

例えば②で提示したトレンドの定義づけを確認する。もしくは他のテクニカルでトレンド転換のシグナルがでたとき、トレンドが変わることを説明しているのです。これは順張りによる売買の考え方になります。

●日経平均株価のトレンドと出来高

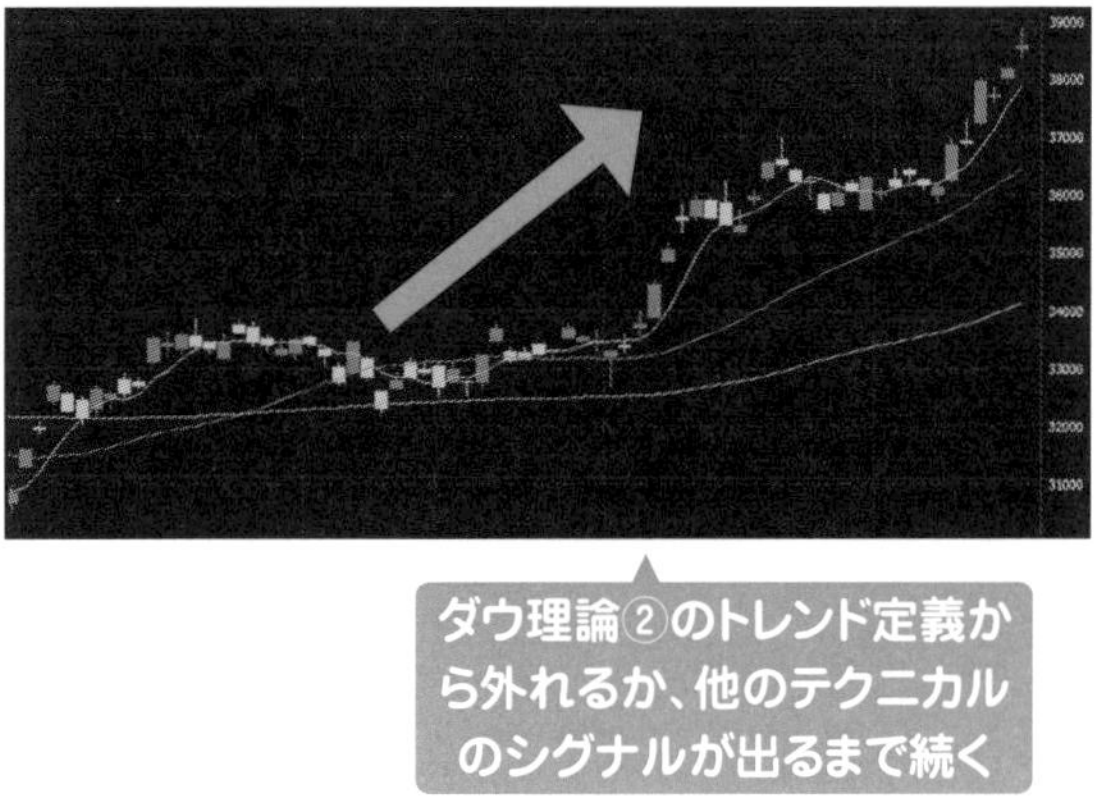
ダウ理論②のトレンド定義から外れるか、他のテクニカルのシグナルが出るまで続く

テクニカル

04-08

わかりやすいから人気のテクニカル

ボラティリティが把握できるボリンジャーバンド

視覚的にわかりやすい人気のテクニカル

ボリンジャーバンドは、過去の値動きから、価格がどこまで動く可能性があるのかを示すテクニカルです。

ＦＸや株式投資においては広く使われています。

中央のミドルライン（単純移動平均線）を中心に内側から1σ、2σ、3σのラインが上下に引かれています。σラインは終値とミドルラインがどれだけ広がっているか、標準偏差で計算され、各ライン間の幅が伸縮します。

視覚的にわかりやすいこともあり、**2σと3σはレジスタンスライン、サポートラインとして見ることができ、売買判断の目安として利用**されています。

しかしながら、実際の取引では、相場の状況次第でσラインを超え、2σから3σに張り付く形で強いトレンドを示すバンドウォークが発生することが往々にしてあります。

大きな相場の始まりと終わりがわかるバンド幅

ボリンジャーバンドは価格変動によるボラティリティの始まりと終わりを探すこともできるテクニカルです。

ボラティリティが生まれるとσライン間（バンド）が伸縮を始めます。大きな価格変動が続くことでバンドは広がり（エクスパンション）、価格変動が終了すると縮まります（スクィーズ）。

つまり、エクスパンションの発生は、差益が期待できる相場の到来を示し、スクィーズの発生はその終了を示します。

もちろん伸縮だけで売買を行うのではなく、トレンドを把握するための売買サインと合わせて活用するとよいでしょう。

皆が注目するテクニカルなので
比較的素直に動くのね

ボリンジャーバンドは本来順張り向けのテクニカル

ボリンジャーバンドは、アメリカの投資家ジョン・ボリンジャーが考案したテクニカル分析です。σラインでの反発確認での逆張りで使われることもありますが、本来は順張りでの使用を目的に作られています。

ボリンジャーバンドは、各σ（シグマ）ラインがサポートライン、レジスタンスラインとしての役目を持ち、外側になるほど抵抗と支持が強いといわれています。

❶ ボリンジャーバンドの見方

ミドルラインは、移動平均線です。そのミドルラインとローソク足の動きの変化により、各σが標準偏差によって動きます（画像は1σと2σのみ）。

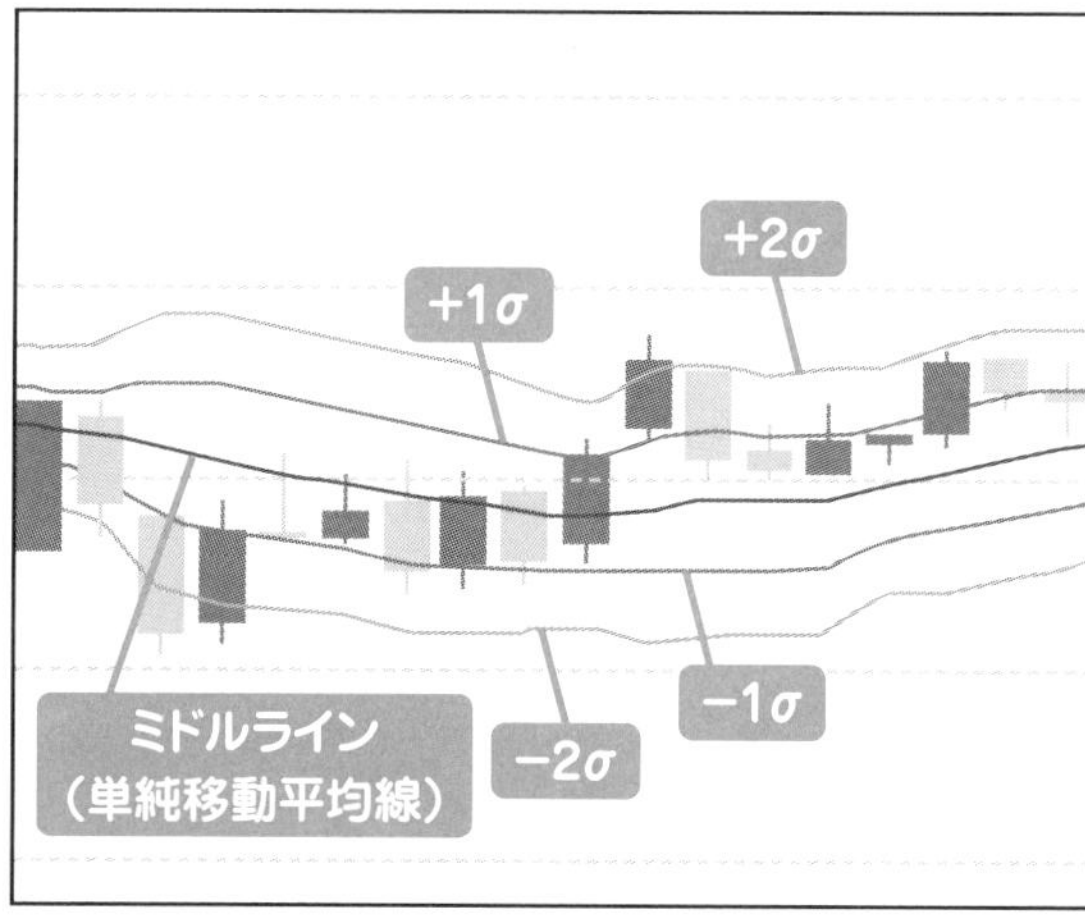

❷ バンド幅で価格変動の機会を探る

ボリンジャーバンドは、エクスパンションとスクイーズが交互に繰り替えされます。エクスパンションによる広がりは、価格変動が大きくなり、売買チャンスを見つけやすくなります。スクィーズは逆に幅が狭まり価格変動の収束を意味します。

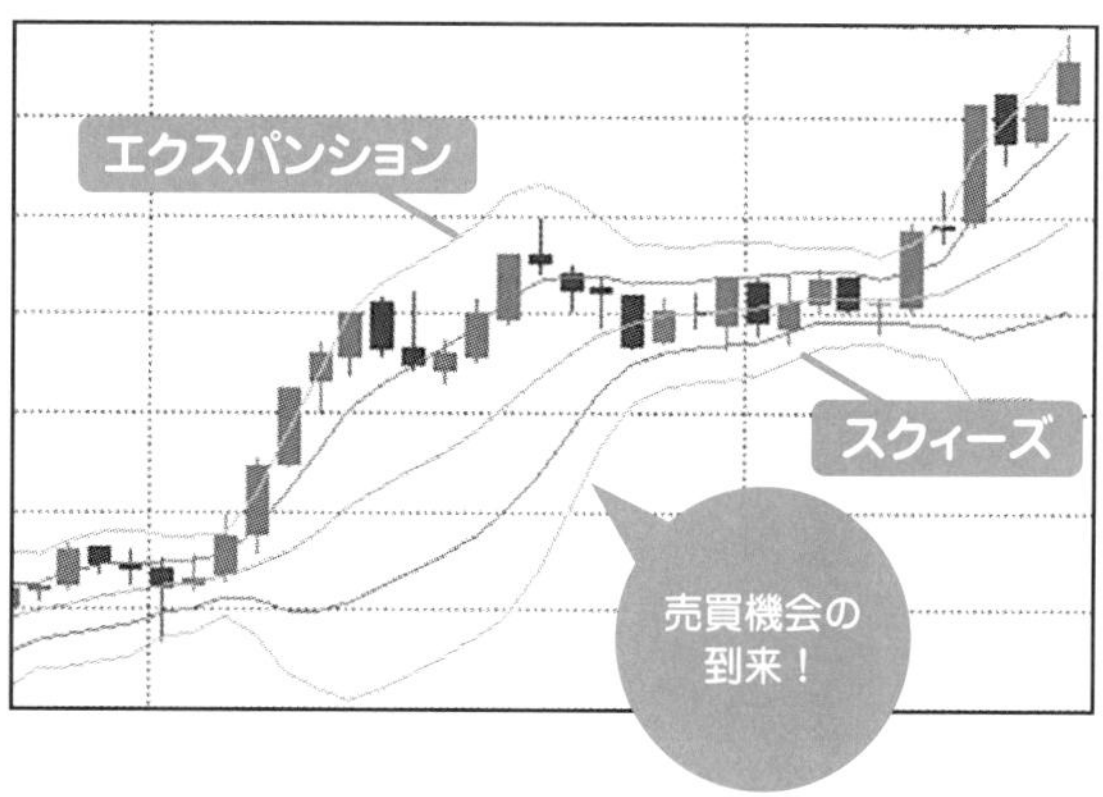

04-09

雲はわかりやすいが実は奥の深いテクニカル

先物市場では支持者が多い「一目均衡表」

5本のラインと雲を使い動きを見るテクニカル

一目均衡表は、一目山人という日本人によって開発され、相場における時間の分析に重きを置いた、先物の投資家の中でも特に人気のあるテクニカルです。

一目均衡表は「先行スパン1」「先行スパン2」「遅行線」「転換線」「基準線」の5本のラインと、先行スパン1と2で形作られた「雲」が表示されています。

一目均衡表は多様な見方ができるため多くの売買サインを見つけることができます。ここでは基本的、かつ簡単な2つのサインを紹介します。

ローソク足が雲の中から上に抜けると上昇トレンド、雲の下に抜けると下降トレンドを示唆します。

また、**転換線が基準線を上に抜けるとゴールデンクロス、転換線が基準線を下に抜くとデッドクロスを示唆します。**

過去の出来事が未来でも起こりうる

一目均衡表では時間の分析に重きを置いたテクニカルと説明しましたが、それは、先行スパンは基準線と転換線を2で割った値を26日先行させた状態を示したラインであり、遅行線は今の終値の26日前の状態を示すといった、「相場はサイクルによって形成される」という投資の「時間論」で使われる数字「26」を重視して作られています。

つまり、26日前に動いた相場は26日後にも動くという考えが一目均衡表にはあり、それが雲をはじめとした計算に使われています。

一目均衡表は、サイクルの変化を示す時間論、価格の動きを波で捉える波動論、変動幅をみる値幅観測論などといった概念が取り入れられており、すべてを把握するにはかなりの勉強と検証が必要になるテクニカルです。

時間論

相場のトレンドや相場の転換といった「相場が変化」するサイクルは「基本数値」の値によって形成されるという一目均衡表の考え方。

一目均衡表の最初は雲の見方から覚える

一目均衡表は、一目山人によって開発されたテクニカルで。日経225先物の投資家の間では特に人気のあるテクニカルです。

最大の特徴は先行スパンで作られた「雲」と呼ばれる抵抗帯で、雲を使った見方がわかりやすいところが人気の理由でもあります。

❶ 一目均衡表の構成

一目均衡表は、5本のラインと雲によって構成されています。

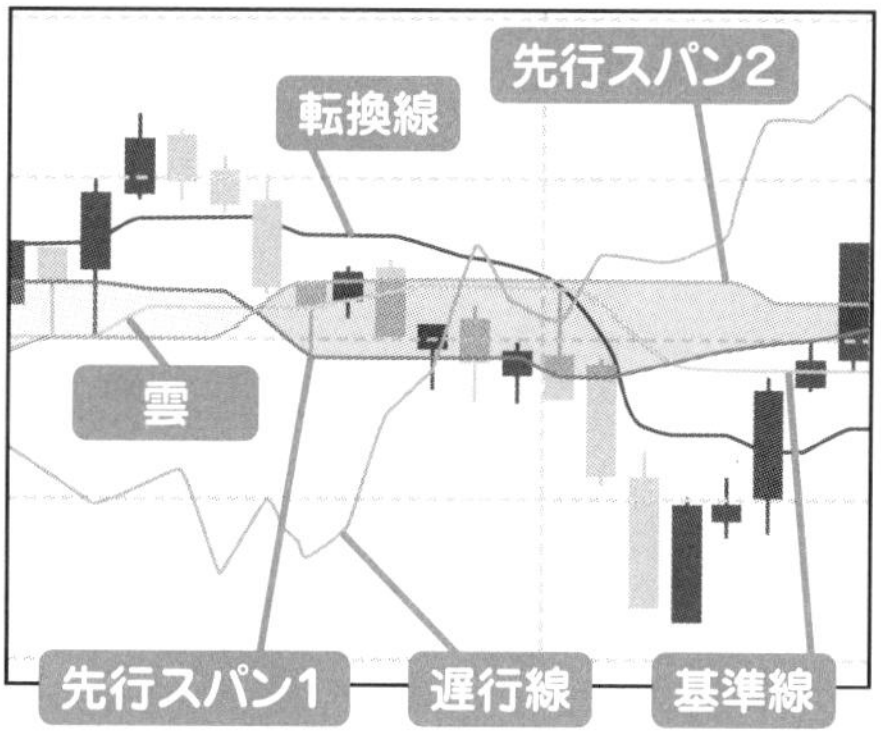

❷ 一目均衡表の雲

雲と価格の動きから以下のことがわかります。

- **ローソク足が雲の外にある場合、雲が抵抗と支持の役割を持つ**
- **雲の中に入ると価格がもみあいになりやすい**
- **価格が雲の上に抜けると上昇、雲の下に抜けると下落**
- **雲が厚いと価格が跳ね返されやすく、薄いと抜けやすい**
- **雲のねじれはトレンドの変化を示唆する**

雲が抜けた上で、ゴールデンクロスがあると信頼性が高い

04-10

オシレーターは買い手、売り手の勢いを可視化

買いすぎ売り過ぎがわかる「ＲＳＩ」と「ストキャスティクス」

買われすぎや売られすぎかの代表格ストキャスティクス

オシレーター系のテクニカルは主に買われ過ぎを売られ過ぎかを計るテクニカルで、トレンド系と併用し、チャートの下部に表示されることが多いです。

そのひとつ、**ストキャスティクスは、過去一定期間の高値と安値の変動幅から相場の強弱を示したテクニカル**です。高値圏と底値圏の時期を判断するのに使われています。

「％Ｋ」「％Ｄ」という2本のラインから構成され、「％Ｄ」の数値が１００％に近いほど「買われすぎ」、80％以上なら「売りサイン」となり、逆に0％に近いほど「売られすぎ」、20％以下であれば「買いサイン」としてみます。また、「％Ｋ」「％Ｄ」のクロスによって売買シグナルを見ることもできます。

なお、ストキャスティクスには「ファースト」「スロー」の2種類があり、それぞれに特徴があります。

逆張りで使用されることの多いＲＳＩ

ＲＳＩは「価格が上がる」「価格が下がる」、どちらの力が強いのかを終値で計るオシレーター系のテクニカルです。「買われすぎ」や「売られすぎ」を分析できるので、**ＲＳＩは主にボックス相場での「逆張り」のシグナルとして使用されることが多い**です。

期間は14で設定され、数値は50％を中心として、上昇トレンドに入ると50％以上で推移し、下降トレンドに入ると50％以下で推移します。70％以上にあれば買われすぎ、30％以下にあれば売られすぎと判定することができます。

なお、ＲＳＩに限らず、オシレーターでは「ダイバージェンス」というローソク足の動きとオシレーターが逆の動きをすることがあり、ＲＳＩでは相場の転換を示唆しているといわれています。

オシレーター「ストキャテクス」と「RSI」

相場の流れを示すトレンド系に対して、オシレーター系のテクニカルは、「買われ過ぎ」「売られ過ぎ」など、売買の変動に重きを置かれ、主にトレンド系テクニカルと併せて使われます。

オシレーター系テクニカルはトレンド系同様多様にあります。ここでは「ストキャテクス」と「ＲＳＩ」について解説します。

① ストキャスティクス（ファーストストキャクティクス）

一定期間の価格の変動幅と現在の終値と比べて、売りと買いどちらの動きが強いかを示したテクニカルです。

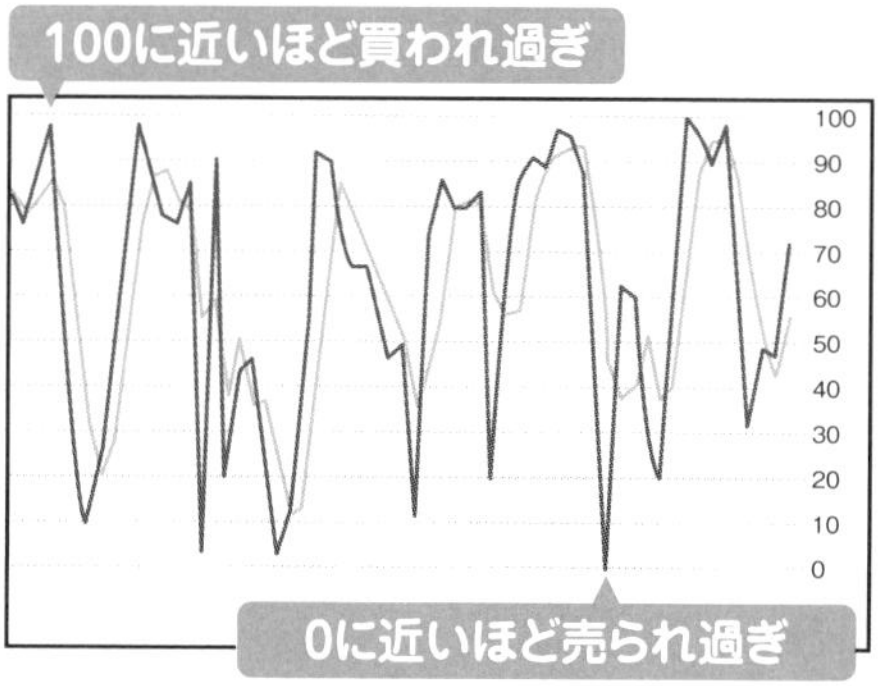

ワンポイント

2種類のストキャスティクス

ファーストストキャスティクスは、相場の動きに敏感に動くように計算されているために、短期売買にはよいですが、ダマシが多いといわれています。

一方のスローストキャスティクスは、その欠点を補っていますが、反応がファーストよりも遅くなります。

② RSI

一定期間の終値から売りと買いどちらの動きが強いかを変動幅で示したテクニカルです。

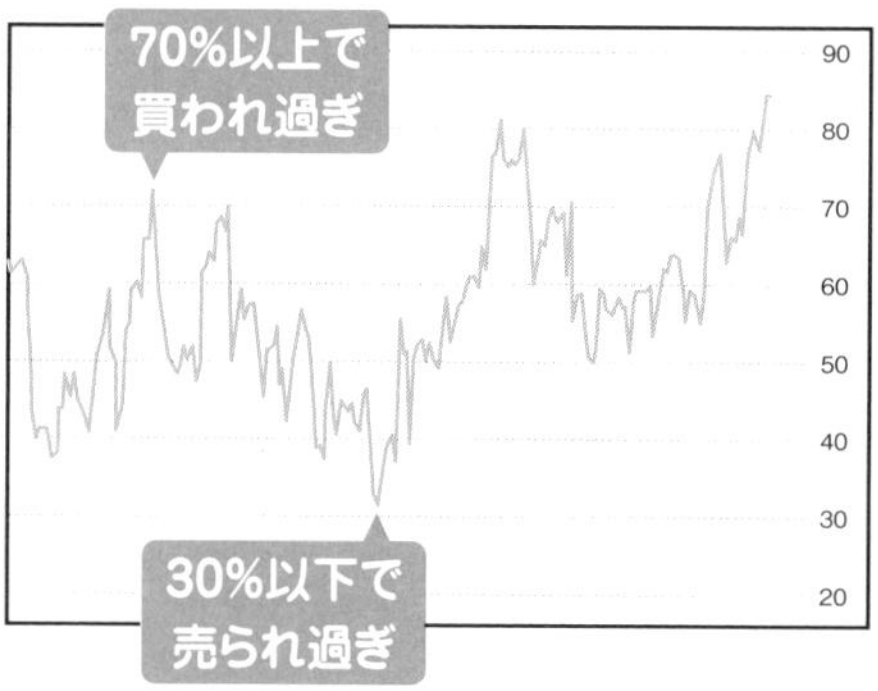

ワンポイント

ダイバージェンスの見方

ダイバージェンスは逆行現象ともいい、ローソク足が上昇してもオシレーターは下がるなど逆の動きを示します。これは相場の高値圏や安値圏で、価格とオシレーターの計算に開きが生じることで起こります。

オシレーター全般で発生するダイバージェンスですが、RSIでは重要なトレンドの反転シグナルになる可能性が高いといわれています。

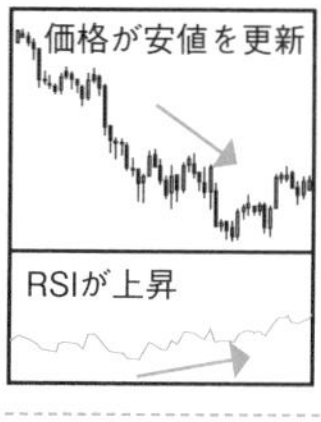

04-11

人気のテクニカルのひとつ

トレンド確認にも使える「MACD」

上昇&下落の勢いで売買ポイントがわかるMACD

MACD（マックディー）は、期間の異なる2つの移動平均線を利用しているため、**トレンド時に効果のあるオシレーター系のテクニカル**です。

0（ゼロ）ラインを軸として、「MACD」と「シグナル」の2本のラインのクロス具合から売買のタイミングを判断します。

MACDがシグナルを上に抜いたときがゴールデンクロス（GC）で「買い」サイン、MACDがシグナルを下に抜いたときがデッドクロス（DC）となり「売り」サインとなります。

また、0ラインよりMACDとシグナルの2本の線が上にあるときは上昇トレンド、下にある場合は下降トレンドの継続を示唆しています。

ヒストグラムの役割とダイバージェンス

MACDの背景としてある表示されているヒストグラム（棒グラフ）はMACDとシグナルのかい離をラインで表示し、双方の開きを視覚的に示したものです。特にバーが0ラインに近づくことでGCやDCなどのトレンド転換が近いことを示します。

また、オシレーター全般でみられるダイバージェンスですが、これはMACDでもみられます。例えばMACDのダイバージェンスは高値圏や安値圏などで発生しますが、短期の移動平均線と長期の移動平均線との差が前回の高値更新時よりも少ないという状況で、上昇の力が弱まってきたこと（トレンド転換の兆候）を示しています。

初めての人にもシグナルが見つけやすいです

トレンド系の特徴を持ち合わせた「MACD」

MACDは移動平均線を使ったオシレーター系のテクニカルですが、トレンド系の特性を持っているため人気のあるテクニカルのひとつです。

MACDとシグナルの2本のラインの交差を売買のタイミングとして用いられることが多く、初心者でもシグナルの発見が容易です。

MACDの要素

MACDはトレンドの確認と２本のラインの交差で売買タイミングをしることができるオシレーターです。

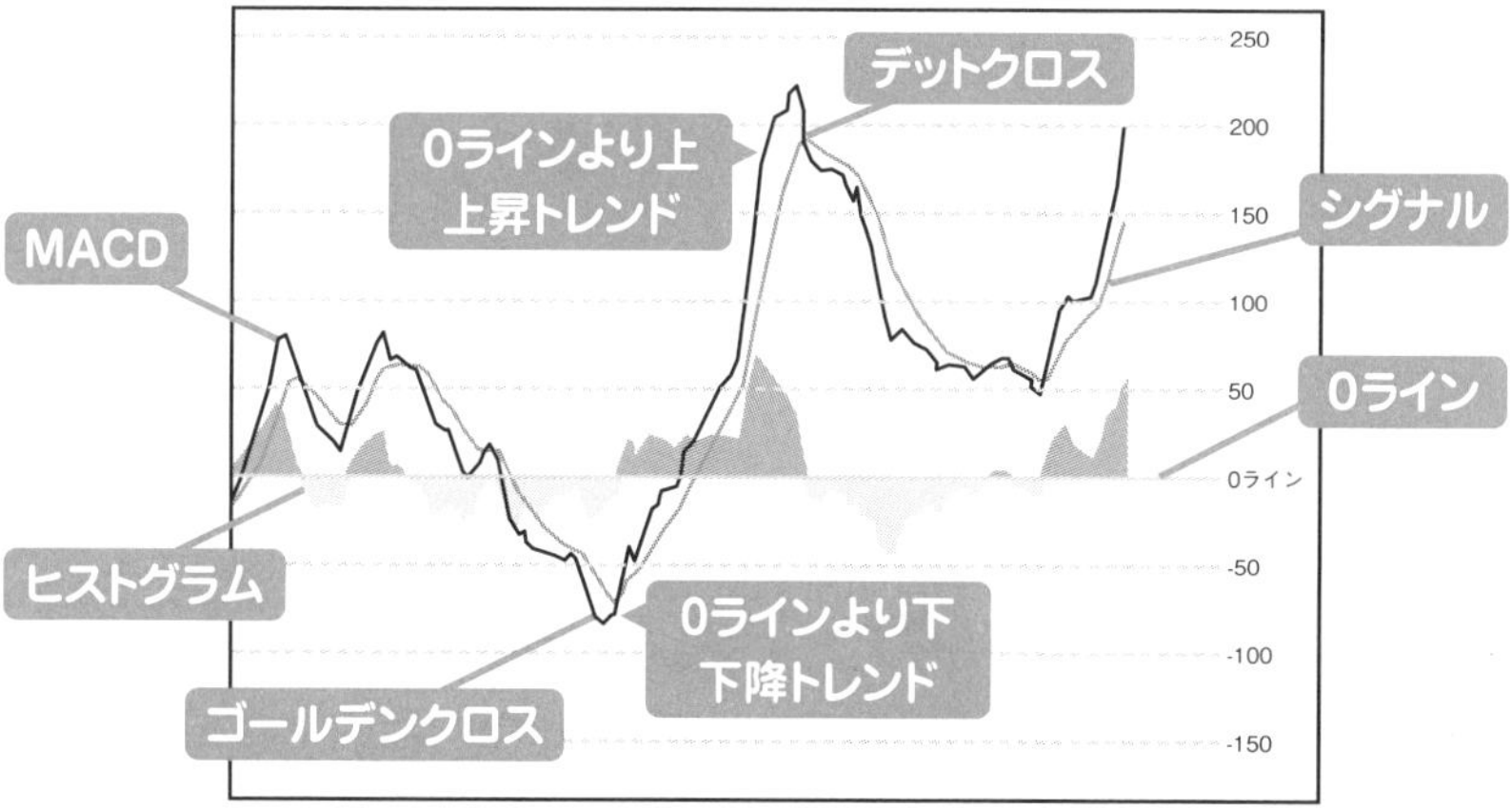

ワンポイント MACDに使われている移動平均線

MACDに使われている移動平均線は、「指数平滑移動平均（EMA）」になります、通常の移動平均線は「単純移動平均線（SMA）」であり、一定期間の平均ですが、EMAは直近の値動きに敏感に反応するように重みを使って計算されているのが特徴で、シグナルをいち早くみることができるようになります。
ただし、シグナルをいち早く見ることができるということは、その分ダマシの多さにもつながります。

短期（12）と長期（26）のEMAの差を出したMACDと、シグナルとして使っているEMA（9）の動きから計算される

04-12

VWAPで売買の判断力を磨く

買い手、売り手の勢いを可視化

当日の値動きを可視化

VWAPは、出来高(または売買高)加重平均価格といい、当日の取引で成立した価格の平均をチャート上に表したライン(または数値)です。厳密には、価格ごとの出来高を加味して加重平均した価格を計算しています。例えば、日中立会のVWAPが3万6000円である場合、その時点での取引価格の平均が3万6000円ということです。

VWAPの計算式は「1日の累積売買代金÷1日の累積出来高」です。**「1日の」からわかるように、VWAPが示す数値は短期的で当日のデータである点が特徴**です。

値動きのトレンドなどを示すテクニカルは、通常は日をまたいだ連続したデータで分析します。例えば、25日の移動平均線は過去25本分のローソク足の終値の平均を計算します。しかし、VWAPは当日のデータのみで算出するので、前日との連続性はありません。

向きと位置を見て取引に役立てる

VWAPのポイントは3点あります。ひとつ目は「線の向き」です。VWAPが上向きの場合は、売り手よりも買い手が優勢、下向きの場合は売り手優勢といえます。

2つ目のポイントは現在値との位置関係です。VWAPは当日の取引価格の平均ですので、現在値がVWAPより上にある場合は利益が出ている買い手が多く、下にある場合は利益が出ている売り手が多いといえます。

最後はVWAPの向きと、現在値との位置関係の変化です。VWAPが上向きから下向きに変わるということは、値上がりから値下がりの可能性が高くなったことを示します。また、VWAPの上にあった現在値が下になった場合、買い手優勢から売り手優勢になったことを示します。このような動きをとらえて売買どちらのポジションを取るかを考えることができます。

このテクニカルは機関投資家が使っています

加重平均

一般的な平均では値が偏ってしまう場合に用いられる平均の算出方法。重要なものに重みを加えることでより実態に沿った数値を割り出す

機関投資家の執行価格の目標値と使われる「VWAP」

VWAPは聞き慣れないテクニカルですが、当日の取引所の平均価格の実態を表すだけに、機関投資家にとっての執行価格の目標値として使われています。

① VWAP

VWAPはその日の出来高の平均を示すオシレータ系テクニカルです。

計算式:
1日の累積売買代金÷1日の累積出来高総数=VWAP

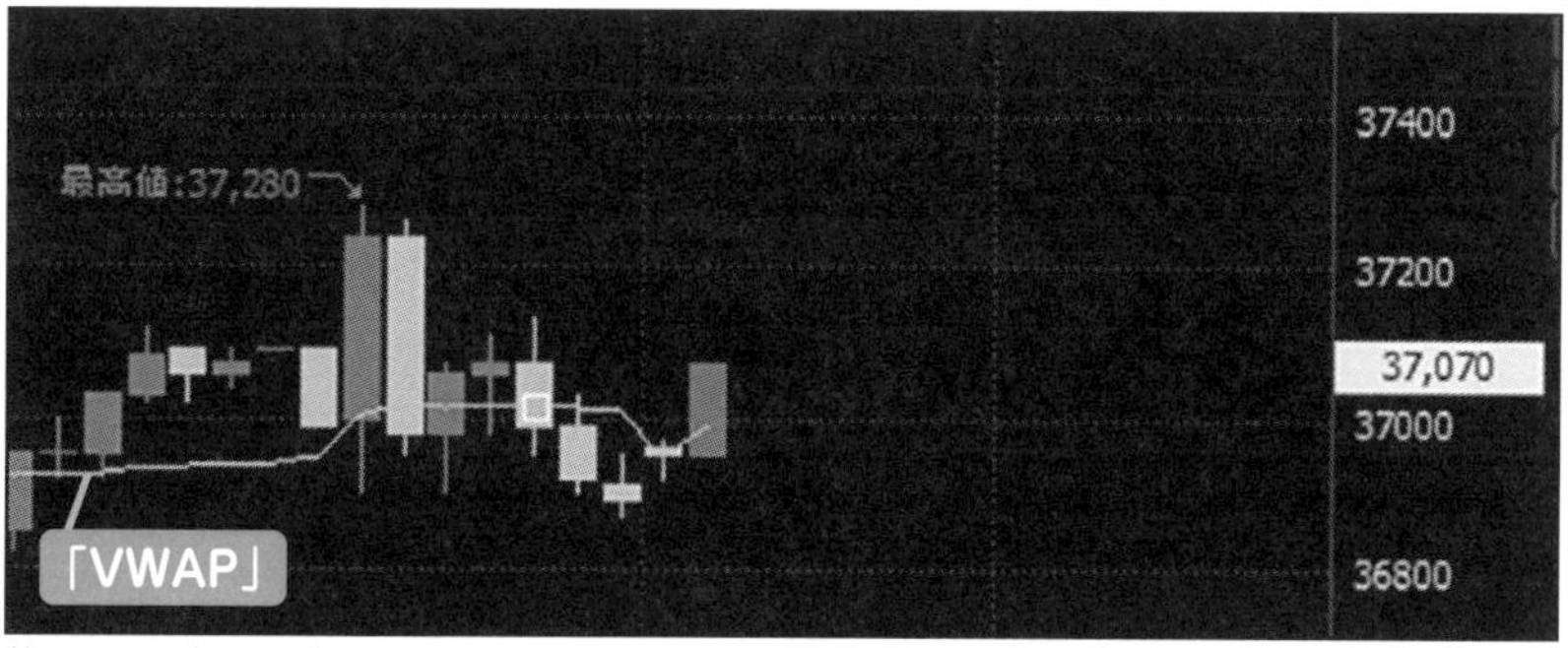

前日からのデータの連続性がないため、ラインでなく数字で示されることもある　Hyper SBI2より

② 売買でのVWAP活用方法

VWAPは当日の取引の平均価格（加重平均）を示し、値動きのトレンドや買い手と売り手の力のバランスを見ることができます。

● VWAPが上向き

価格が上昇傾向　買い手の力が強い

買いポジションを検討!

● VWAPが下向き

価格が下落傾向　売り手の力が強い

売りポジションを検討!

● 現在値がVWAPより上

買い手が利益（含み益）を得ている

買いポジションを検討!

● 現在値がVWAPより下

売り手が利益（含み益）を得ている

売りポジションを検討!

04-13

ファンダメンタルズでチェックすべき項目

日経平均株価で注目しておきたいニュース

日経平均株価に影響のあるニュース

日経平均株価は国内外の要人による発言や、さまざまな出来事や事件などのニュースにも影響を受けます。このような**ニュースなどで日経平均株価の動向を予想することをファンダメンタルズ分析**といいます。

日経平均株価は日本国内だけでなく、海外のニュースでも左右されるのでファンダメンタルズのチェックは大事です。

国内の景気動向を示すGDP

「経済成長率が1％成長」などとニュースで公表されるのはGDP（国内総生産）の伸び率のことを指します。GDPは日本国内で生産されたモノやサービスの総額でどれだけ伸びたかを経済成長率で表しているのです。

もし、名目GDPがプラスかマイナスのニュースが流れると、日経平均株価は、日本経済の鏡ともいえるので、それにあわせて「買い」「売り」の判断が行われ価格が上下することになります。

雇用統計で景気の動向を計る

雇用も経済状況を知るのに重要な要素で経済の将来性を計る指標となりますが、**日本の雇用統計だけでなく、アメリカの雇用統計も日経平均株価に影響**を与えます。

雇用は「失業率」や「有効求人倍率」などの統計で判断できますが、予想よりも失業率が低ければ日経平均株価が上がり、高ければ下がります。

政治動向でも景気は左右される

政治が安定していると経済も良くなりますが、政治が不安定になると経済にも悪影響を及ぼします。日本でも過去政権交代が繰り返されたことがありましたが、その度に日

ファンダメンタルズ分析から大きな流れを把握する

ファンダメンタルズ分析は、国内外の様々なニュースや出来事から長期的な価格の行方をチェックするものです。
日経平均株価は、日本の経済成長率、国内外の雇用統計や政治動向、金融政策です。原油価格や中国の指数動向などはもちろん、災害や戦争など、突発的な出来事でもやはり日経平均株価は影響を受けます。
その一方、意外性のあるニュースだと、価格が大きく動くこともありますが、予想通りの場合は、織り込み済みとして逆に動く可能性もあります。

① GDP（国内総生産）

GDPは国内で生産されたモノやサービスの付加価値の合計額です。

名目GDPの…

上昇で▶買い
下落で▶売り

発表前に予想される事前予想から上昇していれば買い。下落していれば売りになる

GDPは名目と実質の2つがあるが投資では名目が重視される

●日本の経済成長率
（名目10年間前年比）

年度	成長率（%）
2012	0.6
2013	1.6
2014	2
2015	3.7
2016	1.2
2017	1.6
2018	0.6
2019	0.2
2020	-3.2
2021	2.4
2022	1.3
2023	5.7

内閣府

アメリカの動きも要確認！

② 日米の雇用統計

	事前予想との差	日経平均株の動き
日本の有効求人倍率	高い	買い
	低い	売り
日本の失業率	高い	売り
	低い	買い
アメリカ雇用統計	高い	買い
	低い	売り

日本とアメリカの雇用統計の発表前後で日経平均株価は動くことがある

※有効求人倍率は毎月末もしくは月頭8時30分に公表（厚生労働省）
※失業率は毎月末8時30分に労働力調査（基本集計）より公表（総務省統計局）
※アメリカ雇用統計は毎月第一金曜日。4月～10月(夏時間)は日本時間21時30分、11月～3月(冬時間)は日本時間22時30分に発表

経平均株価は様々な反応をしてきました。内閣の交代や衆院選などの選挙結果なども、経済動向に影響を与えます。

特にアベノミクスの端緒となった2012年の政権交代による日経平均株価の動きは大きなところでしょう。

日銀の金融政策決定会合や米国のFOMCにも注目

日本銀行（日銀）は日本の中央銀行です。そこで定期的に行われる「金融政策決定会合」では、金利の引き下げや引き上げ、金融市場への方針が話し合われます。

好景気なら金利を引き上げて景気の過熱を抑制し、不況なら金利を引き下げて景気を活発化させます。一般的には「利上げ」＝円高で日経平均株価が下がり、「利下げ」＝円安で日経平均株価が上がる傾向にありますが、必ずしもそうなるとは限りません。

また、アメリカの金融政策を決定する機関である「FOMC」が年8回（6週間ごと）発表する報道にも注意したいところです。米国の中央銀行に当たるFRB（連邦準備制度理事会）が開催するFOMCの政策方針は、為替レートや金利など世界的に大きな影響を与えるので、経済が密接につながっている日本にも影響があります。

海外の出来事は為替を介して影響を与える

アベノミクス以降、日経平均株価と為替の相関関係が以前よりさらに強くなっており、円安＝株高、円高＝株安になる傾向があります。つまりはアメリカなどの海外株式市場の上げ下げ、日本とアメリカの政策金利の差などの海外の諸情報はもちろん、要人の発言も為替（ドル円）を通じて、日経平均株価に影響を与えています。

逐次すべてをチェックは難しいかもしれませんが、少なくともアメリカのFRBの動きや雇用統計などの指標の発表時間はチェックしておきたいところです。

③ 政治動向

内閣の動きだけでなく、選挙の結果などの政治動向でも日経平均株価には影響がでます。

政治的に安定し、選挙でも与党の議席が多数になれば安心材料になるので、日経平均株価は上がるといわれていますが、これまでの政治動向やスキャンダルなどの与党に対しての政治不信があり、野党に期待が持てた場合は、2012年の解散総選挙の時のように野党の勝利で逆に上がることもあります。

④ 日米の金融政策

日本銀行（日銀）による金融政策の解除は利上げを意味するため、日経平均株価が下がるといわれています。一方でFRBによるアメリカの金利の上げ下げは、為替も動かすため、結果として日経平均株価にも影響を与えます。

● 日銀の金融政策決定会合

年８回行われる日本の中央銀行である日本銀行による金融政策に関する会議。24年3月にマイナス金利の解除に伴い、日本の金利動向が注目されている。現在の日銀の操作は植田和男

● アメリカFRBのFOMC

アメリカの中央銀行制度の最高意思決定機関がFRB。FOMCはFRBで行われる年８回の金融政策の会合。24年２月時点では政策金利の利上げ局面がどうなるかが注目されている。現在の議長はジェローム・パウエル

ワンポイント **日経平均株価と為替**

為替、とくにドル円は、ニュースでも円高円安と頻繁に報道されています。

現状、円高で日経平均株価が下がり、円安で日経平均株価が上がる傾向にありますが、それは日米の経済状況や金融政策によるものであり、今後も必ずしもそうなるとは限りません。

データ

04-14

先物取引で押さえておきたいデータ

先物価格の寄り付きに影響を与える「ＶＩＸ指数」と「ＣＭＥ日経２２５先物」

ＶＩＸは短期的な相場の心理状況を表した指数

日経２２５先物は、日本の株式相場よりもはやく開かれますが。その日の寄り付きの手がかりとして、アメリカ市場の相場の動きから確認したほうがよいでしょう。

先物取引においては、通常の指数以外に「ＶＩＸ指数」と「ＣＭＥ日経２２５先物清算値」を紹介します。

ＶＩＸ（Volatility Index）とは、Ｓ＆Ｐ５００指数先物オプション取引を元に計算され、投資家の心理を価格変動の幅で示した指数です。ニュースや災害で相場が荒れることが予想されるとＶＩＸも大幅に上昇します。

米国のＶＩＸ指数は通常は20%未満を示していますが、20%を超えると警戒相場といわれ、多くの投資家がリスクオン・オフのボーダーラインとして認識しています。

ＶＩＸが20%を超えてきたら更なる下落に備え、先物売買では売り目線で臨む方がよいといわれています。

ＣＭＥ日経２２５先物の清算値でみる

ＣＭＥ日経２２５先物とは、アメリカのシカゴ・マーカンタイル取引所で取引されている日経２２５先物取引のことです。

このＣＭＥ日経２２５先物の清算値（終値に相当）が、朝の日本市場の寄り付きの値として大体の目安となります。

シカゴ市場の終了後に相場を動かす材料が出ない場合、朝の日経２２５先物の寄り付きがＣＭＥ日経２２５先物の清算値より高いか安いかで、寄り付きにおける日本市場参加者の心理の強弱を判定できます。

また、日本市場の寄り付きの気配値と清算値とのかい離が大きい場合は、相場を動かすニュースか為替の変動など相場を動かく出来事が起こったとみて、情報のチェックを行った方がよいでしょう。

寄り付きの参考になる「米国VIX指数」と「CME日経225先物」

VIX指数は、別名「恐怖指数」といわれています。S&P500種株価指数のオプション取引の価格をもとに算出しています。オプションは、「買う」「売る」の権利を売買するので、その動向によって先行きの不安やリスク回避の姿勢をこの指数が表しているのです。

CME日経225先物は、アメリカで取引されている日経225先物です。日経225先物は、ほかにシンガポール（SGX）でも取引されています。

① 米国VIX指数

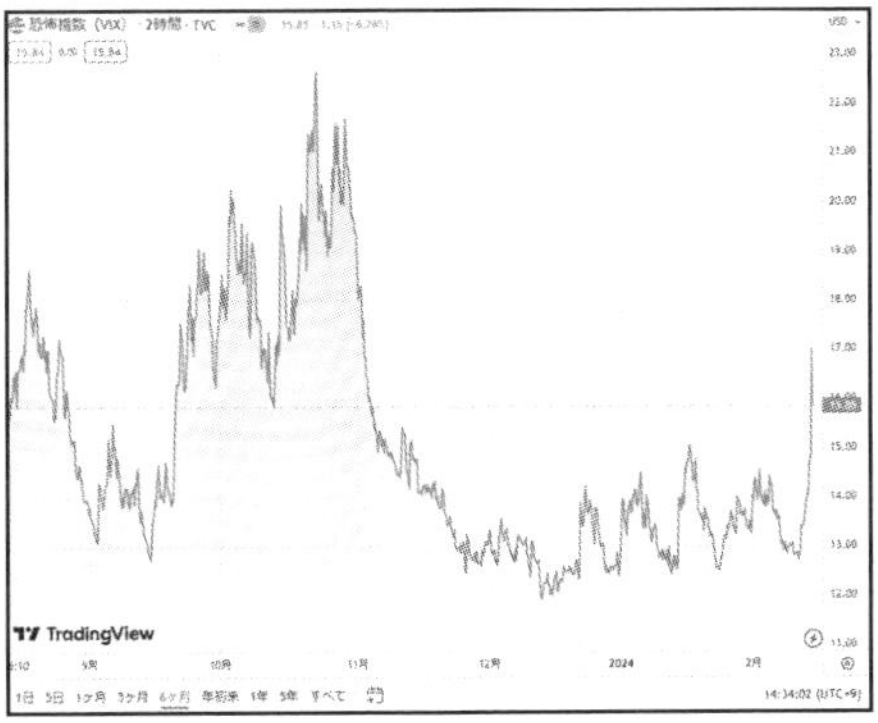

（Tradingviewより）

● 米国VIX指数の見方

30%以上→市場の混乱

20%以上→警戒

20%未満→平時

② CME日経225先物

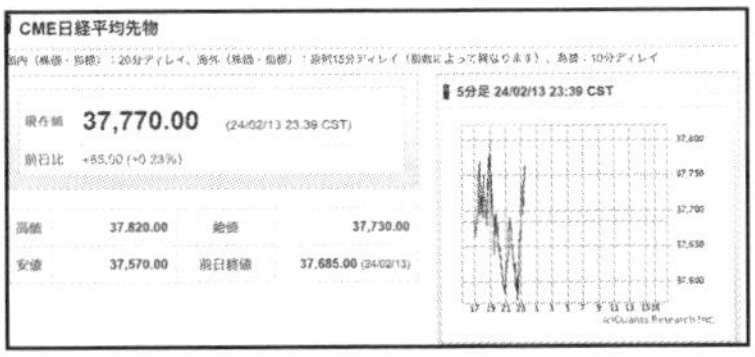

日本市場の寄り付きの値の目安になる

CME日経２２５先物の精算値（終値）をチェック！

ワンポイント

SGX日経平均先物と日経VI指数

シンガポール取引所に上昇している日経225先物（日本時間8:30スタート）です。普段の注目度は低いですが、欧州市場後に大きなニュースが出た際には、寄り付き価格が参考になるといわれています。

また、日本版の恐怖指数が「日経VI指数」です。日経VIの警戒ラインは米国VIXよりも高く24%以上といわれており、おおむねその数値で機関投資家が動くといわれています。

column

相場の急変時はテクニカル指標が機能しなくなる

混乱時は昨日までのトレンドは参考にならない

４章で紹介したテクニカル分析は、売買のタイミングを判断するために有効ですが、万能ではありません。

例えば、突発的な事件や災害が起きるなどで相場が急変すると、その時動いていたトレンドは崩れ、トレンドを分析する移動平均線などのテクニカルは機能しなくなります。

トレンド系テクニカルは過去の情報（主に取引価格の推移）を計算していますが、直近の急変ではトレンド転換を示すタイミングが遅れるだけでなく、情報が錯綜することで一時的に方向感が見えなくなります。

「昨日まで上がっていた・下がっていた」はあてにならなくなります。

安易な売買は損失につながる

売買の需給バランスを分析するＭＡＣＤやＲＳＩなどのオシレーター系のテクニカルも相場の急変時は参考になりません。平時であれば、取引に役立ちますが、相場の急変時は、売られすぎを示している状態からさらに売られることもあります。

そんなタイミングで売買行うと大きな損に巻き込まれる可能性が高まります。そのようなときはテクニカル分析よりもファンダメンタルズ分析で相場の急変をもたらした要因を把握し、仮にポジションを持っていた場合の対処を考えるのがよいでしょう。

値動きが不安定な時は「休むも相場」の格言を踏まえて様子見することもひとつの方法です。

第5章

実戦で押さえておくべき知識

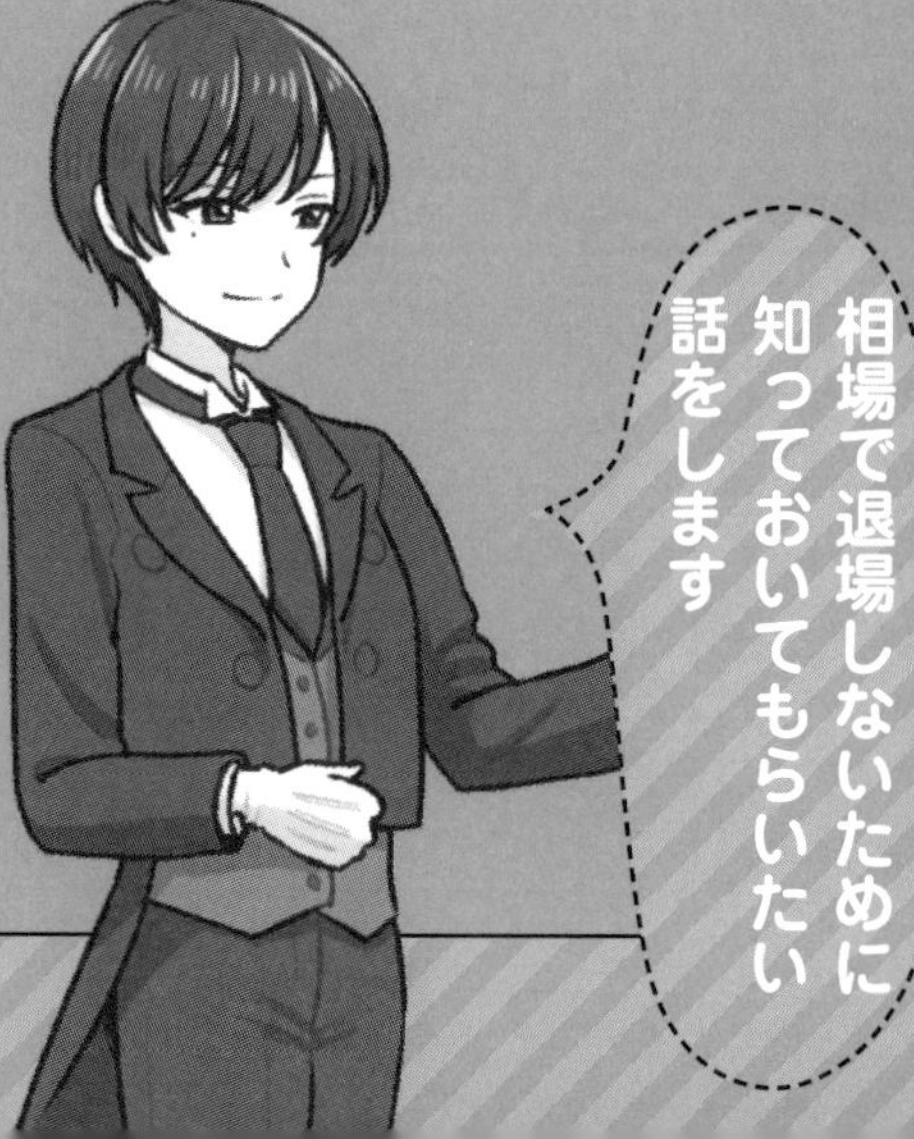
相場で退場しないために知っておいてもらいたい話をします

一通り、売買の方法や相場の見方を知ったのだけれど
利食い千
何かが足りない…
いいえ！
何が足りないか、私はもう知っているはずよ！
バッ!!
!?
より利益に導ける方法…
それも教えてくださらないかしら？

もちろんですよ
お嬢様
まだ教えていないことがあります
ほっ
おやおや、安堵していてよろしいのですか？
これを実行するのは難しいものですよ
出来らあっ！
ですわ
ニコ

利食い千
追加料金
XXX万円
でございます
XXX
スッ
……

リスク回避

05-01

「ロスカットのルール」を作り、リスクを回避

損益の幅が大きい日経225先物だからこそ作るべき

相場の急変を常に警戒する

経済に関わる大きなニュースが報道されたとき、直近の日経225先物の立会では値動きが大きくなります。また、取引が行われない週末や祝日においても、ニュースの重要性によって、その後の価格が大きく動くことがあります。

そのような急変によって思わぬ損失を抱え込まないように、**予想と反する値動きとなった時には、速やかに決済するなどのルール作りが重要**です。いったんポジションを解消することで損失が膨らむのをまず避けるのです。ポジションをなくし利益も損失もでない状態で値動きを見ることで、冷静な判断がしやすくなります。

相場の急変リスクへの対応として、相場の動向が分からないときや相場を確認できず、その場での決済注文を出せない場合に、安易に持ち越さないようにすることも大事です。その対策としては、一定の価格まで下がったり上がったりしたときに対応できるよう、逆指値などの決済注文をあらかじめ用意しておくことです（72ページ参照）。

ロスカットを決めて、損失の許容を決めておく

先物取引は購入金額に対して、取引規模のレバレッジが大きいため、一度の大きな損失で取引資金の大半を失ってしまうこともあります。それを避けるには、**自分で許容できる損失を決めて、ロスカット（損切り）によって損失を小さく抑えることが重要**です。

例えば、取引1回あたりの損失を5%まで許容するなら、10万円の取引資金で5000円の損失となったときにポジションを決済します。5%の損失で収まれば取引資金が残り、次のチャンスを狙うことができます。

どこまで許容できるかは人によって変わってきますが、いずれにしろ、予想に反した値動きとなった場合には、素早くロスカットすることも大事です。

損切りできない人はこの
世界に来ない方いいわね

100%の勝率はない! ロスカットルールを決めて厳守しよう

日経225先物は、レバレッジを効かせた取引のため、大きな値動きは大きな損益につながります。ポジション保有時は突然のニュースでも対応できるようにしておくことが大事です。

また、取引、特に日経225先物などの短期売買においては、売買したポジションが100%予想通りになるということはありません。予想に反した動きになった時、どのような対応をするかを決めて厳守することが必要です。

① 突然の値動きに対応できるように!

相場に影響を与えそうなニュース、例えば金利、為替、政局や物価の流れ、政府や中央銀行などの要人発言などから、日経平均株価がどのように動くかを分析します（第４章参照）。

ポジションを持ったときに突然大きな値動きが!?

↓

原因が理解したのなら、ポジションの縮小などの動きもできる

- 原因がわからないまま持ち越しはしない
- 逆指値注文などを設定しておく

ポジションの解消で冷静に相場を見ることができる!

③ 損失の許容を決める

予想が外れた際は、損失の許容範囲をあらかじめ設定して次の取引の資金を残すことが大事です。保有枚数など投資した資金量によって自身がどこまで許容できるかを確認して決めたほうがよいでしょう。

例　損失の許容を取引資金の5%とする場合

10万円 × 5% ＝ 5000円

取引資金　損失の許容　損失許容額

マイクロ1枚なら日経225先物500円の値動き
マイクロ5枚なら日経225先物100円の値動き

④ 逆指値注文を用意しておく

許容額を決めたら、ポジションを持った際に、逆指値などの決済注文をだしておくことです。
予期していない動きをしている時点であなたの考えは相場とは違うということを認識しましょう。

根拠のないホールドはダメ

05-02

全体のポジションも管理した、トータルの損益が重要

木を見て森を見ぬことがないよう全体を通してみることが大事

勝率よりもトータルの儲けを重要視

先物取引では勝率は高いに越したことはありませんが、**勝率が50％を下回っていても（利益）×回数－（損失）×回数でのトータルな損益の方が重要**です。１回の利益で５００円の利益が取れれば、１００円のロスカットで３回負けて、１勝３ 敗の勝率25％でもトータルの損益は＋２００円になります。

先物取引で勝つコツは、「損小利大」の売買を繰り返すことに尽きます。売買する際には、勝ち数を増やすことよりも、トータルの損益で収益を増やすことを目標にしましょう。

先物取引など短期売買の要素を持つ取引では１００％の勝率はありえません。大きな損失を出して市場から一発退場とならないように資金管理、ロスカットそして、ポジションや枚数の取り過ぎに注意しましょう。

ポジションの総額を管理する

値動きが損益に直結する先物取引では、ポジション管理も重要です。

レバレッジ取引である先物取引では無意識にリスクを取り過ぎてしまいがちです。２０２４年3月12日現在、２万円の必要証拠金でマイクロが１枚買えますが、これは日経平均株価３万８４５０円の10倍、38万４５００円分の日経平均株価を買っているのと同じリスクになります。もし翌日にポジションを持ち越すとなると、約39万円の市場変動リスクにも晒されることを意味します。

55ページおよび１２８ページにおいて、１枚あたりの値動きによる損失額の把握、それによるロスカットの重要性に触れましたが、差し入れた証拠金一杯までポジションや枚数を増やすことによる追証が発生するような過剰なリスクを取らない売買を心がけましょう。

総額を把握して、トータルな損益をみる

少ない資金で売買できる日経225先物は、証拠金があるだけポジションや枚数を増やすことができますが、証拠金維持率は、ひとつひとつのポジションに対してではなく総額で計算されます。証拠金維持率を下回るような取り方をしないよう常に把握していきましょう。

また、勝率が下がってもトータルの収益が日経225先物の勝ち方を基本にして、収益を上げられる取引を心がけましょう。

① 追証にならない売買を心がける

証拠金維持率の低下はちょっとした値動きで追証につながります。ポジションや枚数の取り過ぎにならないように常に総額を把握し、証拠金維持率に余裕をもたせた売買を行いましょう。

② 勝率よりも損小利大でトータルな儲けでみる

勝率が高くてもトータルで勝てるとは限りません。ロスカットルールを守り、損小利大を心がけましょう。

取引回数　×　（利益）−　取引回数　×（損失）=最終損益

1回 × 500円 = 500円 − 3回 × −100円 = 200円

1勝3敗の勝率でも200円の利益！

利食い幅>ロスカット幅になる取引になるようロスカットルールを守る

ワンポイント　損小利大の実践は機械的に行う

損小利大は、損を小さく、利益は大きくからきています。言葉では簡単ですが実践となるうまくいかないという話は多く聞かれます。

実際に損している場面に直面すると、人は躊躇してしまうものです。一方で利益が増えているときは、少ない利幅で利確すべきでも、「まだ伸びる」と思い決済を行わない傾向もあります。

損小利大の実践は、その事態になってから動くのではなく、128ページで説明したように利確とロスカットルールにもとづいた決済注文をあらかじめ発注して機械的に行えるようにしましょう。

05-03

時間帯による相場のクセ

相場の動きを把握して振り回されないようにしよう

月曜日の午前中は方向性が不透明

機関投資家でも一番予想しにくいのが月曜日の午前中といわれています。

月曜日は、前週の相場動向をふまえて海外からの大口注文や、機関投資家のポジション変更。また、週をまたいでリスクを避けていた個人投資家が新規にポジション取りを始めるなど多くの注文が交錯することで相場の方向性は不透明になりがちです。

また、週末から休日にかけてのニュースを日本市場で消化するにも一定の時間がかかるので、月曜の午前中でのポジション取りはリスクが高いといえるでしょう。

月曜日の午前中は、少なくとも10時頃までは売買を焦らず、落ち着きどころをみるための見極めの時間とした方がよいでしょう。

会合当日の後場の動き

株式相場の後場は寄りから13時までは、前場の値動きを見て投資家が改めて買い注文を入れる時間になります。

以前は、前場である程度下げた相場では、日銀のＥＴＦ買いが後場から入り、13時前後には戻し相場の第一波となっていた場面もありましたが、２０２４年3月の日銀の政策金融決定会合で、マイナス金利の解除とともにＥＴＦなどのリスク資産の購入を取りやめることが決定、今後、その動きはなくなります（国債の買い入れは続きます）。

それでも日銀の政策金融決定会合は午前から行われ、後場開始の前後には報道されることが多いため、今後の政策変更によって動きによっては、開催される日の後場の日経平均株価は大きく変動しますので注意が必要です。

あの時間の値動きはこういうことだったのね！

相場のクセを把握しよう

日経225先物の限月の価格は、日経平均株価によって動きます。どういう時間帯に価格が動くのかを把握しておきましょう。

もちろん必ずこの通りになるというものではありませんが、現状の傾向として時間帯のクセを解説します。

① 月曜日の午前中の動き

日本市場は最も早く市場が始まるために週末に起きたことを織り込むことから始まります。

例

金曜日の欧米株式市場の結果

↓

土から月曜朝までのニュースの検討

↓

方向性が定まるのに時間がかかる

動きが固まってからの方が安全

② 日銀によるETFの購入はなくなった

以前は、後場の始まりには相場の状況に合わせて日銀によるETFの買い入れあったため13時前後には戻し相場があった

↓

2024年3月以降はETFの買い入れがなくなったことに注意

2024年３月の会合において、マイナス金利の解除とともにETFおよびRETFなどのリスク資産の買い入れを取りやめることになった

ただし、会合自体は後場開始直前直後に公表されるので、内容次第では後場の始まり、もしくはその前に情報が入った時点で価格は動く

2024年の金融政策決定会合の日程
6月13～14日
7月30～31日
9月19～20日
10月30～31日
12月18～19日

※1月、3月・4月にも行われた

日中立会の終了間際は値動きが不安定

日中立会の終了間際である15時～15時10分は、その日に取引を完結させたい注文、高値や安値で引けさせたいなどの注文や引成注文が多数待ち構えており、値動きも不安定になります。先物のクロージングの動きは、それらの注文動向次第で変わります

また、よくみられるのが、日本の株式市場の現物取引終了後に、時間外でＮＹダウや為替がトレンドを変えて動きだすことです。

日中立会終了間際までの10分間で新規にポジションを建てたりすると、ダマシの形になり、意図しない損のポジションを夜間立会まで持ち越すことになりかねません。

もし夜間立会が始まる時間に備え、あえて新規のポジションを持ち越したいのなら、引成注文で発注して、評価損益が±ゼロのポジションで持ち越す方が精神的にもよいでしょう。

深夜1時以降はアルゴリズム取引が多くなる

深夜1時を過ぎた頃から個人投資家の参加者も減る一方で、アルゴリズム取引による機械発注の注文の出し入れが多くなります。平時においては相場の水準が変わっても約定枚数は増えず、その状況では、仮にポジションをもっていたとしても反対売買をするのに時間もかかるようになります。

値動きが乏しくなり、約定の進みが遅くなってきたと感じた時は、不測の事態に対応できるにしつつ、次の日に備えたほうがよいでしょう

③ 先物取引終了間際の15:00-15:10で手控えるべき理由

終了間際の10分間で動きが変わることがありるのでその時間帯でポジションを持つのは勧められません。あえて夜間立会に向けて購入をする場合は、引成で対応しましょう

- **現物株の終了直後ということもあり思惑売買がされる**
- **大引けを高値安値にもっていきたい筋の介入**
- **引成注文の需給次第で値動きが不透明になる**
- **時間外のNYダウや為替が急変することがある**

④ 深夜は動きが乏しくなる

深夜１時を過ぎると日経225先物市場の参加者は減り、アルゴリズム取引の動きがみられるようになります。

●日経225先物24/3月限　1時間足

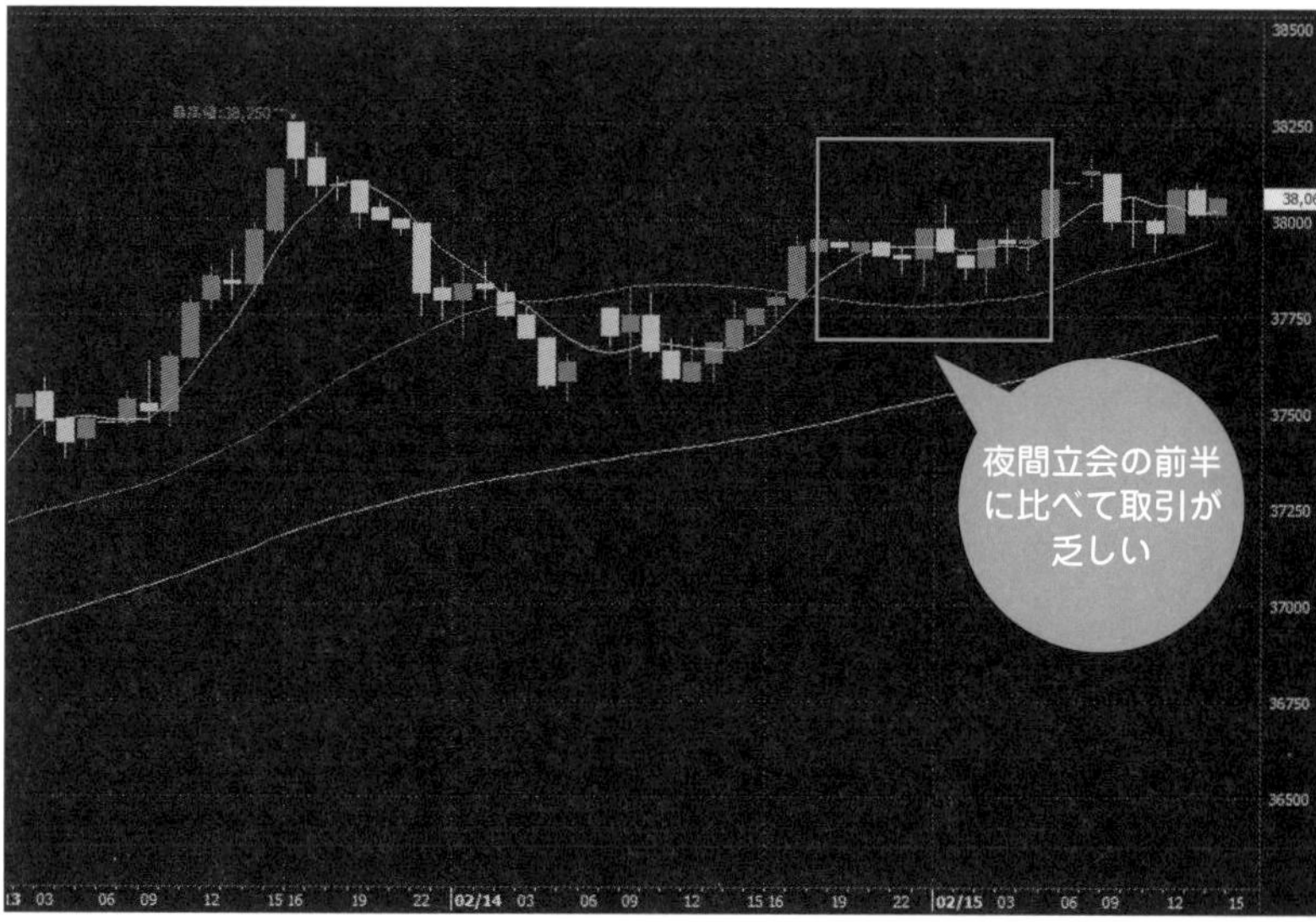

05-04 買いと売りでポジションをとる「両建て」とは

相場の急変リスクを抑えるといわれている。けれど…?

利益と損失を固定する

日経２２５先物は、買いと売りの両方から取引をすることができます。そのため、買いと売りの両方のポジションを同じ枚数で同時に持つことができますが、両方のポジションを同じ枚数で同時に持った状態を「両建て」といいます。

両建ては、買いと売りのポジションを両方持っている状態であることから、日経２２５先物が値上がりしても値下がりしても理論上はその時点から利益も損も出ません。価格が上がった場合は買いポジションが含み益になると同時に売りポジションが同額の含み損になるということです。

また、ポジションを持つために売買双方で手数料がかかること、ポジションを持つ際にはそれぞれで証拠金が必要になります。ただし、両建ての場合は利益も損も増えないため、約定後に買いと売りの枚数の差で必要証拠金を計算しなおす証券会社があります。

一時期的な下落対策にいいといわれるが…

両建ては、相場の急変に備えたリスク対策ができるといわれています。

例えば、日経２２５先物の買いポジションを持っている時に、一時的に値下げする可能性が高まったとします。その対策として売りポジションを組み合わせた場合、実際に急落した場合には、買いポジションの損失は売りポジションで埋められるため、買いポジションを決済し、残った売りポジションで利益が伸ばすことができます。

ですが、相場を完璧に予測することはできません。逆に含み益が減ったり損失が生まれたりする可能性もあります。

一時的に下落する可能性が高いなら、その時点で買いポジションを決済して、休むという選択肢もあります。手数料も倍かかるので安易な両建ては行わない方がよいでしょう。

経済合理性

経済的な価値基準で論理的に判断した場合に、利益があると考えられる性質・状態。両建てにあてはめると同じ金融商品に対して、一度に真逆の取引をするのはかえってコストやリスクを増やすことになるといわれている

上下の動きに備える両建て

リスクを避けたいときの行動をリスクヘッジといいますが、両建ては、株の信用取引、FXなど、買いと売り両方のポジションがとれる取引では急変時の対応として知られたリスクヘッジの取引方法です。ですが、同じ金融商品に行う両建ては経済合理性に欠くといわれています。両建てを利用するならば、一時的に往って来いが起きるなど、ある程度の確信を持っているときに行わないと逆に損する可能性もあります。

① 両建て取引の利益と損失

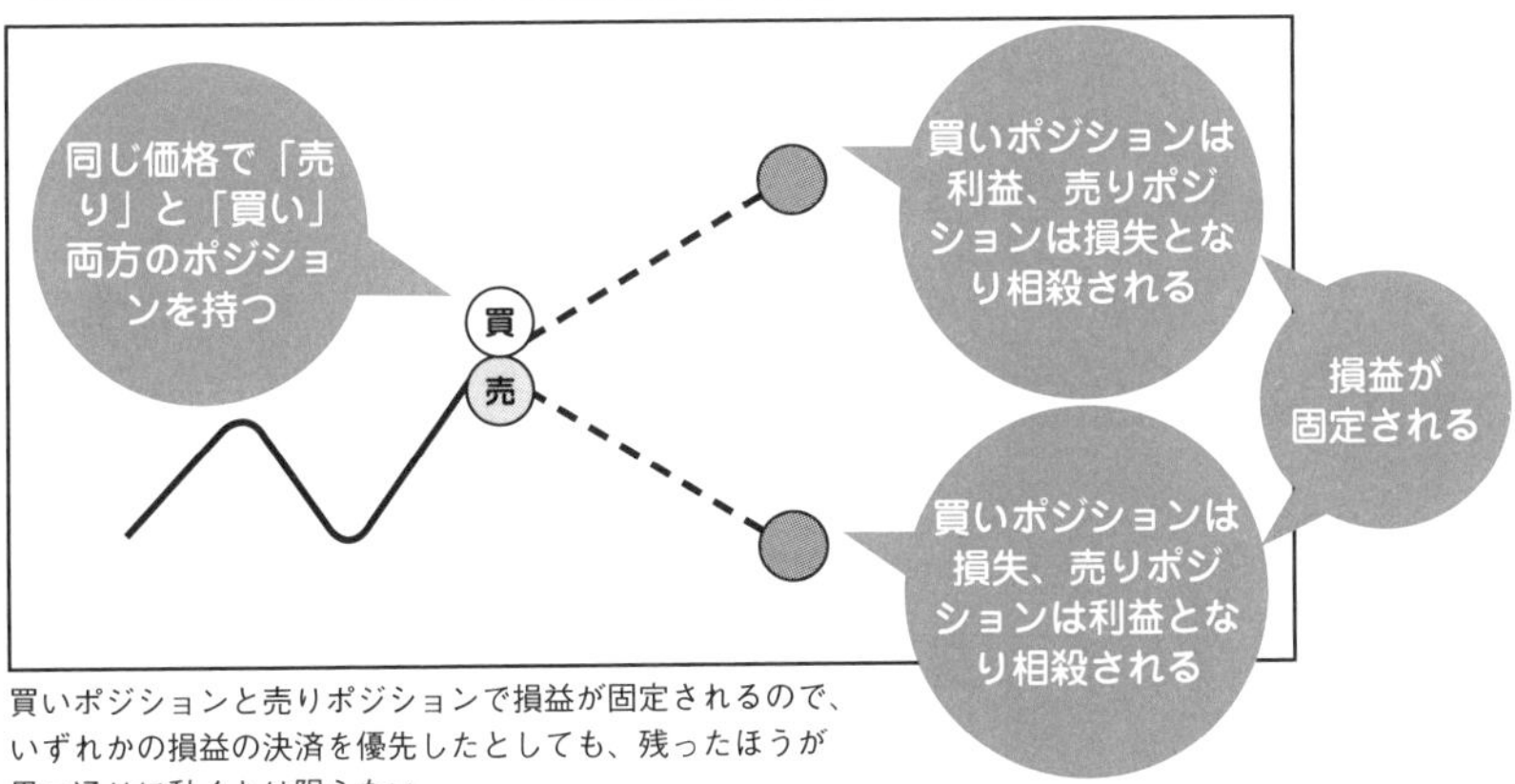

買いポジションと売りポジションで損益が固定されるので、いずれかの損益の決済を優先したとしても、残ったほうが思い通りに動くとは限らない

● 両建てのメリットとデメリット

メリット

- ポジションを持ったまま急な価格変動に対応できる
- 再計算により証拠金が抑えられる

デメリット

- 含み損を抱えたポジションの行方
- 手数料が売買双方でかかる

両建ては一時的な上下の動きに自信を持っているなら有効。安易な両建てはせず、決済して休むことを考慮することが大事

05-05

日経２２５先物の真価は低予算でリスクヘッジできることにある

株や為替のリスクヘッジとして日経２２５を利用する

現物株のリスクヘッジができる日経225先物

両建ての解説（１３６ページ参照）など価格変動に備える対策としてリスクヘッジについて触れましたが、そもそも**日経２２５先物は株やＦＸなどのリスクヘッジに活用できる金融商品**です。

例えば、現物株を保有している際、相場の下落を予想したとき、現物株を売却する代わりに、日経２２５先物で必要枚数分を売りポジションを持ちます。

実際に相場が下落したとき、保有株式の値下りによる損失を先物取引の買戻しによる利益で相殺するなど異なる金融商品でヘッジを行う方法を売りヘッジといいます。

また、株式相場の上昇が予想される中、将来銘柄の買い付けを考えているとき、日経２２５先物で必要枚数を買いポジションで持っておき、実際に相場が上昇したとき、得た利益を購入資金にあてるなどの方法を買いヘッジをいいます。

ＦＸにも利用できる

これらの方法は株式に限らず、ＦＸにも利用することができます。例えば、ドル円の為替レートと日経平均株価は相関関係があることは解説しましたが（第４章参照）、最近は「円安なら日経平均株価が上昇」「円高なら日経平均株価が下がる」傾向があるので、ＦＸと日経平均株価の動きを確認した上でヘッジを行うことができます。

日経２２５先物は少ない資金でできるヘッジ

日経２２５先物ではレバレッジを効かせられるので、少ない資金で取引ができます、つまりは手元資金が少なくてもヘッジを行うことが可能ということです。

株やＦＸなどほかの金融商品でヘッジを考えたいときの一考に値します。

日経225先物は株やFXのリスクヘッジに利用できる

日経225先物は、投資対象である日経平均株価と連動性がみられる株やFXなどの金融商品において、リスクヘッジとして有効に活用することができます。

また、レバレッジ取引なので、それらの金融商品と同額の資金は必要なく、少ない資金でリスクヘッジを行うことができる。使い勝手のいい金融商品です。

2つのリスクヘッジ

売りヘッジ

一時的な下落が予想される中、銘柄の保有を続けたいとき、日経225先物で売りポジションを持つことで下落に対応する。価格下落に対するリスクヘッジです。

● 日経225先物での損益

10万円分の株式銘柄を持っているとき、一時期に下落の恐れがでてきた

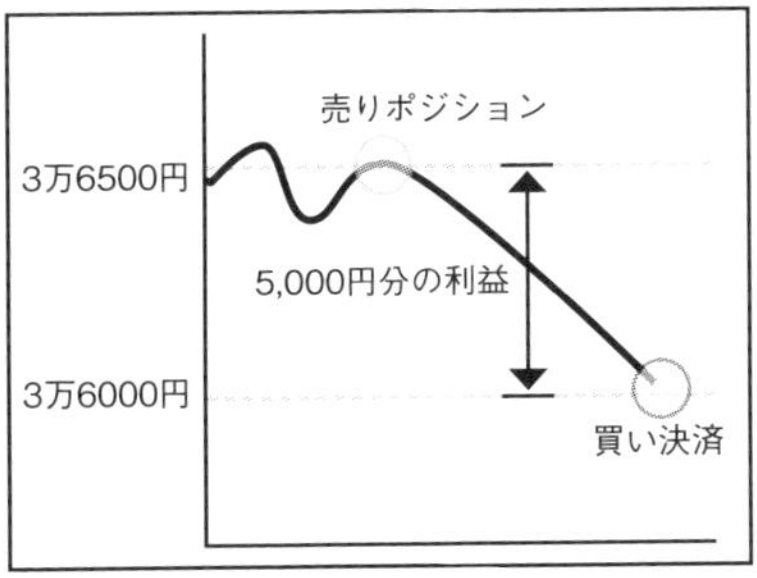

● 10万円の株式銘柄

株式側から見ると、下落による損失を、日経225先物の利益で補填できる

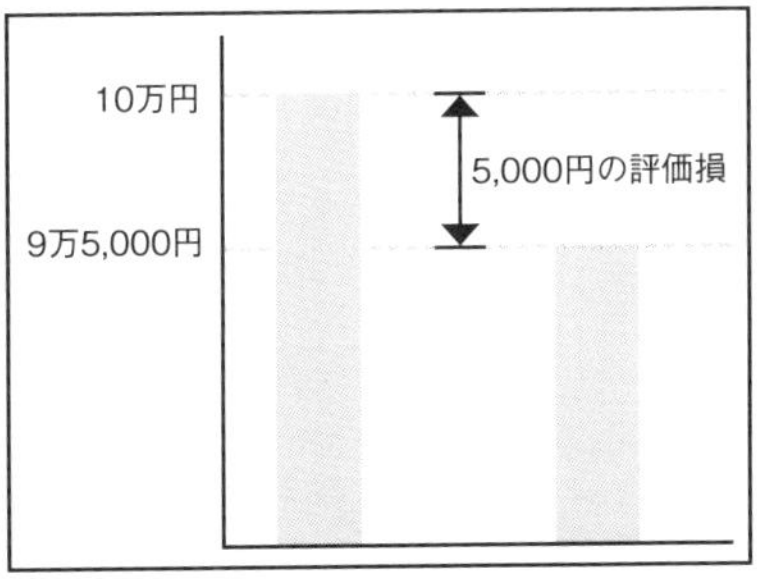

銘柄の評価損を日経225先物利益で相殺できる

買いヘッジ

銘柄を将来購入したいとき、日経225先物で買いポジションを持つことで、上がった分の利益を購入資金にあてるなど、価格上昇へのリスクヘッジです。

● 日経225先物での損益

10万円分の株式銘柄を持っているとき、今後の上昇が見込めそう

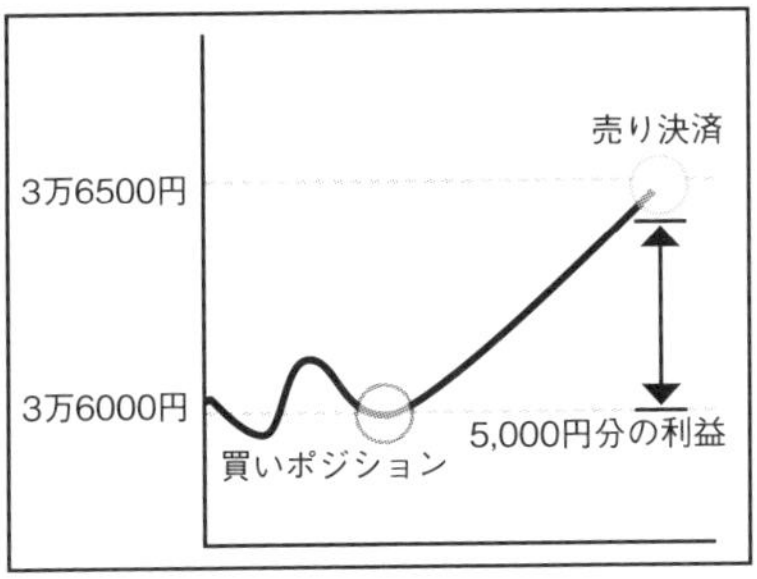

● 10万円の株式銘柄

株式側から見ると、上昇しても日経225先物の利益で購入資金の補填ができる

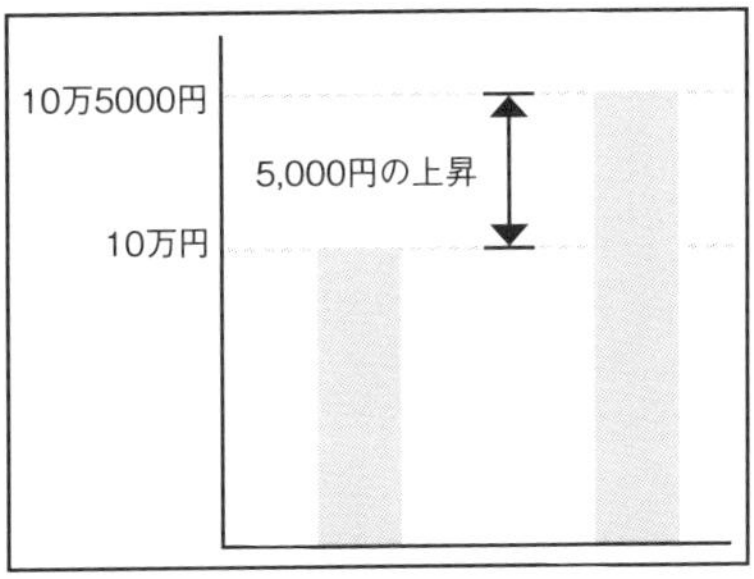

日経225先物の5000円の利益を銘柄購入にあてることができる

05-06

日経225先物は確定申告が必要

日経225先物の税金

日経225先物の利益は雑所得として扱われる

日経225先物では、一定額の利益があった際には確定申告が必要です。

確定申告において、**日経225先物の収入は「雑所得」**として扱われ、会社給与以外で20万円以上の収入があった場合は申告が必要です。また、専業主婦や学生などの扶養者の場合は、38万円以下の収入であれば申告不要となります。

株式取引だと「特定口座」の「源泉徴収あり」の場合、取引時に自動的に税金を徴収されるので、確定申告をする必要はありませんが、日経225先物などの先物口座は株式取引とは別に計上されるので、収入があった際は、確定申告をする必要があります。

また、日経225先物で損をしている場合は、**確定申告で損失の繰越控除をすることで、翌年以降に利益が発生した場合には最大3年分を合算して控除することができるの**で、損をしたとしても確定申告をしておいた方がよいでしょう。

年間損益の確認については、各証券会社のサイトで確認することができるようになっています。

日経225先物の税金は20・315%

日経225先物で利益が出た場合、これにかかる税率は、株取引やFXなどと同じ20・315%（所得税15%・住民税5%・復興特別所得税0・315%）となり、「申告分離課税」扱いとなります。

なお、確定申告において、先物と株式取引は複数の損益をひとつにまとめることで納税額が減らせる損益通算をすることはできませんが、FXやオプション取引は、先物（商品先物含む）と損益通算ができるようになっています。

繰越控除

日経225先物などで損失が出てしまった場合は、その後も確定申告を行うことで最大3年間の損益を相殺し、かかる税金を安くすることができる。

雑所得

確定申告で分類されている利子所得・配当所得・不動産所得・事業所得・給与所得・退職所得・山林所得・譲渡所得・一時所得に該当しない所得。FXも雑所得に入る

日経225先物は確定申告が必要ということは覚えておこう

日経225先物で利益が一定額あった場合は確定申告が必要です。会社給与以外の収入で年間20万円以上、扶養者の場合は年間38万円以上の所得があった場合、確定申告が必要になります。また、損を出しているならば、繰越控除を活用するとよいでしょう。

① 日経225先物の利益に足する税金

15% ＋ 5% ＋ 0.315% ＝ 20.315%

所得税　住民税　復興特別所得税

ワンポイント
確定申告を楽に終わらせたい

確定申告は「確定申告書作成コーナー」といった国税庁が用意したサイトならオンラインでの作成・申告が可能です。確定申告の作成自体は特に手続きを必要としませんが、オンラインによる申告は、電子証明書を付与したマイナンバーカードとカードリーダーが必要です。

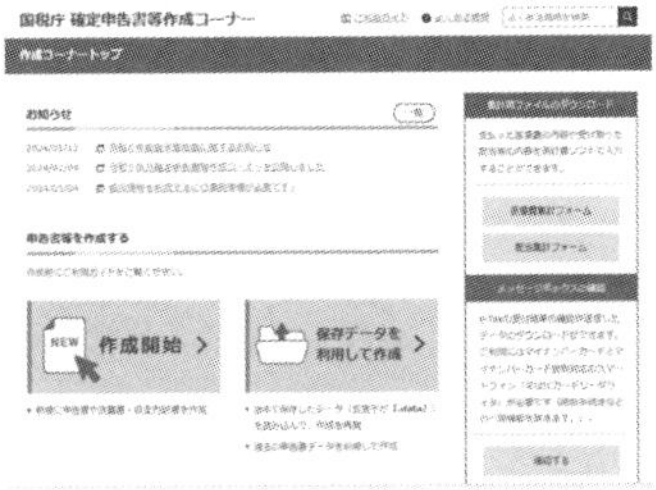

国税庁 確定申告書等作成コーナー

ワンポイント
株式と損益通算できない理由

日経225先物とFXの損益は、同じ雑所得扱いです。確定申告において損益通算をすることで、損益を合算して相殺することができます。ちなみに株式取引による売買の利益は、譲渡所得扱いとなり、別に分類されるため損益通算することはできません。

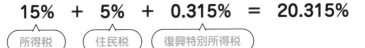

column

日経225先物を取扱っている証券会社

日経225先物を取扱っている証券会社で、開設した先物口座で取引できる金融商品（商品先物は除く）は次の通りになります（2024年3月時点）。

日経225以外の指数先物でも、十数万円ほどで参加できるTOPIXミニなどの取り扱いもあります。

証券会社	先物	オプション
SBI証券	日経225ラージ・ミニ・マイクロ/TOPIXラージ・ミニ/TOPIX Core30/東証REIT指数/JPX日経400/東証グロース市場250指数/日経平均VI/NYダウ	日経225ラージ・ミニ
楽天証券	日経225ラージ・ミニ・マイクロ/東証グロース市場250指数	日経225ラージ・ミニ
マネックス証券	日経225ラージ・ミニ・マイクロ/JPX日経400	日経225ラージ・ミニ
松井証券	日経225ラージ・ミニ・マイクロ/TOPIXラージ・ミニ/JPX日経400/東証グロース市場250指数/NYダウ	日経225ラージ・ミニ
auカブコム証券	日経225ラージ・ミニ・マイクロ/TOPIXラージ・ミニ/TOPIX Core30/東証REIT指数/JPX日経400/東証グロース市場250指数/日経平均VI/NYダウ	日経225ラージ・ミニ
岩井コスモ証券	日経225ラージ・ミニ/TOPIXラー/JPX日経400/東証グロース市場250指数	日経225ラージ・ミニ
インタラクティブ・ブローカーズ証券	日経225ラージ・ミニ・マイクロ/TOPIXラージ・ミニ/TOPIX Core30/東証REIT指数/JPX日経400/東証グロース市場250指数/日経平均VI/NYダウ/長期国債ラージ・ミニ/他※	日経225ラージ
光世証券	日経225ラージ・ミニ・マイクロ/TOPIXラージ・ミニ/JPX日経400/東証グロース市場250指数/TOPIX Core30先物/東証銀行業株価指数/NYダウ/台湾加権指数/FTSE中国50/S&P/JPX500ESGスコア・ティルト指数/FTSE JPXネットゼロ・ジャパン500指数/日経平均気候変動 1.5℃目標指数/日経平均・配当指数/日経平均VI先物/東証REIT指数先物/国債（中期／長期／超長期）/長期国債ミニ	日経225ラージ・日経225ミニ/TOPIXオプション/JPX日経400オプション/長期国債先物オプション/有価証券オプション
フィリップ証券	日経225ラージ・ミニ・マイクロ/TOPIXラージ・ミニ/東証グロース市場250指数/日経平均VI/NYダウ	日経225ラージ

※海外市場の株価指数を多数取り扱う

第6章

日経225先物で成果を上げるTIP集

相場や値動きの確認など
トレーダーの実戦技を教えます

※本章は堀川秀樹著「日経225 175の稼ぎ方」から現在の相場を考慮して再編集しております。

06-01

急激な変化はチャンスにもピンチにもなる

重要イベントでの急激な変化に対応する

重要イベントは急激な値動きが起こる！

年に8回行われる日銀金融政策決定会合や、アメリカのFOMC（連邦公開市場委員会）といった日経平均株価に直結するようなイベントで市場予想と違った結果が発表されるなどすると、相場は大きく変動します。このようなイベントの前にはポジションをあらかじめ減らしておくのが無難ですが、逆に先回りしてポジションを仕込んでおくのも戦略のひとつとなります。

この投資手法のことを「イベントドリブン」といいますが、逆に読みが外れてしまった場合は大きな損失が出てしまうこともあります。大きなイベントの通過時には、結果が出た瞬間に仕掛ける先物の投機筋がおり、一般的な投資家よりも数秒早く情報を認知して仕掛けてきます。

このような投機筋に対して個人投資家が乗り遅れないためには、あらかじめ逆指値注文を入れておくのがいいでしょう。相場が大きく動いた場合、その方向に向かってしばらく進むことも多いので、指値のポイントは直近の高値安値をブレイクする新値で置いておきましょう。

重要イベントによって相場に大きな変動が起きる場合、市場の予想を大きく逸脱した結果が出たときほど強いトレンドとなることが多くなります。「こんな結果になるはずがない」という場面が現実となったときほど、慌てた注文が殺到し値動きのスピードも値幅も大きくなります。大きな利益となるチャンスになるので覚えておきましょう。

ただし、その後の動きはケースバイケースで、トレンド転換のきっかけとなることもあれば、しばらくしてから値が戻り、元のトレンドに収束していくこともあります。いずれにせよ、イベント後は荒い値動きが続くことが多いので、読みが当たってレジスタンス・サポートラインをブレイクしたからといって安心せずに、その後の動きを注視する必要があります。

イベントドリブン

ヘッジファンドの投資手法のひとつで、投資対象の価格変動に大きな影響を与えかねないビッグイベントの結果を予想して、ポジションを取るという運用手法。

イベント後の動きのパターン

重要イベントでサプライズがあった場合、いったん大きく動きます。ただし、その後の動きはまちまちで、しばらく流れが継続するパターンと、比較的すぐに元に戻ってしまうパターンがあります。直近の安値／高値のブレイクなどをよく見極める必要があります。

① イベント後の動きが継続するパターン

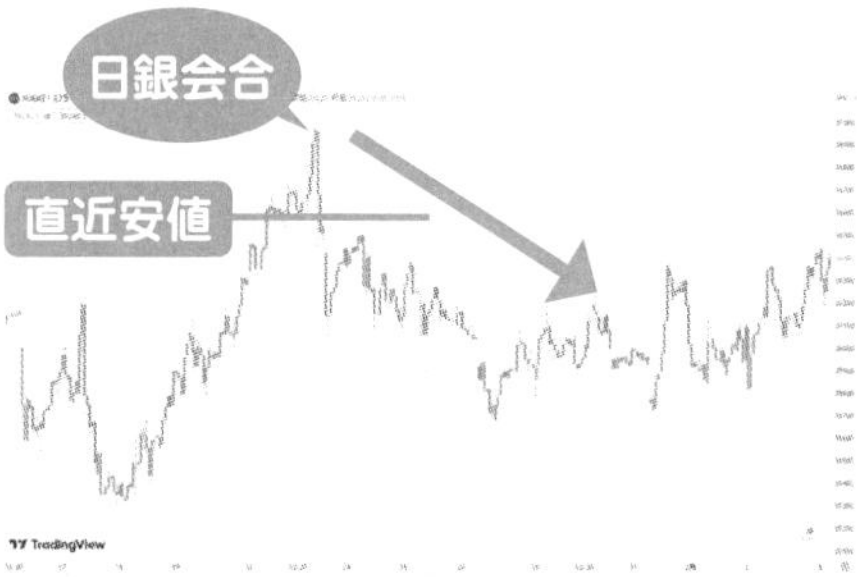

日経225先物 1時間足 2024年1月16日～ 2024年1月29日

イベント後に直近安値をブレイクし、その後にいったん少し反発があったものの、そのままイベント後の流れがしばらく継続するパターンです。

② しばらくしたあとに値が戻って収束するパターン

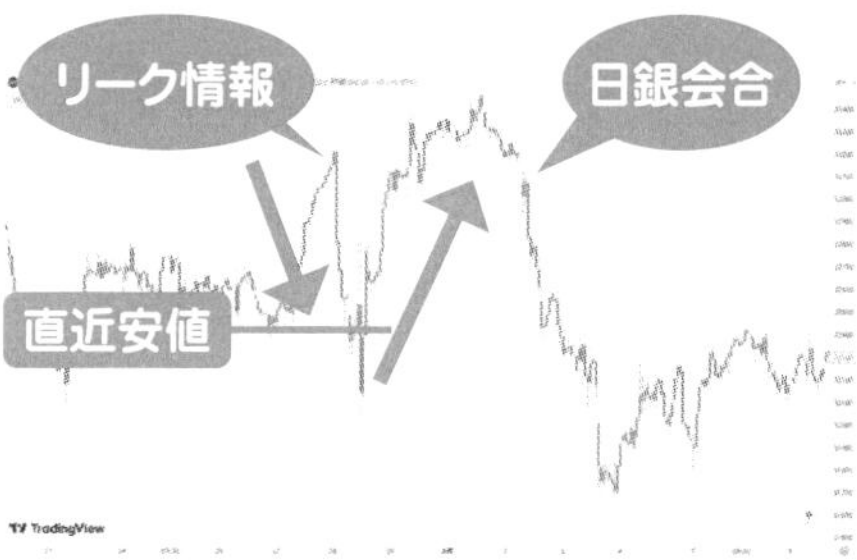

日経225先物 1時間足 2023年7月20日～ 2023年8月3日

正確にはイベントではありませんが、翌日の日銀会合の情報がメディアによって夜中にリークされたときはサプライズから大きく動いた後、落ち着きを取り戻して反発して値が戻ってしまうパターンもあります。

日経平均株価に関連するおもなイベント

	回数	概要
日銀金融政策決定会合	年8回	会合の決定内容以外にも、日銀総裁の会見や年4回公表されるレポート「経済・物価情勢の展望」などが注目される。
FOMC（連邦公開市場委員会）	年8回	アメリカの政策金利などの重要な金融政策を決定する会合。
国政選挙	4年に1回	衆議院議員選挙、アメリカ大統領選挙などの選挙結果によっても日経平均株価は左右されやすい。

06-02

予想外の値動きになることも……

プレオープニングや大引け付近の値動きに注目する

プレオープン時は値動きに注意!

日経225先物は8時45分からスタートしますが、この時間から現物市場が開始する9時までの間に新規にポジションを建てるのは、ギャンブル的要素が非常に高くなります。先物といえども原資産は日経225現物指数なので、9時以降は現物株の影響を受けてしまいます。ファンド運用を行っている大口の投資家は、現物株にバスケット注文を出すのを、9時数秒前まで出さないことも多々あります。

先物の方が15分早く市場がオープンするとはいえ、**現物指数の取引が始まっていない時間帯での先物市場は、すべて市場参加者の思惑で動いている**と考えましょう。

とくにギャップアップや、ギャップダウンで始まる相場のときには、余計に変な値動きをしますので、惑わされて損を出しやすくなってしまいます。この時間に新規ポジションを建てるのは手控えるのがいいでしょう。

現物取引終了間際は新規売買を見送る

日中立会終了間際の時間帯である15時～15時10分はその日に取引を完結させたい注文や特殊な意向（高値や安値で引けさせたいなど）を持った注文が多数待ち構えており、値動きも不安定になりやすくなります。

先物のクロージングで損益がプラスになるか、マイナスになるかのギリギリの勝負は引成の注文動向次第で上下どちらに転んでも不思議はありません。急な値動きを見て焦ってしまい、残り10分間で新規にポジションを建てると、ダマシの動きになった場合に、意図しない評価損のポジションを夜間立会まで持ち越すことになりかねません。もし15時15分以降から夜間立会までの空白の時間帯に新規のポジションを持ち越したいと考える場合には、引成注文で発注して、評価損益が±ゼロのポジションを持ち越す方が精神的にもよいでしょう。

バスケット注文

注文内容を入力し、市場に発注する直前の状態にしておき、複数の銘柄に対して、一気に注文を行うこと。売買執行の効率化やコスト削減の効果がある。

プレオープン時の値動き

市場がオープンするのは9時ですが、先物市場は8時45分にオープンします。ですが、日経株価先物のチャートを見てみると、9時前からでも取引が活発化しています。この時間帯は一方的に動くのではなく、乱高下しやすい傾向にあります。

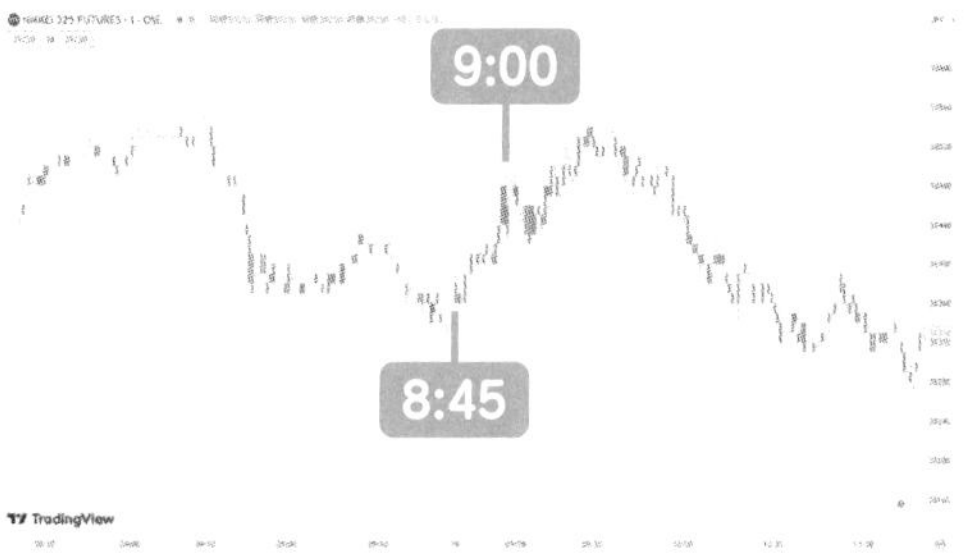

日経株価指数では、8時45分からは値動きが荒くなっているのがわかります。

日経225先物 1分足 2024年2月19日

大引け前の値動き

株式市場の大引けは15時になりますが、先物市場のクローズは15時15分です。15時の直前は大量の注文によって急激に上昇／下降することがあるので、注意が必要です。

15時の15分前から急激に上昇をしていることがわかります。この時間帯は大量の注文が入って予期しない値動きをすることがあります。

日経225先物 1分足 2024年2月20日

06-03

投機筋のポジションをチェックできる

大口投資家の動きを知ってトレンドをつかむ

大口の機関投資家はＴＯＰＩＸ先物を用いる

ＴＯＰＩＸ先物を取引しているのはほとんどがファンド運用を行っている機関投資家などです。売買代金で比べてみても裁定取引の際によく使われるものは日経２２５先物よりＴＯＰＩＸ先物の方が断然多く、現物株と両建てにして売買されることも多くなっています。

また、株式市場全体の強弱感を見るには２２５銘柄から構成される日経平均株価よりも、**２１００銘柄以上で構成されるＴＯＰＩＸの方がダマシも少ない**と言えます。

海外からの長期資金が日本株投資として入るような場合には、ＴＯＰＩＸ先物が先に買われ、のちに現物株が買われて振り替えられたりするケースがよくあります。

日本市場全体の強弱感を推測するのであれば、一部銘柄の影響を受けやすい日経２２５先物よりもＴＯＰＩＸ先物の値動きに注意を払う必要があります。

また、相場のトレンド発生の判断を行う際にも、高値安値のラインを抜けるのは値動きのよい日経平均株価が先になることが多いのですが、より冷静に判断するためにも歩調を合わせる形で、ＴＯＰＩＸの値が同じ方向に抜けて来るのを待つ方がより信ぴょう性が高いとされています。

海外の大口投資家の動きを知る

投機家から預かった資金でファンド運用を行っているＣＴＡ（商品投資顧問業者）という大口業者がいます。

ＣＴＡは一般的には商品先物取引を中心に、通貨、株価指数先物など広範な金融商品に投資対象に分散投資を行い、できるだけリスクを抑えてリターンを狙います。

市場ではＣＴＡが動くと相場も大きく動くと言われ、日本市場では、日経２２５先物やＴＯＰＩＸ先物がその変動率の高さから、主な投資対象となっています。

ＣＴＡの注文は主にクレディスイス、ゴールドマンサッ

裁定取引

同じ商品であるのに一時的に価格に差が生じたときに、割高の商品を売り、割安の商品を買う。その後、価格差が縮小したら反対売買を行うことで利益を獲得する取引。アービトラージとも。

CTA

英語でCommodity Trading Advisorの略で、商品投資顧問業者のこと。顧客から預かった資産を運用する企業、または運用者を指す。

クスなどが外資系の証券会社を通じて出されます。以前は大引け後の日経225先物、TOPIX先物などの売買手口をチェックして投機筋が大きくポジションを傾けてきた時に早く気付くことができましたが、2023年11月9日より、日本取引所グループは手口の公表方法を見直し、売り・買い別で公表されていたものが合算でしか見られなくなりました。

　これにより、どこの外資系証券会社を通しての売り、或いは買いの大口注文が出ていたかなどの情報が得られなくなり、海外投資家の動向を見るには毎週第4営業日（通常は木曜日、祝日等非営業日がある場合はその分後ろ倒し）午後3時にされる株式週間売買状況でみるしかなくなりました。発表前週の1週間分の売買状況なので過去のデータを確認するのみとなりますが、海外投資家の投資動向を知るには重要な情報なので、どういう推移をしているかをチェックして頭に入れておく必要はあるでしょう。

海外投資家の売買状況をチェックする

CTAの注文は「日本取引所グループ」で確認できます。1週間に1回、株式の売買状況のレポートがアップされ、大口の売買状況がわかります。大口の注文が入ったかどうか、どちらのポジションに傾いているかなどの情報を知ることができるようになっています。

●日本取引所グループ 投資部門別売買状況

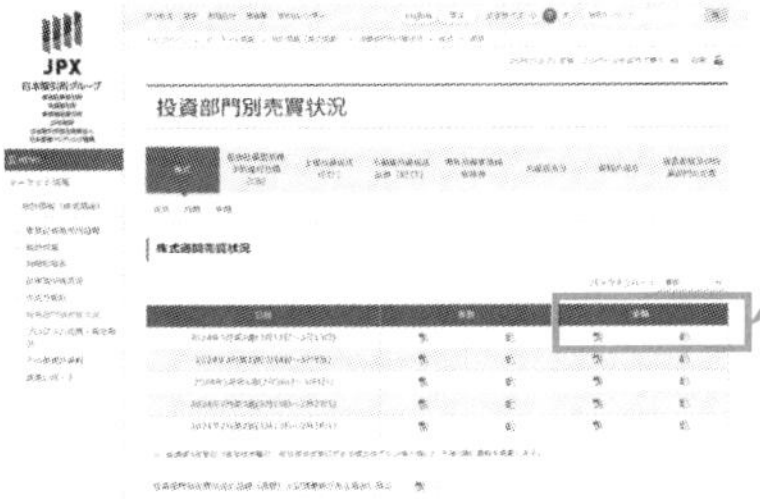

	合計	Total	62,262,669,639	100.0
委託内訳 Brokerage Trading				
法人 Institutions	売り	Sales	2,384,552,152	8.6
	買い	Purchases	1,355,402,302	5.0
	合計	Total	3,739,954,454	6.8
個人 Individuals	売り	Sales	7,376,457,715	26.6
	買い	Purchases	7,684,491,409	28.2
	合計	Total	15,060,949,124	27.4
海外投資家 Foreigners	売り	Sales	17,852,895,784	64.3
	買い	Purchases	18,037,461,416	66.2
	合計	Total	35,890,357,200	65.3
証券会社 Securities Cos.	売り	Sales	133,930,170	0.5
	買い	Purchases	151,061,150	0.6
	合計	Total	284,991,320	0.5
法人内訳 Institutions				

日本取引所グループ（https://www.jpx.co.jp/markets/statistics-equities/investor-type/index.html）では、1週間に1回エクセル、またはPDFファイルで売買状況がアップされます。たとえば2024年3月第2週のレポートを見ると海外投資家が売買の6割以上を占めていることがわかります。

06-04

機関投資家には月単位での動きがある

月単位での大口の動きに注意しよう

月末や決算期は特殊需要に翻弄されやすい

決算期を迎えると自社の高い株価を望む企業側の思惑が入ったり、ヘッジファンドにおいては顧客解約注文に備えたポジション解消なども出やすくなります。このような場合、期間限定、或いは一日限定での短期需給が思わぬ相場の動きとなります。たとえば、相場が順調に上昇していたのに、大企業の決算が重なっている日などに急に売りが出てくるというようなことが起きるのです。

世界の分散投資においては、株、債券、為替など直近でパフォーマンスが良好な市場に利食いの売りを出し、逆にパフォーマンスが悪い市場で買い戻して値が上昇するなどします。普通に考えるとあり得ない値動きですが、これはロングショート戦略などによるポジションの巻き戻しに伴うものです。月末や決算期には、このような注文が出てくることもあり、急激な相場の変化があります。もしこのような今までの流れと逆行するような値動きがあったとしても、本当にトレンドが変わったかどうか普段より慎重に判断する必要があります。

国内の機関投資家は月の二営業日目から動き出す

大きな資金を動かす国内機関投資家の売買動向は、先物市場にも大きな影響を与えます。彼らは月ごと、或いは四半期毎の運用成果を集計し、月が変われば投資の方針も少なからず変えてきます。「月が替わればツキも変わる」と言われることもありますが、相場の流れが変わるのもその影響があります。

年金などの大きな資金を運用する国内機関投資家などは、アセットアロケーションで海外にも分散投資を行っています。前月末終了時点での各アセットの比率が変わっていれば、翌月に修正を入れてくることになります。海外市場終了後の月末分を集計し、**月の初日に運用方針を会**

ロングショート戦略

株式の「買い」と「空売り」を組み合わせることで、売りポジションと買いポジションとの値動きの差を収益源とする投資手法。市場の騰落に左右されずにリターンの獲得を目指す戦略。

アセットアロケーション

アセット（Asset）は「資産」、アロケーション（Allocation）は「配分」という意味。資産状況やリスク許容度、運用目的などに合わせて株式や債券、商品・金など分けること。

議の上で変更して、翌日から実際に注文を出すというスケジューリングが出来上がっているのです。

つまり、月の二営業日目は大きな動きが発生することがあり、堀川氏もこれまでの流れと異なる大きな注文が入ってくる可能性が高まると見ています。細心の注意を払い相場を見るようにしましょう。昔からの相場の格言に「二日新補は荒れる」というものがありますが、特に月初に流入してくる新規の注文がその月の流れを一変させることが往々にしてあるためです。

積み立て投資による月初の注文もある

また、個人投資家による積み立て投資なども通常設定で買付日が月初になっていることが多く、月初〜二営業日目にかけて買い注文が発生することが多くなっています。そのため、傾向として「月初の株高」と言われるような現象が継続的に発生しています。機関投資家による大口注文に比べると額はそこまで多くはありませんが、新NISAの開始以後は、さらにこの傾向が続く可能性もあります。

国内の機関投資家の動き

機関投資家などは前月のデータなどをまとめて月初に会議が行われます。このとき路線の変更があったとしても、月初めからすぐにうごくわけではなく、月の2日目から動くことになります。もちろん、大きな路線変更が無ければほとんど動きがない場合もあります。

① 海外市場終了後

↓

② 月の初日にアセットアロケーションの変更（会議）

↓

③ 月の2日目から発注が行われる

06-05

大口の取引方法を知って動きをチェックする

アルゴリズム取引などに気を付けよう

大口の打診売りからの買いの手口

大口投資家が本気で上げたい場合、彼らが寄り付きから素直に買ってくるとは限りません。最初はむしろ逆行するような小口の売りを出し、相場の底堅さを確認したあとに買いを仕掛けてきます。

大量に買いを仕込みたい時には、売り物もなければ買えません。手口としては、寄り付きから投げを誘うような売りを出し、上値のシコリ玉を解消させます。初動でその日の相場が弱いと市場参加者に思わせておくことで、その後の戻りで新規のショートポジション（売り）も誘い込むこともできます。ある程度下値が固まったタイミングで先物に断続的に買いを入れて相場を上昇させ、最後はショートカバー（買い戻し）をも巻き込んで一段高を狙うというものです。

大口の買い上げで相場の水準自体が大きく変われば、相場とは不思議なものでその後は他の投資家や市場関係者の見解も後追いで変わってくるのです。

アルゴリズム取引で相場の変動幅が広がる

マーケットの変動幅を予想するとき、投資家としての経験値が高いほど変動幅は広くなり、経験の浅い投資家は狭い傾向があります。

また、最近はコンピュータによって発注されるアルゴリズム取引が増えたことにより、一旦相場が動き出すと、上げ下げのうねりもなしに一方通行の動きになる傾向が強まっています。

アルゴリズム取引が発動してしまうニュースのキーワードや他の市場の値動きに反応し、相場を無視して躊躇せず発注を行うからです。

これに対応するには、個人投資家も逆指値の注文を利用することです。

シコリ玉

株式や商品先物、信用取引において、含み損が発生して手じまいできない銘柄や建玉のこと。因果玉という表現もある。

大口投資家が大量に買いたい時の手口

相場が停滞している時や相場の節目などでは、大口投資家が市場の反応を探るために小口の売り注文を出す打診売りを行ってくることがあります。反応が良ければ、その後強気の注文を出してきます。反対に打診買いというものも存在します。

❶ 最初は小口の売りを出す　＝　上値のシコリ玉を解消させる
（その日の相場が初動で弱いと市場参加者に思わせる）

↓

❷ 売り一巡後に買い仕掛けを入れる
（新規のショートポジションも誘い込む）

↓

❸ 断続的に買いを入れ相場を下げさせない

↓

❹ 引けにかけてショートカバーを巻き込み一段高を狙う

06-06

ボラティリティの高低で戦略を変える

VIX指数や日経VIでボラティリティの有無をチェック!

ボラティリティが高いときはスキャルピングの好環境

スキャルピングで参戦してよい相場環境の目安は、ボラティリティです。基準としてはおおむね「VIX指数で20%以上、日経VIで22%以上」が好環境と言えます。

値動きの小さい時や約定がなかなか進まないボラティリティが低い時にスキャルピングをしても、相場相手のひとり相撲になってしまい、動かぬ相場にストレスを溜めることになります。

ボラティリティが高い時は、不利なポジションを抱えている投資家が多いことの表れでもあります。そういう場面では慌てた注文も入りやすく、相場の値動きも荒くなります。ただし、スキャルピングでは注文のたびにマイクロで11円、ミニで35円の手数料を支払うことになります。手数料を支払うに値する値動きがなくなってきたら、スキャルピングは一旦休止しましょう。

ボラティリティが低い相場では指値注文を使う

ボラティリティが低い時は先物の値動きも緩慢になり、日中でも値幅は縮小傾向にあります。相場が次の材料を待ちながら、次はどちらの方向に向かおうとしているのか煮詰まってきている証拠です。チャートでいう三角持ち合いの相場の時などがそれにあたります。そういう場面では、約定を急がず指値注文を使って約定を待つことにより売り買いの手数料のコストを払わないようにしましょう。たとえ11円や35円であっても約定のために支払うコストは極力抑えたいものです。

おおむねの目安として「VIX指数で15%以下、日経VIで16%以下」はボラティリティが低い相場と言えますので、その間は様子を見つつ、レンジをブレイクするなどして相場が動き出して方向性が出てくるまでは約定を焦る必要はありません。

スキャルピング

数秒や数分単位で小さな売買を繰り返し、利益を重ねていくトレード手法。英語のscalpには「頭の皮を剥ぐ」という意味があり、薄く皮を剥ぐように利益をあげることが語源。

ボラティリティ

価格変動の度合いのこと。市場の値動きの激しさを表し、変動幅や、値幅を稼ぎやすい環境かどうかを判断する材料となる。値動きの方向までは示していない。

ボラティリティの有無を見極める

ボラティリティの有無はVIX指数（122ページ参照）や日経平均ボラティリティー・インデックス（日経VI）を見るといいでしょう。

日経VIは各証券会社のほか、日経の指数公式サイトでも見ることができるようになっています。

●1日の中での日経VIの変化

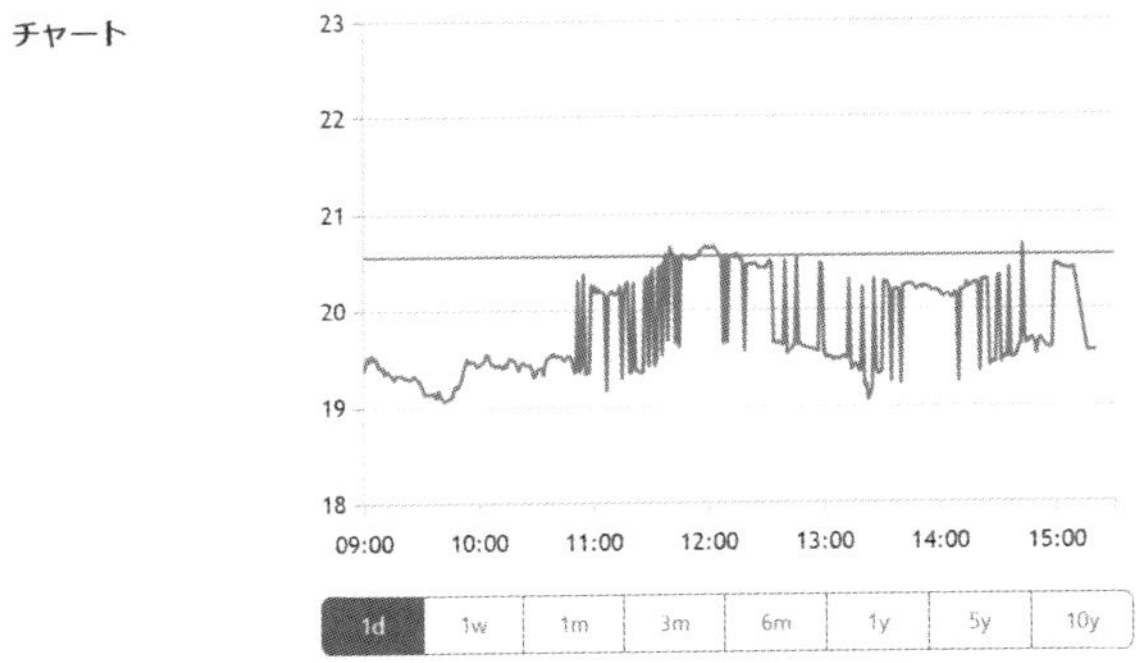

1日の中でも日経VIは上下2ポイント程度の値で推移します。22%近くあればスキャルピングの好環境と言えるでしょう。

日経平均プロフィル（https://indexes.nikkei.co.jp/nkave/index/profile?cid=0&idx=nk225vi）より

●16%以下になることは滅多にない

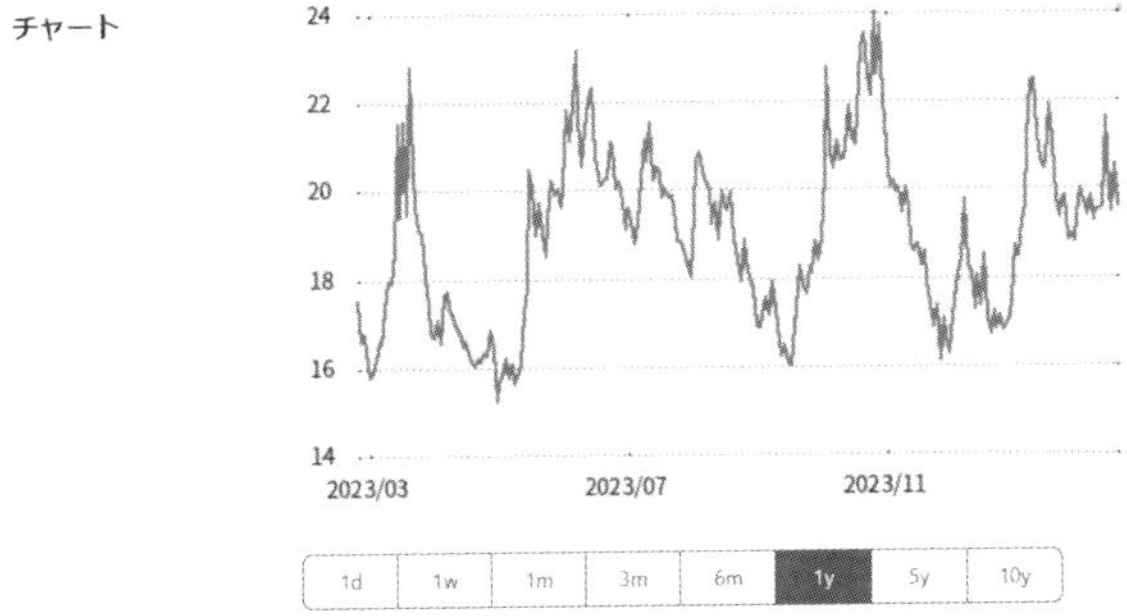

近年は海外投資家も日本市場に注目していることもあり、16%を下回るようなことはほとんど無くなりました。

06-07

デイトレード戦略でのチェックポイント

デイトレードならではの戦い方がある

前場ではトレンドを確認しておこう

デイトレードを始める前に、前日の高値安値のチェックをします。**始値が上下値幅を抜けて始まれば、新たなトレンド発生と判断**し、トレンドフォローの戦略で臨みます。前日値幅内でのスタートなら、ボックス相場とみて逆張り前提の目線で相場をみるようにします。

順張り、逆張りの切り替えのポイントは、前日の高値安値をブレイクするかどうかです。前日高安を抜けた後は、最も近い次の高値安値へのトライをイメージして売買を続けます。日中取引では、時間外のNYダウ、ドル円の動きは常にチェックしましょう。

10時30分からは中国市場の上海株にも目を配ります。最近の傾向として、朝方は相場が強く始まっても、上海市場が始まる時間帯には警戒され相場が弱含む場面が多いのです。

昼間午後でのチェック項目

デイトレードにおける午後のポイントは、株式市場の前場の流れが後場も続くかどうかの見極めと、その後の中だるみの時間帯をどう乗り切るかです。前場では海外勢の先物買いなどで非常に強い相場でも、一日の中では中だるみの時間帯が必ずあります。

後場での寄りは強めのスタートとなっても後場の中頃には下方に押し戻されたりすることがあります。

それでも一日を通して強い買い需要が続く日は一旦押し目があっても大引けに再び高値水準まで戻すことがあるので、下げ渋りの時は引けの一段高を狙うのも良いでしょう。

デイトレード

数時間から1日までの短期間で取引を完了させる取引スタイル。前のページで紹介したスキャルピングよりは長く持つというイメージ。

デイトレードでの前場のチェックポイント

デイトレードをするつもりであれば、まず日足チャートで前日の高値／安値をチェックしましょう。ここを上下に抜けてくる場合は、さらにその方向を抜けると考えて次の高値／安値を意識しながらトレードしていくようにしましょう。

日経平均株価指数 日足 2023年9月25日～2024年2月23日

日銀のETFの買い入れ停止

これまで日銀が行ってきたETF買いは、前引けTOPIXは-0.5％で買っていたのですが、ここ数年は前引けTOPIXが-2％に変更になっていました。

そして、2024年3月11日には、前引けのTOPIXが前日比-2.2％だったにも関わらず、日銀はETF買いを行い、直後の3月19日の日銀会合では、今後のETFの買い入れの停止を決めました。これは日経平均株価が史上最高値を更新する相場で、日銀が相場を買い支える必要性に乏しいとの考えがあったようです。

06-08

板情報から読み解けること

板の厚い方向や強い需給には逆らわない

板が厚い=抵抗ラインではない

先物の売買注文は8割以上が人の手を介さずにコンピュータにより自動的に発注と取消しが繰り返されていると言われています。

瞬間的に売買が行われているため、見えている板の厚さは方向性の判断材料にはならないことが多いので注意しましょう。先物では、厚い板の方に相場が向う傾向があります。数百枚の厚い板がずらりと並んでいて、一見、流動性が高いように見えても、その注文は千分、万分の数秒で発注とキャンセルが繰り返されているのです。

夜間立会における約定の進行を見るとわかりますが、数ティック動いても実際の約定はわずか数枚しかないという状況が普通に起きています。

そんなシステムによる自動発注が瞬間的に繰り返されている時代に、長時間にわたって大きな枚数の注文（厚い板）を場に晒しておく必要はありません。むしろ逆の目線で仕込みたいのではないか？ と考えます。仕込みが終われば、相場はやがて厚い板の方向へと向かうので、**個人投資家が板注文を見る際には、厚い板が取り払われた後のイメージを持つ**ことが重要です。

「長いものには巻かれろ」が相場では正しい

相場の方向性を決めるのは売買需給の力関係で決まってきます。大口の売買注文を出すヘッジファンドや機関投資家などに対し、**自分の相場観と違うからといって逆らっても、相手方より需給の力が弱ければ勝負は負けてしまいます。相場は多数決で方向性が決まるわけではない**のです。

先物市場では流れに逆らう人は負けやすく、「長いものには巻かれろ」的なスタンスの方が勝ちやすいと言えます。強い需給が見えた時には逆らわずに「相乗りする」戦略の方が利益を上げやすいのです。

板情報のチェック

板情報は各種トレーディングツールなどでチェックできます。たとえば、SBI証券のツールである「HYPER SBI 2」の場合は、下記の方法で日経225先物の板情報を見ることができます。ただし、文章でも触れているように、板情報はあくまで参考程度にしましょう。

①「先物気配」を押す

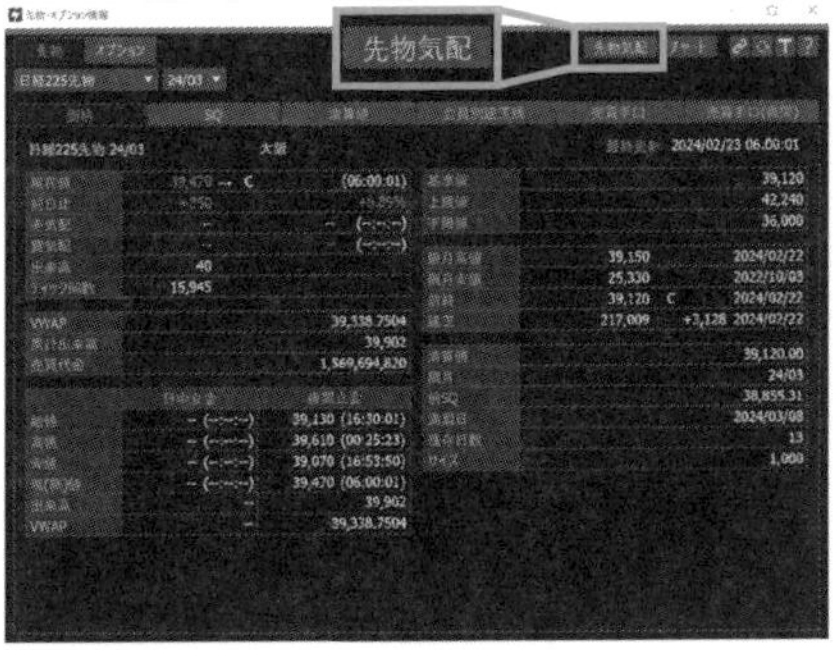

SBI証券の「HYPER SBI 2」の場合は日経先物を表示したあと「先物気配」というボタンを押します。名称は証券会社のトレーディングツールによっては異なる場合もあります。

②「板情報」で動きを見る

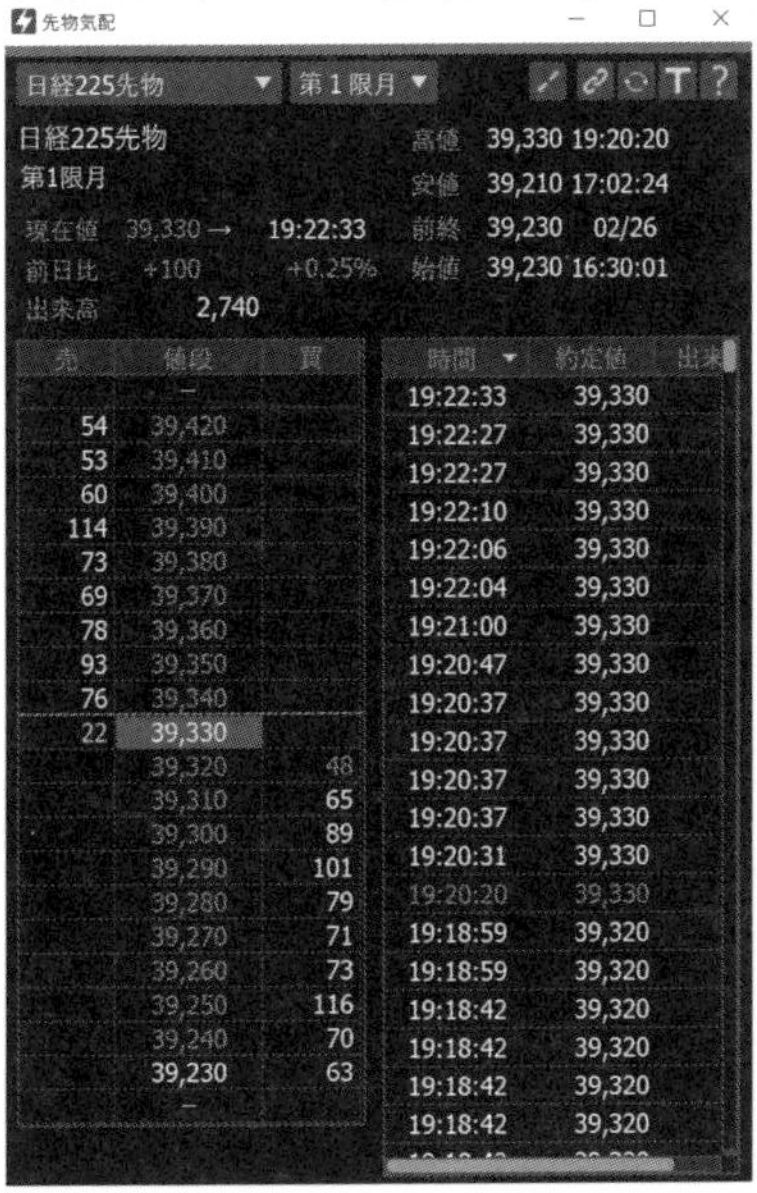

板情報で価格の推移をリアルタイムでみることができるようになっています。板情報の見方については80ページを参照。

06-09

下落相場の勢いに注意したい
下げ相場でのポイントをチェックしよう

下げ相場は値動きのスピードが速い

「上げ100日下げ3日」という相場格言があるように、大きく、そして速く相場が動くのが下げ相場です。

投資家は買う時には冷静に検討した上で買い注文を出しますが、危険を回避する行動に出る時は、ジックリ考えることなく、まずはポジションを減らす行動に出るものです。そのため、「パニック売り」のような状況も発生します。

これにより、下げ相場は、上げ相場よりも値動きのスピードは速くなり、その値幅も上げ相場と比べて大きくなります。**投資家が短期で大儲けを狙うのであれば、上げ相場よりも下げ相場に挑む方が儲けやすい**といえます。

ただし、下げ相場には勢いがある分、反発も一気に来ることが多いので注意が必要です。ショート（売り）で入っているときは、相場を注意深く見ていないと、損失も大きくなってしまうことがあります。

日本株に割安感が出ると年金買いが入りやすい

国内年金の運用は、アセットアロケーションで投資先を日本株、国内債券、外債、外国株式などに分散しており、あらかじめその比率は決めてあります（図参照）。

仮に日本株が大きく下げた場合、ほかの分散投資先との比較で日本株の比率が低下することにもなります。低下した分だけその後の買い需要が発生します。

その修正のために国内年金のまとまった買い物が入るタイミングは、日経225先物でも相乗りで売買するチャンスになります。

大きな下げの後には弱気一辺倒になるのではなく、分散投資で比率が下がった分だけ日本株にもいずれ買い需給が生じてくると考える必要があります。中長期目線で見れば買い下がり、売り上がりのチャンスになるといえるのです。

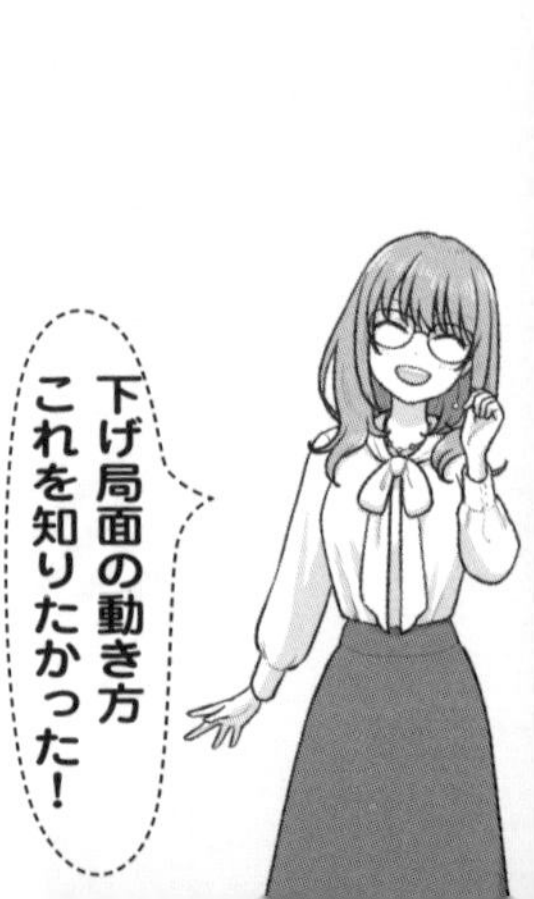

パニック売り

何らかのニュースの影響で株式市場などが急落した際、心理的にパニックを起こして持っている株式などを慌てて売却してしまうこと。

下げの値幅は短期で大きくなる

日経225先物 日足 2021年10月27日～2022年12月10日

GPIFの動きを把握する

年金積立金管理運用独立行政法人（GPIF）のポートフォリオはホームページで確認できます。以前は国内債券の比重が高い状態でしたが、現在は債券、株式ともに国内外をほぼ均等に持つようなポートフォリオとなっています。

第４期中期目標期間（2020年4月1日からの５カ年）における基本ポートフォリオ

厚生労働大臣から示された第４期中期目標では、積立金の運用目標について、「長期的に年金積立金の実質的な運用利回り（運用利回りから名目賃金上昇率を差し引いたもの）1.7％を最低限のリスクで確保することを目標とし、この運用利回りを確保するよう、基本ポートフォリオを定め、これに基づき管理を行うこと」とされました。

GPIFは、厚生労働省が実施する財政検証の結果 や厚労大臣から与えられた中期目標、並びに近年の経済情勢を踏まえて基本ポートフォリオを策定しました。

経済情勢については、世界経済は安定的な成長を遂げているものの、先進各国の政策金利は、世界金融危機以降、歴史的な低水準で推移しており、特に国内においてはその傾向が顕著になっている状況等を踏まえました。

年金財政上必要な利回りを満たしつつ、最もリスクの小さいポートフォリオを選定した結果、以下のような基本ポートフォリオとしました。

		国内債券	外国債券	国内株式	外国株式
資産構成割合		25%	25%	25%	25%
乖離許容幅	各資産	±7%	±6%	±8%	±7%
	債券・株式	±11%		±11%	

年金積立金管理運用独立行政法人（GPIF）のページ（https://www.gpif.go.jp/gpif/portfolio.html）より

06-10

四半期決算の前に大きな動きがあるのだ

45日前ルールと権利落ち日を狙おう

ヘッジファンドの45日前ルールに注意

一般的にヘッジファンドは3、6、9、12月末の四半期決算が多いとされています。ヘッジファンドによる顧客のファンド解約には45日前ルールというものがあり、そのルールに沿って解約売りが出るのが、決算日のひと月半前頃になります。つまり、2月、5月、8月、11月中旬にはヘッジファンドの解約売りが出やすい時期となります。

それまで形成されてきた相場のトレンドが、天底の打つ時期とも重なりやすく、スイングトレードで先物売買を行う投資家にとっては、直近のトレンドが反転するタイミングとして、ポジションの仕掛けをするチャンスとなります。

3・9月の権利落ち日は配当落ち分を埋められるかに注目

権利落ち日には配当落ち分だけ指数が下がってスタートしますが、このような特別な日には配当落ちに逆張りで買いを入れるのか、見送るのかの見極めが重要です。２０２４年３月の配当落ち分は、日経平均株価で２６０円ほどだと見込まれていました。翌日は前日比で配当に相当する金額分２６０円安でのスタートが理論上正しいことになります。前日比で安いからと言って安易に買って良いかどうかを見極める必要があります。配当落ち分を即日埋めるような相場は非常に強い相場で、その後も強い上昇基調が続く傾向があるとされています。一方で、配当落ち分を数週間経っても埋められないような弱めの相場では、配当取りに果敢にリスクを取った投資家の弱気を誘うようなことにもなります。どの程度の期間で配当落ち分を埋めてくるのかは大きな注目材料になります。

45日前ルールによる値動き

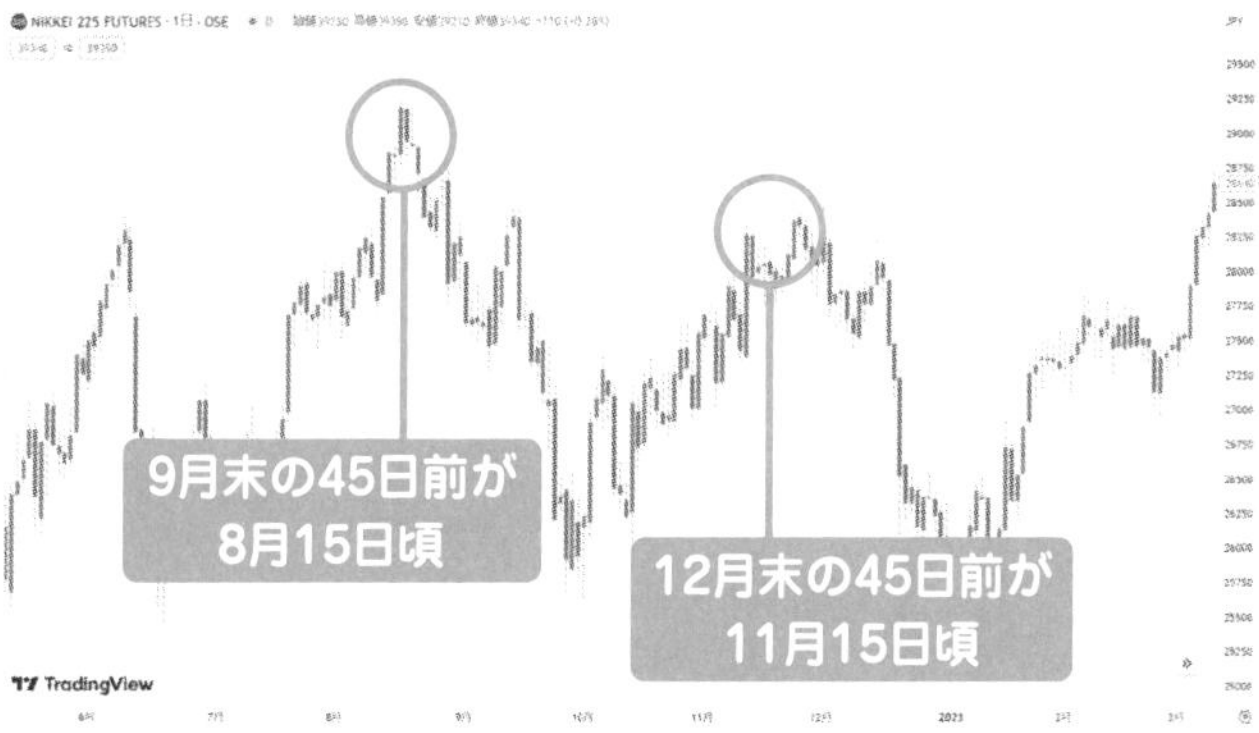

日経225先物 日足 2022年5月12日〜2023年3月9日

ちょうど45日ルールのあたりで天井を打つような動きになっていることがわかります。もちろん、このようにキレイに動かない場合もあります。

権利落ち日でいくら下がるのかを把握する

権利落ち日は配当の権利確定後ということもありその日は下落スタートになります。ですが、下落スタート後の動きでどれだけ埋められるかで今後の相場の動きを見ることができます。

① 権利落ち日には配当分だけ日経平均は下げてスタート

↓

② 2024年3月配当落ちは260円程度と目されていた

↓

③ 前日比260円安より、高く始まるか、安く始まるかを見極め

06-11

SQ値や採用銘柄の入れ替えに注目しよう！

SQ値を抜けると大きく動きやすい

SQ値は抵抗ラインや支持線として機能する

SQ値は毎月第二金曜日の寄り付きに算出されます。SQ値は裁定取引の決済に多く使われる為、その日は出来高も通常よりも増加します。当然ながらSQ値の水準で現物株を約定した投資家も増えますので、そこが節目になりやすくなります。

一般的にSQ値を上回って推移していれば強気相場、下回って推移すれば弱気相場ですが、SQ値をなかなか上回ることができないような状況が長く続くと、その水準は強い上値抵抗帯とみなされ、戻り売りも出ます。

一方、上値での抵抗帯を一気に突破した場合には、新たな上昇相場の起点ともなります。日経225先物では逆指値で買いのポイントとなりますので、SQ値を意識する必要があります。

採用銘柄の入れ替えでほかの銘柄に売りが出ることも

通常、**日経平均株価採用銘柄の入れ替えは、9月初旬に日本経済新聞社から定期見直し銘柄**が発表されます（実施日はその翌月である10月初旬）。また、それ以前に証券会社は入れ替え銘柄の予想を出します。

銘柄入れ替えに伴い、値嵩株が1銘柄新規に採用されると、他の224銘柄に換金売りが出て、日経平均株価が大きく下げる可能性があります。

たとえば、2019年3月のパイオニアの上場廃止に伴う臨時の入れ替えでは、候補のひとつであった村田製作所が採用されていたら、他の224銘柄に約5000億円分の売りが出た可能性がありました。その事態を警戒し、ファンドマネージャー間では日経225先物を先回りして売る動きが出て、日経平均株価は大きく下げました。

入れ替え時期には特殊売り需要が発生するのを警戒しま

しょう。

なお、実際に3月8日金曜日の引け後に、日本経済新聞社が発表した採用銘柄はオムロンでした。翌営業日の3月11日月曜日は日経平均株価は安値をつけましたが、その後切り返しています。

ちなみに売りがでる話は単純に、当時、1株約60円だったパイオニアの株を売ったお金で、1株約6000円の村田を買うにはお金が足りず、他の採用銘柄を売ることで買い付けの資金を捻出するという訳です。

2023年からは従来の10月に加えて、4月にも日経平均株価の採用銘柄の変更が加えられ、年2回更新されることになりました。4月にはオリエンタルランド、ルネサスエレクトロニクス、日本航空が採用され（除外は東洋紡、日本軽金属ホールディングス、東邦亜鉛）、10月にはメルカリ、レーザーテック、ニトリホールディングスの3社が加わりました（除外は日本板硝子、三井E&S、松井証券）。

実施日である4月3日、10月2日前後には大きく下げた後、反転して上昇する、といったことが起きています。

SQ値前後の値動き

日経225先物 日足 2023年8月30日～2024年2月22日

SQ値前後は揉み合いが続いたり、逆にそこを抜けると一気に動き出す、といったことが発生しやすくなっています。SQ値は日本取引所グループのホームページ（https://www.jpx.co.jp/markets/derivatives/special-quotation/）などで確認できます。

特別清算数値等（指数先物取引・指数オプション取引・国債証券先物取引・金利先物取引）

2024年2月限	
日経225	37,018円 07銭
日経225ミニオプション第1週限	36,231円 39銭
日経225ミニオプション第3週限	38,599円 32銭
日経225ミニオプション第4週限	38,855円 21銭
TOPIX	2,563.93ポイント
JPX日経インデックス400	23,148.63ポイント
日経平均VI	19.69ポイント
台湾加権指数	18,671ポイント

先物 TIPS 集

06-12

ドルが強くなると日経平均株価が上がる!?

米国債の金利やドルインデックスの相関関係に注目する

米国10年債利回り上昇は日本株にプラスに働く

米国10年債利回り（米国金利）が上昇すると、日米の金利差の拡大でドル高円安になりやすく、金利の低下ではドル安円高になる傾向があります。

米国金利の上昇は米株式市場にとってはマイナスで、米株下落は日本株の下落要因に連動するのですが、現在はそ**れ以上に為替の円安の方が現在の相場では注目されています。そのため、米国金利の上昇は円安に直結するため、日本株にはむしろプラスの材料**とみなされます。

先物売買においても、ドル円の値動きを見ると同時に、時間外の米国金利の動向をチェックして売買しましょう。米国金利が明らかに低下傾向の時は、その後にドル円も円高になってきますので、日経２２５先物は売り目線で臨みます。

時間外の米国金利はブルームバーグなどで見られます。

ドルインデックスが強ければ日本株にプラス

ドルインデックスはほかの通貨に対するドルの相対的強さを表す指数になります。これはドル円相場やクロス円相場（ユーロ円など、ドル以外の通貨の組み合わせ）に与える影響が大きく、ひいては日経平均株価の上げ下げにも関係してきます。

ドルインデックスが強く上昇していればほかの通貨との絡みで一方的な円高にはなりにくく、日本株には安心感が広がります。ドルインデックスが下落傾向にある時は円が強い状況でもあり、日本株にとってはネガティブ材料と言えます。

２０２３～２０２４年のドルインデックスを見ると、１１４という高い値を付けた２０２２年に比べると一服したものの、１００～１０７という高い水準でのレンジを形成しています。

米国 10 年債利回り

10年債利回りは長期金利にあたり、おもにて市場で決定される。一方、FRB政策金利は連邦準備銀行に預けている準備預金を他の民間銀行に貸し付ける際の短期金利となる。

ドルイデックス

複数の主要通貨に対する、アメリカドルの為替レートを指数化したもの。ドルの価値が他の通貨より高くなると上昇する。インターコンチネンタル取引所 (ICE) のドルインデックスが知られている。

米国10年国債利回りと日経平均株価の動き

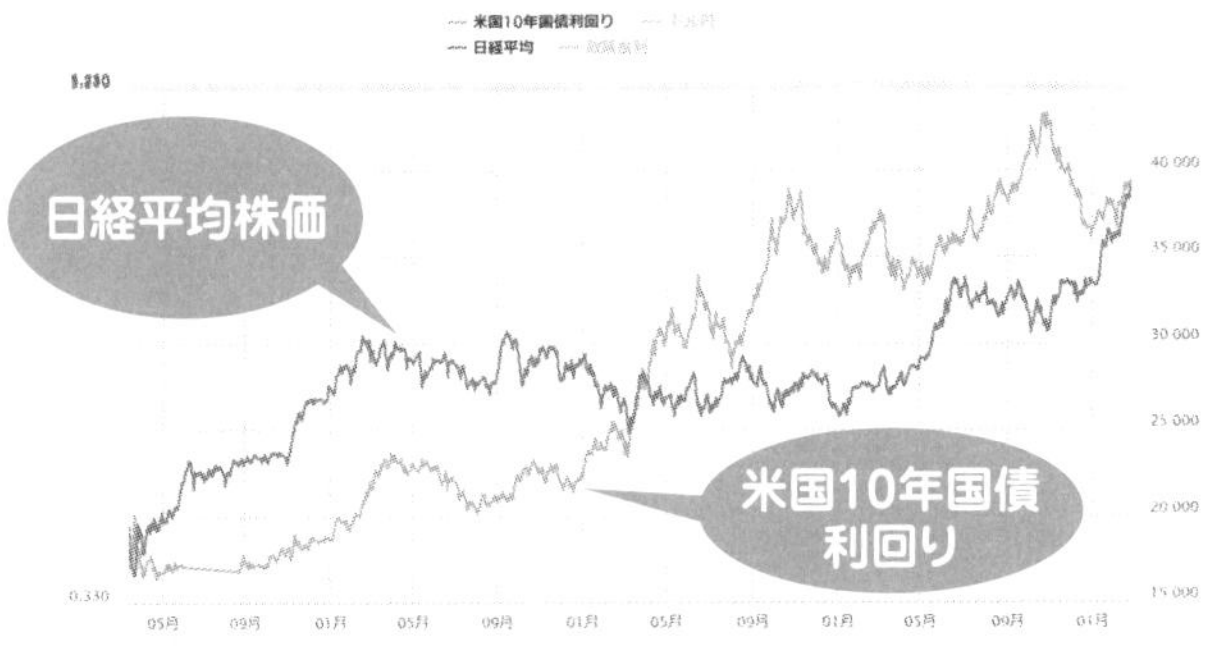

2022年5月くらいから見ても、米国10年国債が上昇するとドル円が上昇するため、円安につられて日経平均も上昇する、といった関係性が生まれています。

投資の森（https://nikkeiyosoku.com/dgs10/）より

ドルインデックスと日経平均株価の動き

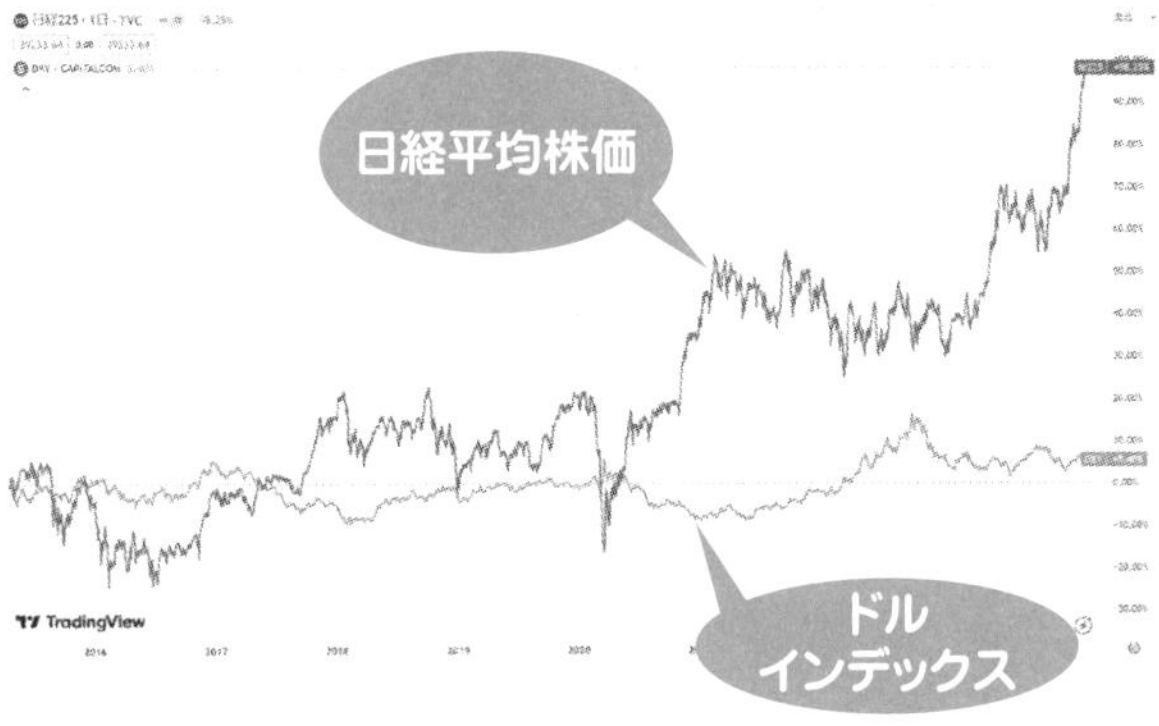

2015年9月ごろからのドルインデックスと日経平均株価の動きです。必ずしも因果関係があるとは言えませんが、2022年9月からのドルが強い状態が続いてから日経平均株価は大きな上昇傾向にあります。

06-13

窓が開いたときの動きのパターンを読み取ろう

寄り付きのギャップダウン／アップを狙っていく

ギャップダウンはさらなる安値を期待できるが ギャップアップはまちまち

ギャップダウンは何か予期せぬ大きな悪材料が出た時に起こります。その状況では寄り付きは買いではなく、むしろ売り姿勢で対処する方が儲けやすいと言えます。

寄り付き時点ですべての悪材料が織り込まれますが、寄り付き安となって上昇することは稀で、その後にさらに安い場面が訪れることが多いのです。

さらに下落時における寄り付き値の水準が、5～200日移動平均線のいずれも下回っているような場面では、より売り戦略の信頼度が増してその後も下落傾向が続きます。

ギャップダウン相場では、値ごろ感からの安易な逆張りの寄り付き買いは禁物です。むしろ更なる安値出現を期待して、戻り売り戦略で臨むようにしましょう。

一方、日経平均株価が前日比で上昇して始まり、寄り付き気配がギャップアップで始まるような場合には、順張りの買いではなく、逆張りの売りの方が有利な傾向がありますが、動きはまちまちです。

ギャップの種類と見極め方

ギャップには主に4種類あると言われています。レンジ相場の中で出現するコモンギャップ、新たなトレンドを形成するようなブレイクアウェイギャップ、同じトレンド内で発生して、さらに勢いをつかせるランナウェイギャップ、上昇／下降トレンドが反転するエグゾーションギャップです。

寄り付きでギャップが発生するおもな要因は夜間立会での動きや、前日のニュースなどですが、ギャップがどのような性質を持っているか見極める必要があるといえるでしょう。

ギャップダウン時の値動き

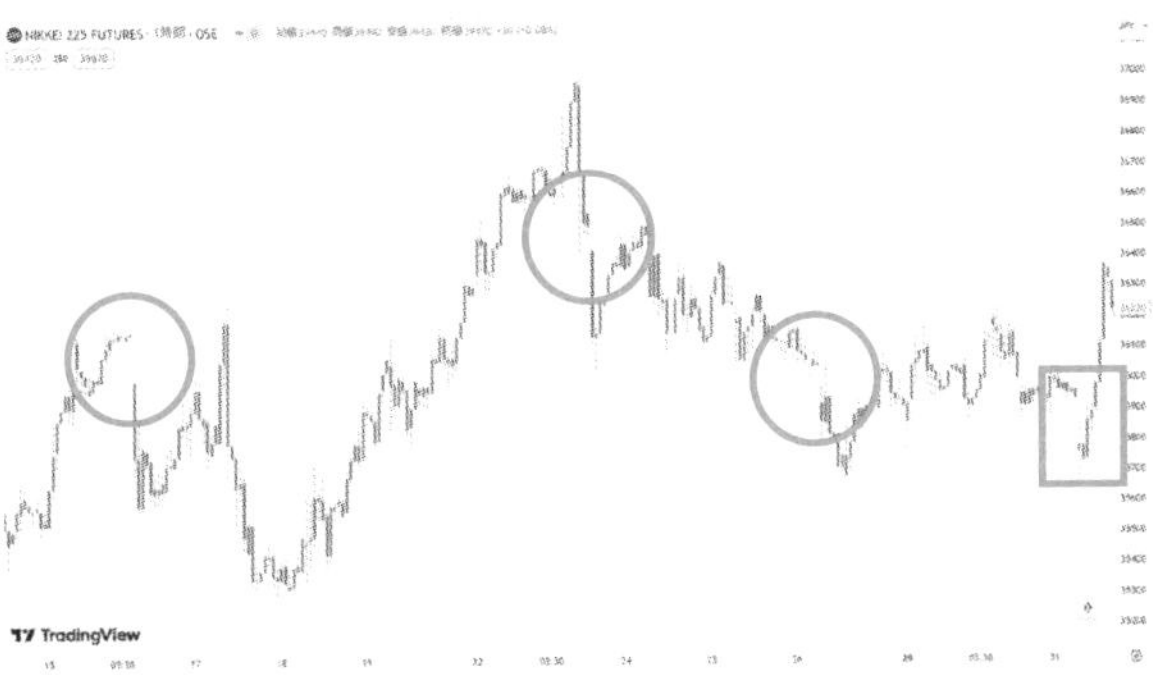

日経225先物 1時間足 2023年1月15日～2024年1月31日

ギャップダウンのときは、その後も大きく下落することが多いことがわかります。ただし、図の1月31日のように、いったん下げたあとに大きく反発するケースもあります。

ギャップアップ時の値動き

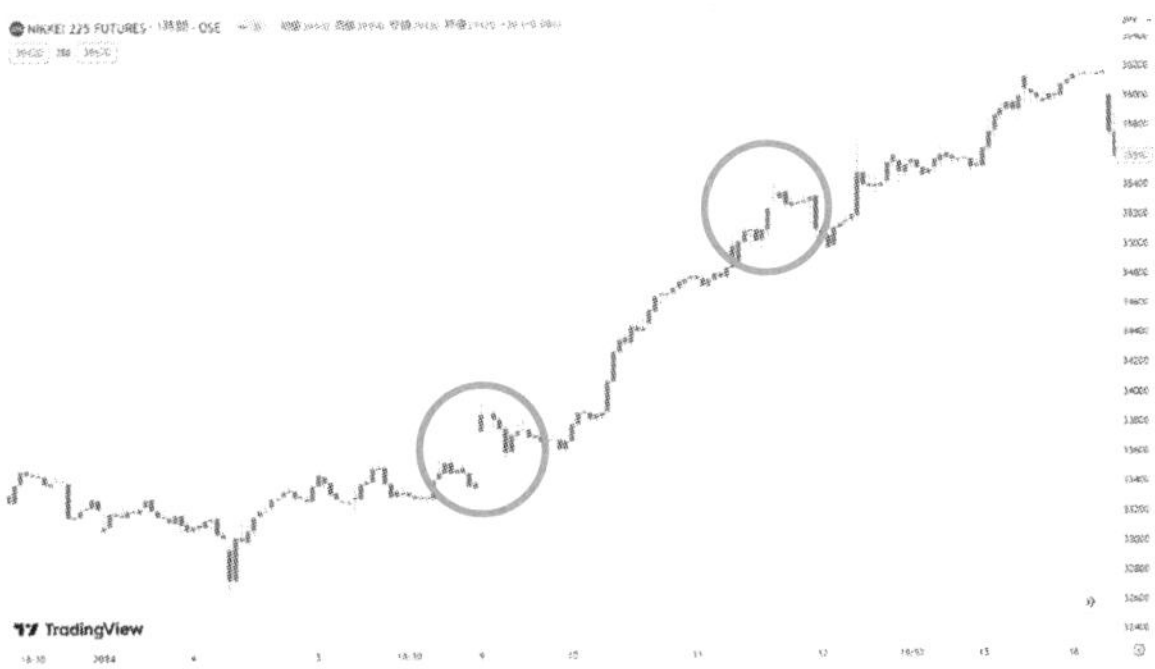

日経225先物 1時間足 2023年12月29日～2024年1月16日

ギャップアップの場合は、動きはまちまちです。図のように、明らかな上昇トレンドの中にあっても、ギャップアップのあとはむしろ押し目を形成するような動きにさえなっています。

06-14

トレンドの終わりが見えてくる

長大上ヒゲは相場の天井形成となりやすい

「往って来い」では信頼度が高い

上昇が何日も続いた後や、序盤では大幅に相場が上昇していたのに終盤で上昇分が打ち消されるようないわゆる**「往って来い」で終了する相場では、その後に方向転換する可能性が高く**なります。

特に、日足チャートで長い上ヒゲを引いた後に安値引けに近い陰線が出現した場合には、目先は完全に天井形成となります。その後も下落がしばらく続くことが多いので、安易な押し目買いを続けると思わぬ損失を招いてしまいます。買いポジションは決済してドテン手法でドテン売りに回った方がよいでしょう。

長い下ヒゲのたくり足は底打ちとは言えない

これとは反対に、チャートで連続下落が続いた後に長大上ヒゲの逆の動き（下ヒゲのたくり足）が出現した場合には、短期の底打ち感が出て、その後相場が戻すこともあります。

ただし、上ヒゲチャートと異なるのはその信頼度で、下ヒゲたくり足の場合には翌日も続落することが往々にしてあります。ですが、それだけでは完全に底打ちだと強気一辺倒になるのは危険です。経験則からは、たくり足だけでは信頼度が乏しいといえます。

仮に底値圏で買えたポジションであっても、利益が出ているのであれば大引けまでに一旦決済して、、ポジションの持ち越しは手控えて様子見とした方が良いかもしれません。

同じ長いヒゲでも、上下でその後の動きはだいぶ変わってくることが多いので、よく見極める必要があります。

ドテン手法

保有するポジションを利益確定、もしくはロスカットで決済と同時に保有したポジションと逆のポジションを新規に建てる取引手法。手法としての難度は高く、逆張りができる分析力が必要。

「往って来い」では信頼度が高い

日経225先物 日足 2017年9月28日～ 2018年7月1日

上昇が続いたあとの長い上ヒゲが出たあとはその後、下落に転じるパターンがよくあります。

下ヒゲのたくり足で判断は禁物

日経225先物 日足 2019年11月22日～ 2020年8月8日

逆に下降トレンドでの長い下ヒゲは、その後も下落が続く可能性があり、トレンドが終わったとは判断しづらいので注意しましょう。

06-15

揉み合い相場に弱いので精度を高めたい

ゴールデンクロスやデッドクロスをより良く活用する方法

ダマシが多く、安定した利益が見込めない

テクニカルチャートではGC（ゴールデンクロス）は買い、DC（デッドクロス）は売りとされていますが、先物市場ではシステマティックに5日線と25日線がGCした局面で買い出動しても、タイミングが少々遅すぎて必ずしも儲かるとはいえません。

堀川氏は、過去を遡って移動平均線のクロスで有効な日数の組み合わせがないかを検証したところ、上下レンジの狭い揉み合い相場ではダマシが多く、損失が続く傾向がありましたが、結局、ピタリと当てはまる最適なパラメータ日数は見つからず、安定した利益は見込めないとの結論に至りました。

先物売買に利用するのであれば、**他のテクニカル指標と組み合わせて、ゴールデンクロス&デッドクロスが出現する前にポジションを建てる工夫が必要**です。

オシレーターを組み合わせて有効なサインを見極めよう

単純にゴールデンクロス、デッドクロスだけを見て売買をするのは有効とはいえませんが、たとえば、もっと大きな時間軸でトレンドがでている場合に、同じ方向でサインが出たときにだけポジションを建てるなどに限定をすれば精度は高まります。

さらに、移動平均線のゴールデンクロス／デッドクロスをRCI（順位相関指数）と合わせてサインを見極めたり、MACD（移動平均収束拡散）のゴールデンクロス／デッドクロスをボリンジャーバンドと合わせるなどの方法でも精度を高めることは可能です。

移動平均線とRCIのサインの見極め方

同じゴールデンクロス、デッドクロスでもRCIと組み合わせることで、より精度を高めることができます。

日経225先物 日足 2021年5月14日～ 2022年4月5日

	移動平均線	RCI
買いのサイン	ゴールデンクロスの発生（短期線が垂直に近い抜け方が理想）	RCIが上昇し、直近の-70を上に抜ける
売りのサイン	デッドクロスの発生（短期線が垂直に近い抜け方が理想）	RCIが下落し、直近の70を下に抜ける

MACDとボリンジャーバンドを使った見極め方

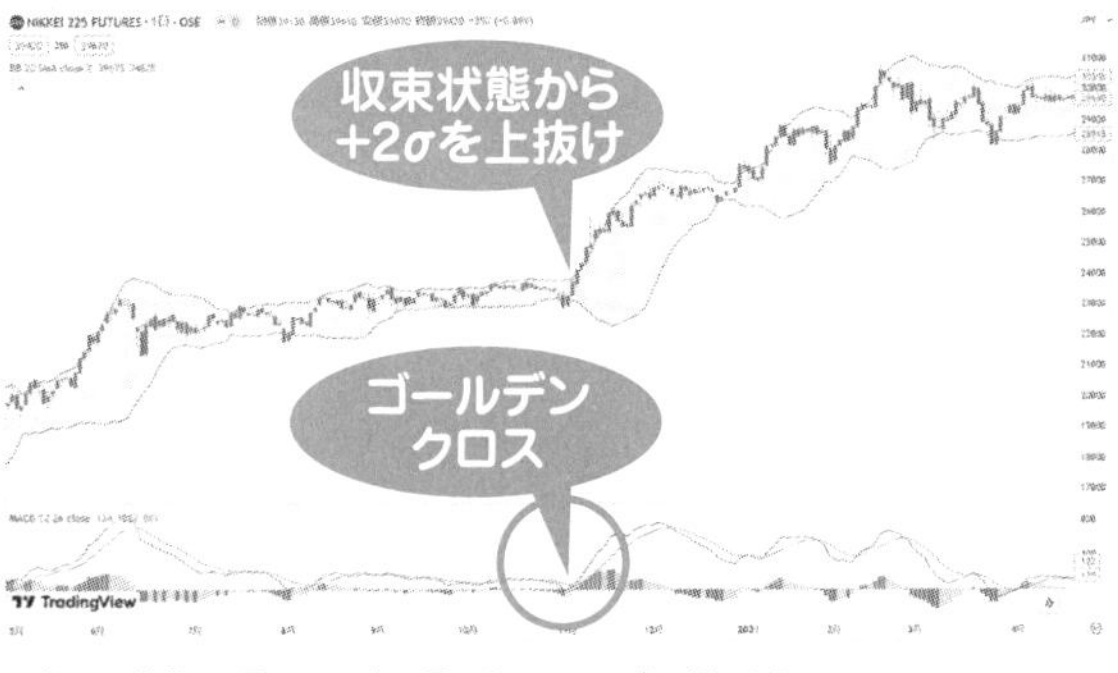

MACDのゴールデンクロスの場合はボリンジャーバンドが収束状態から＋2σを抜けた陽線を付けると、期待値が高まります。

日経225先物 日足 2020年5月1日～ 2021年4月19日

	MACD	ボリンジャーバンド
買いのサイン	ゴールデンクロスの発生（ゼロラインから下に離れた場所が理想）	バンドが収縮している状態でローソク足が+2σを上に抜ける
売りのサイン	デッドクロスの発生（ゼロラインから上に離れた場所が理想）	バンドが収縮している状態でローソク足が-2σを下に抜ける

column

TradingViewを活用しよう！

無料で使えるツールもある

日経225先物のチャートを分析する場合、証券会社のツールを使うのも良いですが、それ以外にもTradingView（トレーディングビュー）という無料のツールもあります。ブラウザで使えるほか、スマホアプリでも使うことが可能で、さまざまなインジケーターを導入できるのでテクニカル分析にも向いています。もちろん、表示もリアルタイムなので、取引時間中であっても使えます。

日経225先物だけでなく、世界中の個別株やインデックス、暗号資産（仮想通貨）などまで対応しており、ほぼすべてのチャートをひとつのツールで完結させることができるようになっています。

一部の機能は有料ですが、無料でも充分機能を使いこなすことができます。

Trading Viewは公式サイト（https://jp.tradingview.com/）にアクセスするだけで利用が可能。アカウントを作成すればセットしたインジケーターの情報などが保存できる

第7章

「Mr.デリバディブ」堀川秀樹氏のトレード手法

07-01

4日間という魔法のレンジ

スイングトレードはチャネル・ブレイクアウトで仕掛ける

チャネルブレイクアウトという考え方

まず、単純な考えとして、トレンドが発生する時には、必ず過去の高値を上抜けたり、安値を下抜けるという現象がおきます。そのとき、「過去の高値安値」をどう定義すればいいのか？ということが問題になります。

そこで、堀川氏が考えたのが、**ドテン方式で過去何日分の高値安値をブレイクした時にその方向に売買すればいいかをシミュレーション**してみました。１日から１００日とか、考えられるものをすべて検証してみたところ、株価指数先物では過去4日間、為替では過去5日間が最も成績が良い（当たりやすい）ことがわかりました。つまり、日経225先物の売買のタイミングとしては、過去4営業日の高値と安値をチェックし（チャネル）、そこをブレイクするかで見極めます。

日経225だからこそ大きな利益が期待できる

先物の良さはトレンドに乗って大きく稼ぐことにあります。例えば、２０２４年初頭からの日経平均の高騰では、1月4日の安値3万２６８０円から、3月7日の高値4万３４０円まで、約８０００円もの上昇となりました。このすべてを利益として得るのは不可能に近いですが、たとえ半分の４０００円でも、利益として得られればラージ10枚で、じつに４０００万円もの利益をあげられることになります。

日経２２５先物は、個別銘柄を現物で購入することはもちろん、信用の空売りよりも効率よく稼げます。そして、少しでも利益を大きくするには、いち早くトレンドをとらえて、新規の買い、または売りのポジションを持つことにあります。ただし、それだけのリターンが望めるということは、損失も大きく生じる可能性もありますが……。

チャネルのブレイクが売買サイン

例えば、日経225先物の2024年3月1日の価格を例にとると、過去4営業日というのは2月26日から2月29日となります。次に、その期間のそれぞれの日の安値と高値をチェックします。すると、安値は2月29日につけた3万8630円、高値は2月26日につけた3万9340円となります。

この高値と安値の間を「レンジ」とします。つまり、3月1日で見るべきレンジは、3万8630円から3万9340円の間となります。**チャネル・ブレイクアウトでは、このレンジを上方向に抜けたときは「買い」サイン、下方向に抜けたときは「売り」サインと判断**するのです。

先ほど挙げた3月1日を例にとってみましょう。この日の相場は、始値3万8980円から上昇しはじめ、3万9340円を上抜けしたので、ここで買いを入れます。結局、この日は3万9740円まで上昇し、さらに3月7日には40340円という高値をつけたのです。

利益確定、または損切りのタイミングとしては、翌日以降などにチャネル・ブレイクアウトで反対のサインがでたタイミングとなります。そのため、トレンドが発生しない場合は利益を生み出しづらくなります。

下落相場にも使える手法

これは下落相場でも有効で、例えば2015年8月20日のチャイナショックのときではレンジは安値が2万160円、高値が2万670円でした。前場に2万160円を割りブレイクしたので、ここで「売りサイン」が発動しています。その後、値は2万250円まで戻しましたが後場で下落に転じます。そして、値は8月25日の1万7160円まで下落を続けました。

これを長い期間で見ると、12月8日の12月SQから3月8日の3月SQまでの期間でこのチャネルブレイクアウトの手法のみでトレードをした場合、4320円の利益が出ていることがわかります。ただし、2024年1月上旬のような大きなトレンドが綺麗に出ることはなかなかないので、あくまで手法は参考として考えるのがいいかもしれません。

2015年のチャイナショック

2015年6月に始まった中国の株式バブルに起因する株価の大暴落。わずか一月ほどで上海証券取引所のA株は株式時価総額の3分の1を失った。

レンジを割り出す方法

スイングトレーダー向けの「チャネル・ブレイクアウト」は、大きなニュースや事件で急騰したり下落した日に有効です。まず過去4日間の高値と安値をチェックすることから始めましょう。当日にこのレンジの高値を上方向に抜けたときは「買い」サイン、安値を下方向に抜けたときは「売り」サインと判断するのです。

① 過去4日間の安値／高値を見る

日にち	始値	高値	安値	終値
2024/2/26	3万8850	3万9340	3万8820	3万8970
2024/2/27	3万8960	3万9220	3万8840	3万9010
2024/2/28	3万9020	3万9090	3万8830	3万8910
2024/2/29	3万8900	3万9000	3万8630	3万9000
2024/3/1	3万8980	3万9740	3万8750	3万9740

4日間の高値3万9340円
過去4日間が対象
4日間の安値3万8630円
上にブレイク

② 翌日はレンジの期間がずれる

日にち	始値	高値	安値	終値
2024/2/27	3万8960	3万9220	3万8840	3万9010
2024/2/28	3万9020	3万9090	3万8830	3万8910
2024/2/29	3万8900	3万9000	3万8630	3万9000
2024/3/1	3万8980	3万9740	3万8750	3万9740
2024/3/4	3万9740	4万0090	3万9640	3万9900

4日間の高値3万9740円
過去4日間が対象
4日間の安値3万8630円

③ 必ず過去4日間のレンジを見ていく

日にち	始値	高値	安値	終値
2024/3/4	3万9740	4万0090	3万9640	3万9900
2024/3/5	3万9860	4万0010	3万9590	3万9910
2024/3/6	3万9890	3万9970	3万9440	3万9860
2024/3/7	3万9810	4万0340	3万9280	3万9360
2024/3/8	3万9230	3万9770	3万8920	3万9510

4日間の高値4万0090円
過去4日間が対象
4日間の安値3万9280円
下にブレイク

売買サインは過去4日間のレンジを抜けたタイミングとなります。例えば①の2024年3月1日には2月26日～29日の高値である3万9340円を上に抜けたら入れ、③の3月8日の場合では、過去4日間の安値の3万9280円を下に抜けた3万9270円が売りのサインとなります。

2023年12月～2024年1月のチャネル

※青色は上にブレイク、灰色は下にブレイク

日にち	始値	高値	安値	終値	4日最高値	4日最安値	サイン
2023/12/14	3万2600	3万2800	3万2170	3万2280	3万2870	3万1850	
2023/12/15	3万2280	3万2780	3万2190	3万2630	3万2870	3万1920	
2023/12/18	3万2650	3万2650	3万2230	3万2400	3万2870	3万2170	
2023/12/19	3万2450	3万2910	3万2330	3万2880	3万2800	3万2170	買い
2023/12/20	3万3010	3万3500	3万3000	3万3370	3万2910	3万2170	買い
2023/12/21	3万3330	3万3330	3万2760	3万2850	3万3500	3万2190	
2023/12/22	3万2870	3万3010	3万2790	3万2810	3万3500	3万2230	
2023/12/25	3万2800	3万3130	3万2790	3万2900	3万3500	3万2330	
2023/12/26	3万2940	3万2990	3万2850	3万2960	3万3500	3万2760	
2023/12/27	3万2990	3万3420	3万2960	3万3350	3万3330	3万2760	買い
2023/12/28	3万3370	3万3380	3万3120	3万3220	3万3420	3万2790	
2023/12/29	3万3220	3万3350	3万3010	3万3150	3万3420	3万2790	
2024/1/4	3万3170	3万3250	3万2410	3万2980	3万3420	3万2850	売り
2024/1/5	3万2990	3万3290	3万2940	3万3060	3万3420	3万2410	
2024/1/9	3万3060	3万3700	3万3020	3万3520	3万3380	3万2410	買い
2024/1/10	3万3560	3万4260	3万3340	3万4200	3万3700	3万2410	買い
2024/1/11	3万4220	3万4980	3万4190	3万4980	3万4260	3万2410	買い
2024/1/12	3万5040	3万5440	3万4750	3万5340	3万4980	3万2940	買い
2024/1/15	3万5280	3万5730	3万5120	3万5720	3万5440	3万3020	買い
2024/1/16	3万5870	3万5900	3万5310	3万5390	3万5730	3万3340	買い
2024/1/17	3万5390	3万5960	3万5190	3万5280	3万5900	3万4190	買い
2024/1/18	3万5200	3万5450	3万5030	3万5320	3万5960	3万4750	
2024/1/19	3万5280	3万5850	3万5280	3万5740	3万5960	3万5030	
2024/1/22	3万5710	3万6330	3万5650	3万6330	3万5960	3万5030	買い
2024/1/23	3万6310	3万6710	3万6150	3万6280	3万6330	3万5030	買い
2024/1/24	3万6140	3万6230	3万5780	3万5990	3万6710	3万5030	
2024/1/25	3万6010	3万6130	3万5640	3万5950	3万6710	3万5280	
2024/1/26	3万5900	3万5930	3万5410	3万5420	3万6710	3万5640	売り
2024/1/29	3万5480	3万5910	3万5480	3万5770	3万6710	3万5410	
2024/1/30	3万5750	3万5960	3万5610	3万5740	3万6230	3万5410	
2024/1/31	3万5640	3万6110	3万5400	3万6110	3万6130	3万5410	売り

2024年1月9日～17日など連日高値を更新するような大きな売買サインでは利益を出しやすいですが、1月26日や1月31日のような弱い下抜けの場合は利益確定が難しくなります。売買サインだけを見て機械的に売買を行うだけでなく、大きなトレンドを掴んで見送る判断も入れるとさらに精度は上がるでしょう。

先物の知識

07-02

9時～10時は様子を見て参加する

デイトレードはイニシャルレンジブレイクを狙う

イニシャルレンジを見極める

チャネル・ブレイクアウトはスイングトレードに適した手法ですが、それよりも短いスパンで取引を完結するデイトレード戦略では、レンジの設定期間が、チャネル・ブレイクアウトの4日間と異なり、もっと短くなります。

ですが、基本はチャネル・ブレイクアウトと同じく、高値と安値のレンジをブレイクして抜けたときに抜けた方向について行くというものになります。

具体的には、次のような手順でレンジを定めます。

①日中立会の寄りから1時間強、10時までは相場を眺めるだけで売買はしません。

②10時の時点になったら、寄りからの高値と安値を確認します。この高値と安値のレンジのことをイニシャルレンジといいます。

③10時以降、値がイニシャルレンジをブレイクした時に買い、または売りを入れます。

具体的な例を挙げると、2024年3月7日では8時45分～10時の時点で高値は4万480円、安値は4万210円のレンジとなっており、10時過ぎにいったん反発したものの、10時30分ごろから大きく値を下げました。その日の日経平均株価の終値は3万9630円、さらに夜間立会に入って18時には、一時的に3万8920円まで下落しました。

この日であれば、イニシャルレンジの下限である4万210円を割った時点で売りを入れていれば、1000円以上取れた可能性があったというわけです。

夜間立会では4時30分から1時間は様子見

この手法は夜間立会でも有効です。その場合はオープニングの4時30分から5時30分までは様子見、その後で、ブレイクした方向について行きます。

夜間立会については134ページでも紹介していますが、この時間は欧米の経済指標が発表されるなどして、大きく値が動くことが少なくありません。こうした動きに乗るのに、イニシャルレンジをブレイクする手法は向いています。

利確は逆指値注文（できればトレーリングストップ）で

ただし、この手法で難しいのは利益確定のタイミングです。この**利益確定の手法としては、トレーリングストップが有効**です。

トレーリングストップとは逆指値注文に値幅指定機能をつけた注文方法のことです。例えば、「株価が高値から70円下落したら成行で売る」といった設定ができます。

例えば、日経225先物を3万7000円で買ったあと、値が100円上がり、3万7100円になったとします。その後、この価格から70円下落し、3万7030円になったら、自動で売り注文が入ります（これは逆指値と同じ）。

トレーリングストップならば、3万7100円からさらに値が上がったときです。もし、値が3万7200円になったとすると、自動で利益確定の価格が、3万7030円から100円値上がった、3万7130円に修正されるのです。

逆指値のみならば3万7030円で利益確定するところが、トレーリングストップ機能ならば、3万7130円と、値動きに追随した形で利益確定することができます。

慣れてくると最適な利益確定の箇所をつかむことができますが、そうなるには、日々の値動きを見ながら、自身でタイミングを判断できる目を養わなくてはなりません。これに関しては自分で経験を積んでいくしかないのです。

イニシャルレンジのブレイクを狙う手法

先物オープンの8時45分～10時までは価格の推移を見守り、高値と安値をチェックしてイニシャルレンジを把握します。10時以降にそのレンジにブレイクをした方向についていくのが手法となります。下は2024年3月7日の実際の価格です。

① 開始1時間の値動きを記録する

時間	始値	高値	安値	終値
8:45~9:00	4万0340	4万0450	4万0340	4万0400
9:00~9:15	4万0400	4万0480	4万0310	4万0320
9:15~9:30	4万0330	4万0360	4万0300	4万0300
9:30~9:45	4万0290	4万0340	4万0260	4万0270
9:45~10:00	4万0280	4万0290	4万0210	4万0210

※2024年3月7日の価格

1時間の高値40480円

8時45分～10時まで

1時間の安値40210円

② 10時以降にブレイクした方向についていく

下にブレイク

時間	始値	高値	安値	終値
10:00~10:15	4万0210	4万0210	4万0160	4万0190
10:15~10:30	4万0180	4万0200	4万0020	4万0020
10:30~10:45	4万0020	4万0020	3万9780	3万9820
10:45~11:00	3万9800	3万9830	3万9670	3万9750

※2024年3月7日の価格

10時を過ぎてから①の安値である40210円を下に抜けたため、ここで売りを入れます。

③ 利益確定の目安

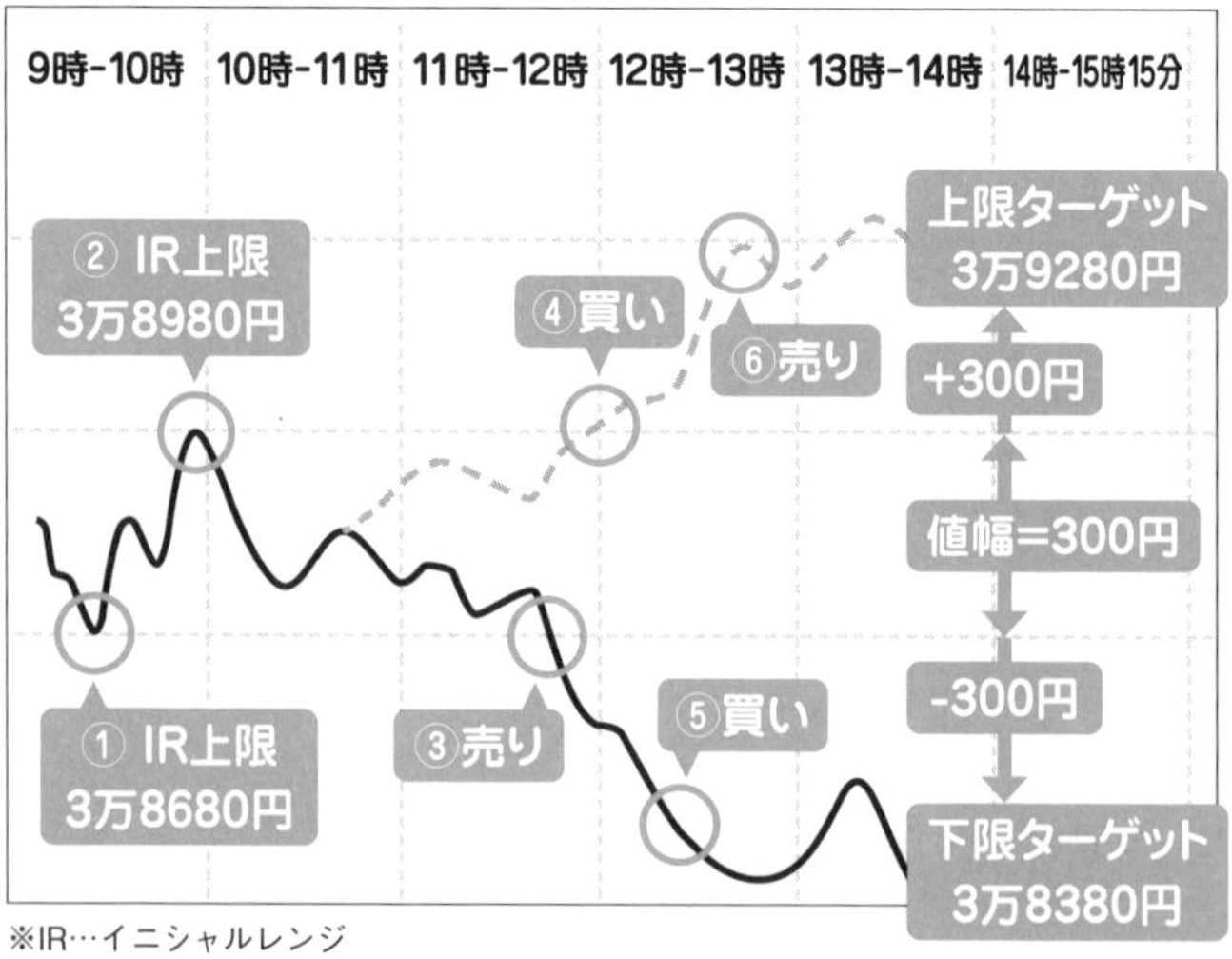

※IR…イニシャルレンジ

利益確定のタイミングとしてはイニシャルレンジの値幅をもとに、下限からその値幅を取るという方法もあります。①の例でいえば値幅270円なので、安値の4万210円からさらに270円下がった3万9940円を利益確定ポイントとします。

イニシャルレンジのブレイクの例

前のページで紹介した3月7日を実際のチャートで見てみましょう。10時にそのままブレイクしてから下へ動いていることがわかります。一方、3月8日は揉み合いから10時30分ごろに上方向に抜けたものの、勢いが出ずに失速し、その後、下方向にブレイクしています。この場合は損切り後にドテンで売りを狙う方法もあります。

日経225先物 2024年3月7日〜8日 5分足

利益確定はトレーリングストップで行うのもアリ

トレーリングストップは値幅を決めることで、そのときの高値／安値からの反発で決済されます。日経225先物では50〜100円が妥当ですが、値動きを見極めましょう。

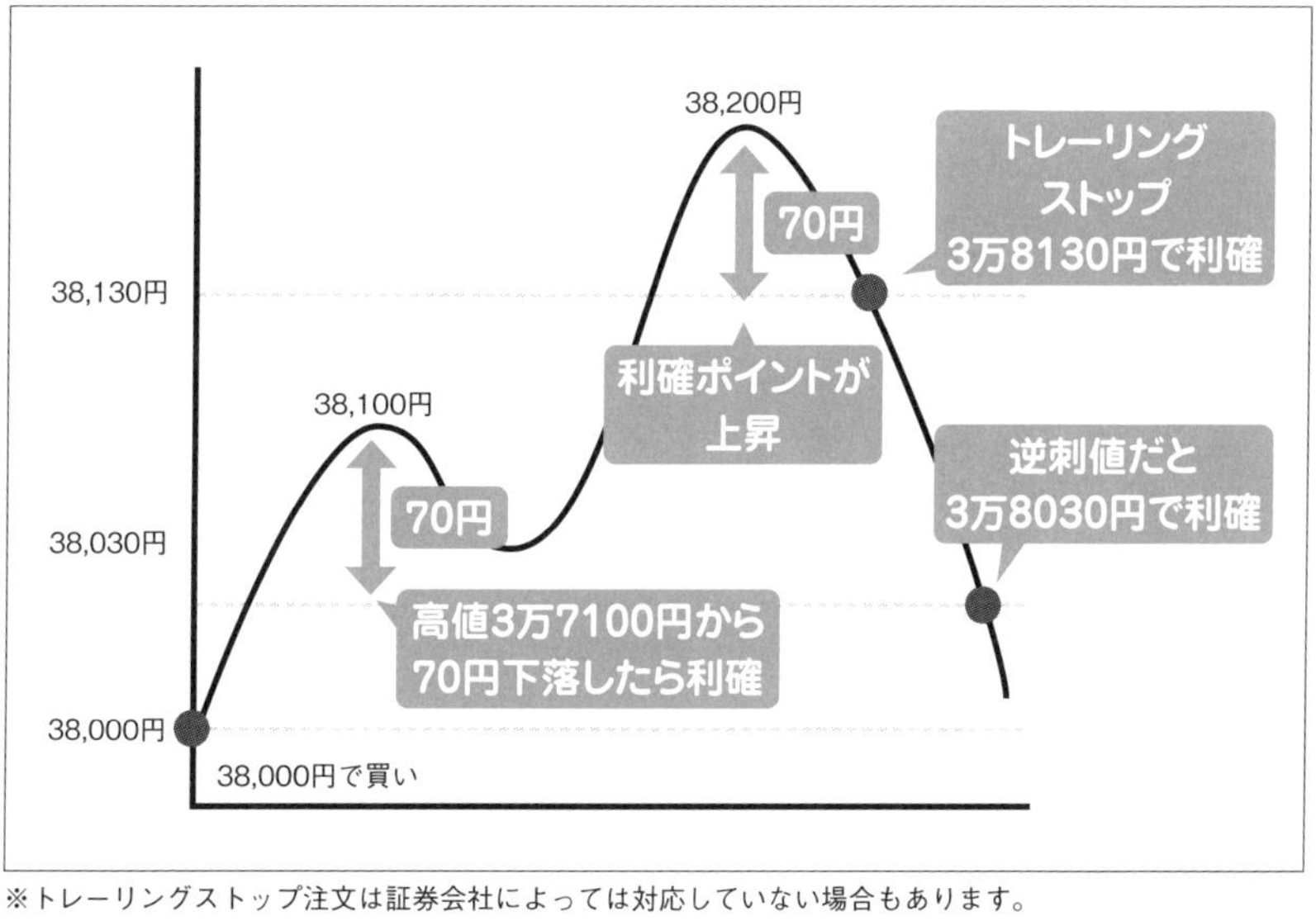

※トレーリングストップ注文は証券会社によっては対応していない場合もあります。

07-03

海外の動向にも注意しよう

夜間立会での取引方法

日経２２５先物なら兼業投資家でも夜間取引で参加しやすい

先物の魅力は夜間にリアルタイムで取引ができる点にあり、また、サラリーマンの方が会社から帰宅したあとでも、家で売買ができることですが注意すべき点があります。

例えば、注文の枚数が少ない（板の厚みが薄い）ため、値動きは昼間と違い、価格が短時間で大きく動きやすくなっています。その一方で、何時間も1ティック上下に動くだけで、ほとんど値動きがないときもあります。

出来高が普段と比較して多く、大きな値動きが期待できるときは、先に紹介したチャネル・ブレイクアウトやイニシャルレンジのブレイク手法が有効です。

夜間はヨーロッパ（ロンドン）やアメリカ（ニューヨーク）などの市場がリアルタイムで取引され、日経平均株価は、これら市場の値動きにも左右されることが多いので、活用することができます。日中立会と違い、海外市場の動向がリアルタイムでわかるのが夜間立会のメリットのひとつと言えます。

夜間は欧米など世界の市場を意識する

欧米の市場をどう見てきたら良いかというと、まずひとつは、**先物の値動きは世界各国で異変が起こると影響を受けやすいことを頭の隅に置く**ことにあります。

最近では海外発のショックはあまりありませんが、一例を挙げると、アメリカのＦＯＭＣ（連邦公開市場委員会）やＣＰＩ（消費者物価指数）の発表といったイベントのときは、発表前後で日経２２５先物も値が大きく動くことがあります。

また、そのほか、米国株の動きの影響も受けます。例えば、２０２３年12月21日には夜間立会の午前3時過ぎから5時過ぎにかけて、日経２２５先物が５００円以上急落するという場面がありました。とくに大きなニュースは出た

わけではありませんが、アメリカ時間の午後中盤から売りが加速したことによる影響を受けたのです。

ＦＸ会社のニュースが参考になる

このように、日経２２５先物はさまざまな情報の影響を受けますが、その中でも重要なのは、為替の動きです。

というのも、先物の値動きは為替に連動することが多いからです。そのほかに、ニューヨークダウからヨーロッパ（ドイツ、イタリアほか）など、世界中の株価も重要になります。

日経２２５先物の値動きが普段と異なるときは世界各国のチャートを目にします。「ダウ平均が下がっているから、日経２２５先物も下がっている」といった判断を下すことができます。

そして、突発的な材料があるときは、状況を見ながらトレンドに乗り、利益につなげるのです。そのためにも、**夜間立会の時間では、速報性があり、為替の動きもチェックしやすいＦＸ会社のニュースを見ながらトレード**するのがいいでしょう。

小さな値幅でも利益をあげるには？

夜間立会では、値が大きく動くときもありますが、逆にまったく値が動かず、1時間以上も上下10円、20円と狭い間を行ったり来たりするボックス相場になることも良くあります。こうした値動きのときは、イフダン（ｉｆｄｏｎｅ）注文が適しています。

イフダン注文（ＩＦＤ注文）は、指定した値段で買えた、或いは売れた瞬間に自動的に反対売買の注文を入れてくれるという注文です。反対売買の値幅は投資家が自由に指定することができます。

上下20円で長くもみ合っている時などは、20円の幅で何度でも約定と利食いの成功を繰り返すことができる場合があります。

具体的には、値が3万7８００円から3万7８４０円あたりをボックスで行ったり来たりしているとしたら、あらかじめ3万7８００円あたりに買い指値を入れておき、約定と同時に3万7８４０円で売るという設定も入れたＩＦＤ注文を行うのです。

夜間立会で大きく動く例

2023年12月21日は、米国市場で午後から急落しました。これを受けて日経225先物も午前3時過ぎから下落が始まり、午前5時までに500円以上下がるということが起きています。夜間立会中に行われるアメリカの経済指標の発表などにも影響を受けやすいのです。

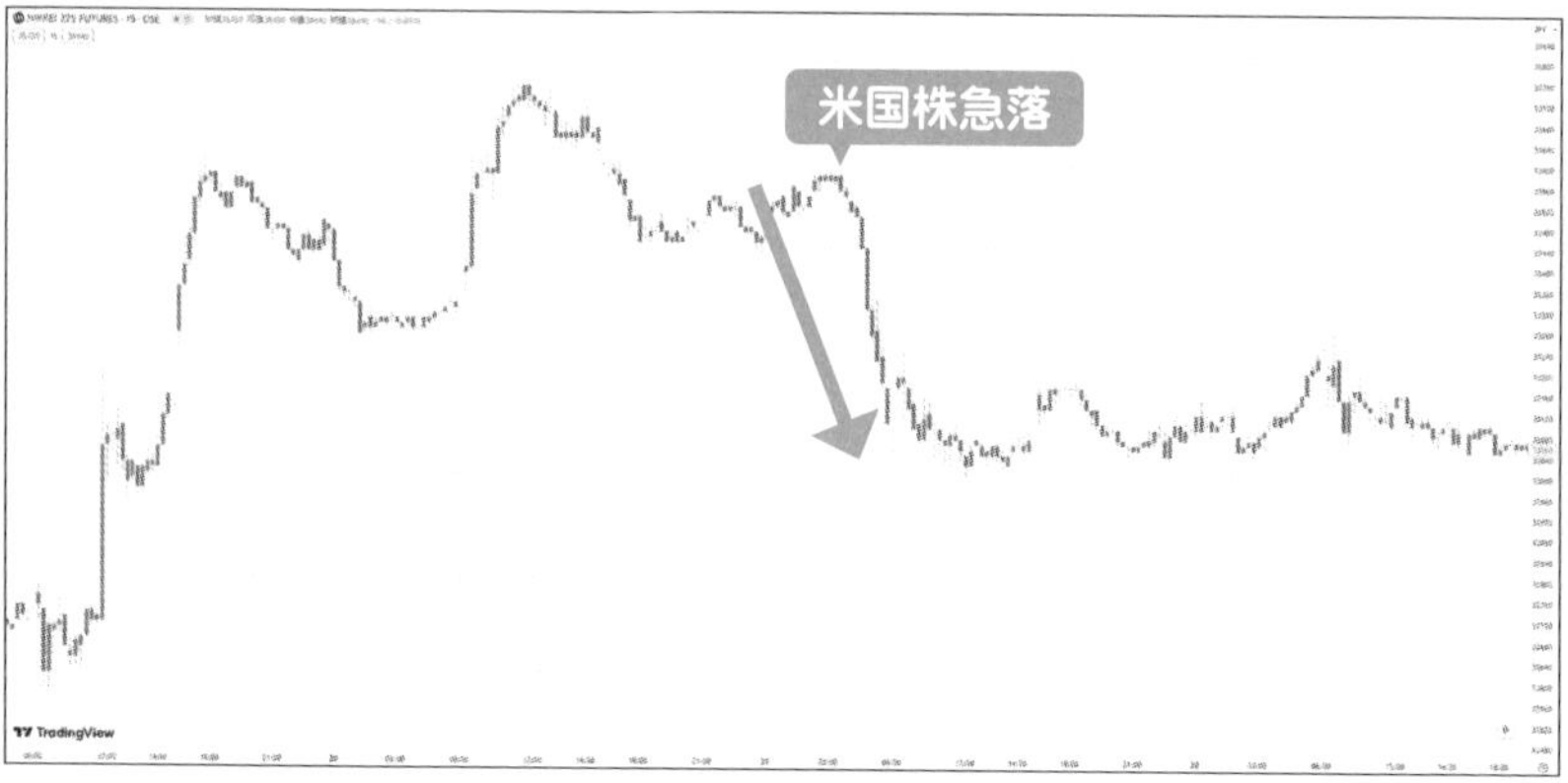

日経225先物 2023年12月19日～21日 15分足

FX会社のニュースを確認する

夜間立会での急激な値動きはなんらかのニュースが絡んでいることがほとんどです。このような速報をキャッチするにはFX会社のニュースサイトなどを利用するといいでしょう。慌てて損切りするなどの前にどのような情報で動いたのかを把握しましょう。

日経225先物の値動きは為替と連動することが多い。夜間取引では速報性が高いFX関連のニュースサイトをチェックしながら取引することが重要だ。

外為どっとコム https://www.gaitame.com/markets/news/

夜間立会で動かない時間帯

日経225先物の場合、17時～22時あたりは値動きが少なくなります。冬時間23時30分（夏時間22時30分）からは米国市場がオープンするため、動きが出てきますが、狭いレンジでも利益を出そうとする場合はIFD注文でボックスの上限と下限で指値を入れましょう。

日経225先物
2024年3月2日 ～5日 5分足

ワンポイント ボックス相場での売買

● IFD注文を使いこなそう

IFD注文とは、新規注文と決済注文を同時に発注する注文方法です。具体定期にはボックスの下限の価格で買い注文を入れると同時に上限での売り注文（決済注文）を出します。もしくはそれとは反対に上限で売り注文から入り、下限での買い注文（決済注文）を出す形でもいいでしょう。詳しくは74ページでも解説しています。

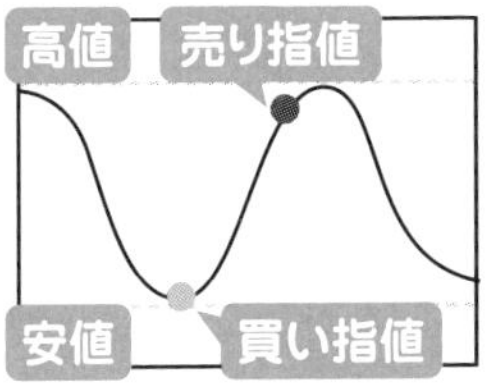

世界の株価をチェックする

夜間取引では世界の株価もチェックしましょう。186ページで紹介したFXのニュースなどもチェックして、その原因が分かったところで売買するか決めるといいでしょう。

世界の株価　http://sekai-kabuka.com/

07-04

自分なりの手法を見出そう

実践の中で手法を改善していこう

日経225先物なら兼業投資家でも夜間取引で参加しやすい

第6章などで日経225先物のTIPSや堀川氏の手法を紹介しました。ですが手法をそのまま使うというこが大事なのではありません。その手法を参考に、自分で売買のやり方を見出すことにあります。

176ページでは、チャネル・ブレイクアウトについて、過去4日間の高値安値をレンジとしてとる、といった内容を紹介しました。これも、本当に4日間が良いのか？ 7日、3日など、ほかの期間のほうが良いのではないか？ と、疑問を抱き、過去10年分のデータをもとに検証し、導いた結論が4日間という数字だったのです。

手法を改善させていく

このように、ひとつの手法でも現在の相場に適しているかどうか、さらには、より良い売買の基準があるのではないか、そして利益確定までの時間軸はどの程度が望ましいのかなど、**自分で検証することが、より利益を大きくするのに必要**といえるでしょう。

ちなみにチャネル・ブレイクアウトの手法の説明では、分かりやすさを優先させて、日経225先物の高値・安値をデータとしてとる方法を紹介しています。ですが、高値・安値は日経225先物ではなくTOPIX先物の値動きを対象とすると、より精度が増します。TOPIX先物について過去4日間の高値安値のデータをとり、レンジをブレイクアウトした時に、日経225先物を売買するのです。TOPIXは銘柄数が多いことと、TOPIX先物では機関投資家など大きな資金を持っている人たちが多く売買しているため信頼度が増すのです。

このように、同じようなやり方でも、試行錯誤しながら自分なりの手法を見つけることが大切なのです。

手法を改善して精度を高める!

堀川氏は、過去のデータと経験から4日間のチャネル・ブレイクアウト手法やイニシャルレンジでのデイトレード手法を編み出しました。まずは手法を学び、試していきましょう。

そして、必ずしもその投資手法が自分に合っているとは限りません。実際の取引の中で自分に合った形に手法を改善していくのが望ましいでしょう。

1. 手法を学ぶ(改善した手法)
2. 実際に試してみる
3. ノートなどに結果を記録する
4. 今以上に最適な方法があるか考える
5. 手法を改善する

繰り返す

この循環を繰り返すことでより良い手法を自分で編み出していきましょう。

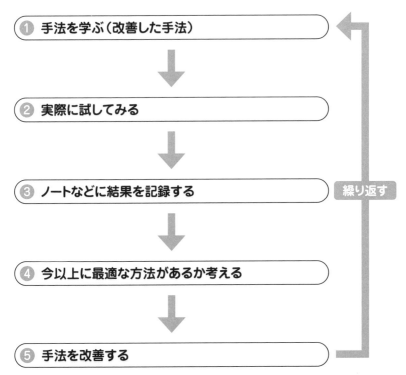

おわりに

日経225先物の稼ぎ方だけでなく、ミスター・デリバディブの投資方法も知ることができたわ！　これからは実戦でジャンジャンバリバリ、ジャンジャンバリバリ行くわよ！！

お嬢様…。一気呵成はよいのですが、教えたことを振り返っていただき、取引はコーシャス（慎重）に行ってください。

お？　そうですわね！（コーシャスって何？）

日経225先物は、細かい仕組みこそ株式やFXと違いますが、相場の見方として確認すべき点は共通しています。それだけはお忘れなきよう。

それは十分に理解しているつもりだし、バイブルのように読み直すわ。

ならばよいのです。

ホホホッ！

ところで、２０２４年２月22日に日経平均株価はバブル期の最高値を超えました。そして、３月の日銀のマイナス金利の解除、これはある意味で大きな節目でもあります。

そうね…。今年はいつにもましてファンダにも目を配るべきよね。米国ＦＲＢの金利動向に、11月には米国の大統領選挙とＧ20サミット、さらに夏のパリオリンピックの日本のメダル獲得数や東京ディ〇ニーシーの新エリア開放などなど、今後のイベントには注視していますわ！

よい心がけです（新エリア開放の件はお嬢様が行きたいだけですが黙っておきましょう）

テクニカルで確認して、ファンダ情報は見落とさない。ホント投資は大変ね！

それを成しえた先に栄光があるのです。日経２２５先物ならそれも可能です。

おわり

5万円から始める日経225先物 稼ぎ方入門

2024年5月1日　発行

執筆	伊達直太・岡嶋佑介・スタンダーズ株式会社
監修	堀川秀樹
漫画・イラスト	猫柳あすか
カバーデザイン	植竹裕
本文デザイン	ili_design
DTP	株式会社ニホンバレ

発行人	佐藤孔建
編集人	梅村俊広
発行・発売	〒160-0008 東京都新宿区四谷三栄町12-4 竹田ビル3F スタンダーズ株式会社 https://www.standards.co.jp/ TEL：03-6380-6132
印刷所	中央精版印刷株式会社

参考書籍：「日経 225 175 の稼ぎ方」堀川秀樹著

●本書の内容についてのお問い合わせは、下記メールアドレスにて、書名、ページ数とどこの箇所かを明記の上、ご連絡ください。ご質問の内容によってはお答えできないものや返答に時間がかかってしまうものもあります。予めご了承ください。
●お電話での質問、本書の内容を超えるご質問などには一切お答えできませんので、予めご了承ください。
●落丁本、乱丁本など不良品については、小社営業部（TEL:03-6380-6132）までお願いします。

e-mail：info@standards.co.jp

Printed in Japan

【お読みください】


本書は情報の提供を目的としたもので、その手法や知識について勧誘や売買を推奨するものではありません。

先物口座で購入できる金融商品は、元本の補償がなく損失が発生するリスクを伴います。本書で解説している内容に関して、出版社、および監修者を含む製作者は、リスクに対して万全を期しておりますが、その情報の正確性及び完全性を保証いたしません。

実際の投資にはご自身の判断と責任でご判断ください。